KB162559

디지털로 되살린 근대 중국어의 세계

조선 시대 중국어 유해류 역학서의 현대어 번역과 시맨틱 데이터 구축이 저서는 서울대학교 규장각한국학연구원의 2021년도 21세기 신규장각 자료구축사업의 지원을 받아 수행된 연구임(KIKS-2021-452-22201-규장각 소장 조선 시대 중국어 역학서의 언어 정보 시멘틱 데이터 구축)

디지털로 되살린 근대 중국어의 세계

조선 시대 중국어 유해류 역학서의 현대어 번역과 시맨틱 데이터 구축

구현아 · 신수영 · 엄지

역락

책을 펴내며

중국어학을 전공하는 우리나라 학생이라면 누구나 '老乞大', '朴通事'에 대해서는 들어보았을 것이다. 필자도 대학원 과정에 들어와 이 문헌들을 접하면서 그 안에 쓰인 다양한 중국어음 표기, 오늘날의 중국어에서는 찾아볼 수 없는 어휘들, 한글로 된 해설을 보며 당시 이런 중국어 교재가 있었다는 것에 대해 놀랐고, 현대 중국어와는 다른 근대 중국어에 무한한 호기심을 느꼈다. 근대 중국어의 생생한 구어(口語)를 담고 있는 이 교재에 대해 국내 학자들은 물론이거니와 해외학자들도 이미 잘 알고 있었고, 관련 연구 논문도 활발하게 편찬되고 있었다.

'老乞大', '朴通事'의 여러 판본으로 대표되는 중국어 역학서의 연구를 위해서는 근대 중국어의 주요한 특징을 담고 있는 중국의 문헌을 기준으로 하여 각 문헌에 나타난 어휘, 어음, 어법 등의 특징, 변화에 대해 분석하는 과정을 수반하게 된다. 특히, 음운학 연구에 있어서는 중고(中古) 시기를 대표하는 『廣韻』, 근대 중국어의 주요 음운 변화를 보여주는 『中原音韻』과의 비교는 필수적이다. 필자가 대학원생이었던 2008년 당시 국외에서는 이미 『廣韻』에 출현하는 각 글자의 攝, 聲母, 聲調, 開合 등을 검색할 수 있는 "〈東方語言學〉(https://www.eastling.org/)"과 같은 웹사이트가 존재했다. 이 웹사이트는 이후 『集韻』도 검색할 수 있고, 특정 한자의 방언음과 각 방언 안에 출현하는 聲母, 韻母, 聲調의 유형과 비율까지 보여주는 형태로 진화하였다. 이외에도 "〈小學堂〉(https://xiaoxue.iis.sinica.edu.tw/)"에서는 『中原音韻』, 『洪武正韻』, 『增修互注禮部韻略』과 같은 주요 운서에 수록된 음과 이에 대한 『康熙字典』, 이체자자전의 정보도 연계하여 검색할 수 있게 되어 있었다. 표의문자인 한자에 대한 부담감, 한자를 하나하나 찾을 때의 불편함을 비웃기라도 하듯, 옛 사람들이 창작한 운서의 내용은 디지털 환경에서 훨씬 더 멋지고 새롭게 구현되었다. 과거의 운서가 시를 짓기 위한 공구서(工具書)의 역할에 머물렀다면, 오늘날의 운서는 과거의 음운(音韻)을 알려주고 현대 중국어로 오기까지의 변화 과정을 보여주며 현대 방언과의 관련성을 밝혀주는 문헌으로 그 가치가 더욱 빛났다.

필자는 국내에 이와 같은 언어 정보 검색 사이트가 존재하지 않는 것이 늘 아쉬웠다. 국립중앙도서관이나 국회도서관에서 일부 중국어 역학서의 스캔본을 열람할 수 있었지만 연구를 할 때는 여전히 종이로 편찬된 영인본에 의존했다. 또한, 학계에서 문헌 연구가 점차 경시되어 중국어 역학서에 대한 연구가 점점 드물어진 것도 안타까운 부분이었다. 중국어 역학서에 나타난 어음, 어휘, 어법이나 기타 몽어(蒙語, 몽골어), 청어(淸語, 만주어), 일어(日語) 역학서 등과의 관계 등 아직 더 연구해야할 주제가 많음에도 불구하고 그 진가를 발휘하지 못하고 학계의 관심에서 멀어지는 듯 했다.

그렇지만 근대음을 주로 연구하고 있던 필자는 연구 과정에서 어떻게든 중국어 역학서를 보지 않을 수 없었다. 그러던 중 2020년 우연히 류인태 선생님의 하계 디지털 인문학 특강을 듣고, 〈東方語言學〉이나 〈小學堂〉처럼 중국어 역학서에 대한 언어 정보를 검색할 수 있도록 웹사이트를 구현하는 일이 충분히 가능하겠다는 생각을 하게 되었다. 이에 대한 연구 내용, 방법을 구체화시켜서 규장각한국학연구원에서 진행하는 21세기 신규장각 자료구축

사업에 지원하여 기회를 얻게 되었다.

이 책은 규장각에 소장된 『老乞大諺解』, 『朴通事諺解』, 『譯語類解』, 『五倫全備諺解』, 『譯語類解補』, 『朴通事新釋諺解』, 『重刊老乞大諺解』, 『華音啓蒙諺解』, 『華語類抄』와 중국어 원문만으로 이루어진 『老乞大』, 『朴通事新釋』의 총 11종 역학서 및 동일한 서명의 다른 판본 총 31개의 서적을 대상으로 원문과 번역문, 어음, 어휘에 대한 언어 정보 시맨틱 데이터를 구축하는 과정과 『譯語類解』, 『譯語類解補』, 『華語類抄』 3종의 유해류(類解類)의 현대어 번역을 실었다. 이는 국내에서는 처음으로 중국어 역학서의 원문, 번역문과 언어 정보에 대한 구축 과정을 서술한 것이므로, 향후 국내 언어학 관련 문헌의 데이터베이스를 만드는 데 참고 자료가 될 수 있을 것이다. 일부 노걸대, 박통사와 관련된 회화류 서적의 번역본을 제외하면 유해류에 대한 번역은 전무한 만큼, 향후 유해류 연구에 중요한 토대 자료가 될 것이라 기대한다.

무엇보다 본 연구가 가능하도록 지원해주신 규장각한국학연구원 관계자 분들께 감사의 말씀을 드린다. 이 데이터베이스 구축 작업은 한국학중앙연구원의 김바로 선생님께서 담당하셨다. 선생님의 도움 없이 이 연구는 불가능했을 것이다. 선생님께 각별한 감사함을 표한다. 본 연구는 약 8개월의 기간 동안 31개의 중국어 역학서의 원문, 번역문, 어음과 어휘의 언어 정보를 정리하는 고밀도의 작업이었다. 이는 공동연구원인 신수영 선생님, 엄지 선생님이 주축이 되어 연구에 매진한 덕에 가능했다. 이외에도, 김영옥 선생님, 이현선 선생님, 문준혜 선생님, 안영희 선생님, 단국대학교 박사과정생인 송준영 학생, 윤지경 학생의 노고가 있었다. 이외에도 이름을 언급하지 않은, 이 연구를 위해 밤낮으로 함께 고생하신 모든 분들에게 감사드린다.

이 연구는 중국어 역학서의 언어 정보에 대해 종합적, 전면적으로 구축한 데이터베이스이지만 최초의 성과인 만큼 한계점도 있으며, 유해류의 번역문에도 의미를 완벽히 밝히지 못한 것이 있음을 시인한다. 모든 오류에 대한 책임은 연구책임자에게 있다. 이 책이 향후 우리나라 고문헌, 특히 언어학과 관련된 문헌을 다양한 형태로 데이터베이스화하는데 작은 출발점이 되길 바라면서 글을 마친다.

2023년 7월

저자를 대표하여 구현아 씀

차례

들어가며

동아시아 여러 나라는 오랜 기간 한자 문화와 유교, 불교문화를 공유하면서도 각 국가의 고유한 전통을 발전시켰다. 동아시아 여러 나라 중에서도 특히 우리나라와 중국은 정치, 경제, 문화적으로 가장 긴밀한 관계를 유지해왔다. 고유 문자 없이 중국의 한자를 빌어 불완전하게 우리말을 표기해야 했던 우리나라는 1443년 훈민정음의 창제와 더불어 한자의 불완전한 표음 기능을 극복하고, 말과 글이 일치하는 언어생활을 향유하며 새로운 문화를 꽃피우기 시작했다. 한편, 우리나라에서는 중국과의 외교, 경제적인 필요로 인한 중국어 학습의 필요성이 늘 강하게 요구되었으며, 조선 시대에도 중국어가 외국어 학습에 있어 중심이 되어 왔다. 이에 사역원(司譯院)에서는 한글로 중국어의 발음을 기록하거나 해설한 다양한 중국어 학습서를 편찬하게 되었는데, 여기에는 대화체로 이루어진 회화학습서 『老乞大諺解』, 『朴通事諺解』, 『伍倫全備諺解』, 『朴通事新釋諺解』, 『重刊老乞大諺解』와 어휘학습서인 『譯語類解』, 『譯語類解補』 등이 있다. 조선 시대 후기에 이르러서는 중국과의 경제적 교류가 증대됨에 따라 중국어를 학습하여 경제적 기회를 찾기 위한 목적으로 민간에서도 회화학습서 『華音啓蒙諺解』, 『你呢貴姓』과 어휘학습서 『華語類抄』 등의 중국어 학습서가 편찬되기 시작하였다. 이와 같이 조선 시대 전반에 걸쳐 중국어 학습에 대한 수요와 이에 대한 학습서의 편찬은 지속되어 왔으며, 여기에는 당시의 어음, 어휘, 생활 문화상에 대한 풍부한 정보를 담고 있다. 다음의 예를 살펴보자.

(1)

문헌 / 예자	『老乞大諺解』	『朴通事諺解』	『重刊老乞大諺解』	『朴通事新釋諺解』	『華音啓蒙諺解』
京城	(右音)깅칭	(右音)깅칭	(右音)깅칭	(右音)징칭	징쳥

(2)

◦ 往羊市角頭去了: 羊져제모롱이를향ᄒᆞ야가니라『老乞大諺解』

◦ 去角頭叫幾箇打墻的和坌工来築墻: 모롱이에가여러담ᄡᆞᄂᆞᆫ이와조역을블러다가담ᄡᆞ이리라, 角頭, 『音義』云東南西北往来人煙湊集之處. 今按角頭即通逵達道要會之衝傭力求直之人坌集之所. 然漢俗呼市廛亦曰角頭, 謂歸市者必指角頭而去, 故云尒. 坌工, 分工用力之人.(『음의(音義)』에 따르면 각두(角頭)는 동서남북에 오가는 사람이 모이는 곳이다. 지금 다시 말하자면, 각두(角頭)는 사통팔달한 요충지로 일하기를 원하는 사람들이 모이는 곳이다. 그러나 중국의 세속에서 시전(市廛)을 각두(角頭)라고도 하는데, 시장에 가는 사람은 반드시 각두를 향해 가야 하기 때문이며, 그러므로 이렇게 말한다. 분공(坌工)은 분담하여 힘쓰는 사람들을 말한다.), 『朴通事諺解』

◦ 角頭: 거릿모롱이『譯語類解』

(3) 順天府官: 順天府官과, 『朴通事諺解』

順天府官員與欽天監衆官們: 順天府官員과 다뭇 欽天監 모든 관원들이, 『朴通事新釋諺解』

順天府: 北京, 『譯語類解』

(1)은 각 문헌에서 북경(北京)을 뜻하는 '京城'의 발음이 어떻게 나타나는지 보여주고 있다. 『朴通事新釋諺解』 이후로 '京'의 성모는 초성 ㄱ에서 초성 ㅈ으로 변화되었는데, 이는 '京'의 성모가 구개음화된 것을 반영한다. 또한, 조선 시대 역학서에는 (2) '角頭'라는 단어가 자주 출현하는데, 본래 '모퉁이'라는 뜻의 '모롱이'로 풀이되었으나 『老乞大諺解』에서는 '저제모롱이'와 같이 '저제', 즉 '저자', '시장'이란 의미로 확대되었다. 『朴通事諺解』의 한문 협주(夾註)에서 이런 현상에 대해 자세히 적고 있는데, '角頭'가 사람들이 모이는 요충지이며 이로부터 '시장'의 의미로 확대되었음을 알 수 있다. (3)의 '順天府'는 북경의 明淸시대 府制 명칭이다. 조선 시대 중국어 역학서에서는 공통적으로 북경(北京)을 '順天府'로 칭하고 있다.

이와 같이 조선 시대 중국어 역학서는 당시 음운 및 어휘 변화를 알 수 있는 보고(寶庫)라고 할 수 있다. 그간 각 문헌의 원본 혹은 해제가 저서로 출간되었고, 음운, 어휘, 어법 방면에 있어 공시적, 통시적 연구 성과도 상당히 축적되어 있다. 그러나 연구 플랫폼의 중심이 웹으로 전환된 현시점에서도 우리나라는 연구 방법과 환경에 있어 종이로 된 책에 의존하는 관습을 벗어나지 못하고 있으며, 이런 고문헌에 대한 디지털화 작업 역시 매우 초보적인 단계에 머물러있다. 국내에서 진행된 조선 시대 역학서에 대한 디지털화의 예로는, 〈국립중앙도서관〉(http://www.nl.go.kr/), 〈규장각 원문검색서비스〉(https://kyudb.snu.ac.kr/)와 같은 소수 웹사이트의 원문 스캔이미지 열람 서비스와, 〈한국어 역사 자료 말뭉치〉(http://kohico.kr/)나 〈어디메〉(https://akorn.bab2min.pe.kr/)와 같이 각 문헌을 디지털 문서화하여 텍스트 형태로 열람이 가능하도록 한 웹사이트 등을 들 수 있다. 그러나 대중적 인지도가 매우 낮고, 기본적인 검색 외에 어음이나 어휘를 기반으로 한 차원 높은 검색은 불가능하다는 문제점이 존재한다.

이에 반해 중화권에서는 이미 고적(古籍)에 대한 디지털화가 상당한 수준에 이르러 있다. 〈小學堂〉(https://xiaoxue.iis.sinica.edu.tw/)이나 〈復旦大學東亞語言數據中心〉(http://ccdc.fudan.edu.cn/)과 같이 역대 운서, 자서에 대한 어음, 글자 정보를 고도로 가공하여 검색할 수 있게 해놓은 웹사이트가 존재한다. 이러한 현실은 우리나라 역시 오랜 세월에 걸쳐 축적된 우리의 언어 자료에 관심을 갖고 이 안의 정보에 손쉽게 접근할 수 있도록 데이터베이스를 구축할 필요성이 있음을 여실히 보여준다.

중국어 역학서와 같은 우리나라 고유의 문헌에 대한 디지털화 작업은 다음과 같은 의의를 갖는다. 첫째, 조선 시대 중국어 역학서는 한국어와 중국어의 변천, 조선 시대 통번역의 발전 상황, 한중(韓中) 문화사를 알 수 있는 중요한 자료로, 일반 대중이 이 자료에 대한 관심을 가지고 접근하여 지식을 습득할 수 있다. 둘째, 디지털 텍스트를 연구자가 연구 목적에 따라 이를 쉽게 가공하고 활용하여 연구의 수월성을 향상시키며 연구의욕을 고취하고 다양한 연구 성과를 낼 수 있다. 셋째, 디지털 환경이라는 현시대의 흐름에 맞추어 고문헌과 전산언어학을 접목한 새로운 융복합 연구의 예를 보여줌으로써 문헌학, 언어학 연구의 지평을 확대한다. 데이터베이스는 지류로 출판된 연구물과는 달리 수시로 자유롭게 수정, 보완이 가능하며 향후 작업에 따라 이를 확장, 통합할 수도 있다는 장점을 가진다. 디지털화한 자료는 국가의 경계를 초월하여 원하는 이라면 누구나 이용할 수 있는 높은 접근성을 갖고 있어 한중(韓中) 문자, 음운, 어휘, 형태, 문법, 사회언어학, 방언학 등의 여러 연구의 토대 자료로 쓰일 수 있으며 연구의 질을 높일 수 있을 것이다.

본 저서가 다루는 내용은 크게 두 가지로 나뉜다. 첫째는 조선 시대 중국어 역학서 원문, 번역문 및 어음과 어휘 데이터의 구축 과정이다. 기존에 언어 관련 데이터베이스 구축 과정을 다룬 연구서가 부재한 만큼, 이 책의 내용은 향후 다양한 언어학 문헌을 기반으로 한 데이터베이스 구축에 중요한 참고 자료가 될 것이다. 둘째는 유해류 역학서에 해당하는 『譯語類解』, 『譯語類解補』, 『華語類抄』의 현대어 번역이다. 현대어 번역은 연구자와 일반 대중에게 가장 활용도가 높으며, 회화학습서인 『老乞大』, 『朴通事』의 여러 판본에 대한 번역이 여럿 존재하는 것과는 달리 유해류 역학서에 대한 번역서는 부재하다. 따라서 위 유해류 역학서에 대한 번역은 근대 중국어 어휘의 특징과 변천뿐만 아니라 방언학, 문자학 측면에서 이들을 연구하기 위한 중요한 토대 자료가 될 것이다. 다만, 독자의 가독성을 높이기 위하여 본서는 데이터베이스 구축 과정에서 사용한 입력 방식이 아닌 중국어 단어와 현대어 번역만을 실었음을 밝혀 둔다.

중국어 자료를 이용한 기존 데이터베이스의 검토

이 절에서는 국내외 중국어 관련 문헌의 데이터베이스 전환 현황을 살펴볼 것이다. '데이터베이스(database)'란 본래 정보를 효율적으로 처리하기 위해서 서로 관련 있는 데이터 집합을 유지하는 것을 가리키는데, 현대에는 한 분야의 정보를 정리해 놓은 모든 것을 '데이터베이스'로 총칭하는 경향이 있다. 예를 들어 원본의 내용을 지류로 정리하거나 이미지로 스캔 혹은 디지털 텍스트로 정리한 것을 '데이터베이스'로 지칭하기도 한다. 지류 서적으로 출간된 중국어 역학서의 예는 鮮文大學校 中韓翻譯文獻研究所에서 출간한 『老乞大諺解』, 『朴通事諺解』, 『重刊老乞大諺解』의 작업을 들 수 있다. 이 저작은 원문을 문서 텍스트로 옮겨 정리하고 교점 작업을 해놓았는데, 주음 입력은 제외되었으며 비매용으로 소량이 출판되어 국립 도서관, 국내 주요 대학의 도서관 등에 직접 가야만 열람할 수 있다는 단점이 있다.

이를 디지털화한 예는 데이터 가공 수준에 따라 크게 1차, 2차, 3차로 나눌 수 있다. 1차 데이터 가공은 원문의 영인본(혹은 스캔본)을 그대로 제공하는 것으로, 국내에는 〈국립중앙도서관〉, 〈규장각 원문검색서비스〉, 〈국회전자도서관〉(https://dl.nanet.go.kr/), 〈한국학중앙연구원 한국학 디지털 아카이브〉(http://yoksa.aks.ac.kr/) 등과 같은 웹사이트 원문 이미지 제공 서비스가 이에 해당한다. 2차 데이터 가공은 원문의 내용을 그대로 디지털문서화 한 것으로, 〈조선 시대외국어학습서DB〉(http://waks.aks.ac.kr/rsh/?rshID=AKS-2011-AAA-2101), 〈위키문헌〉(https://ko.wikisource.org/), 〈한국어 역사 자료 말뭉치〉, 〈어디메〉의 원문 텍스트 제공 서비스를 들 수 있다.

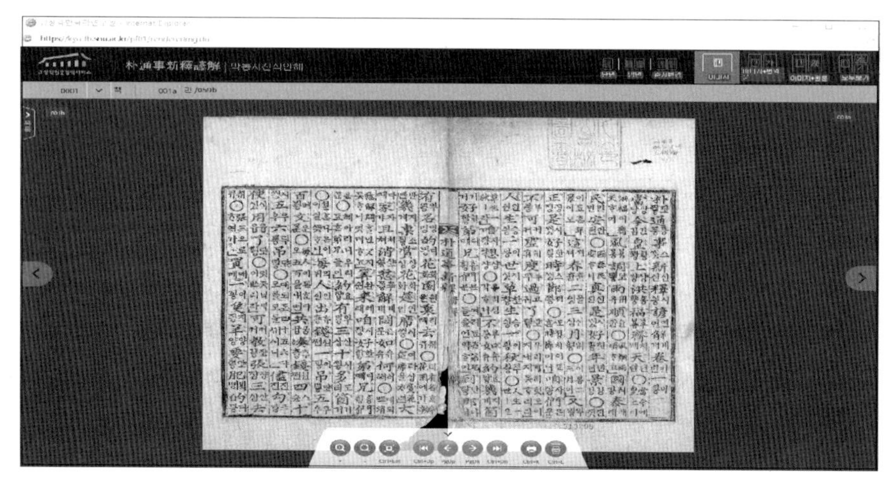

[그림 1] <규장각 원문검색서비스>의 『朴通事新釋諺解』 원문

첫 번째는 〈규장각 원문검색서비스〉이다. 이는 각 문헌의 스캔본을 제공하는 1차 데이터 가공의 예에 속한다. 〈규장각 원문검색서비스〉의 우측 상단에는 '이미지', '이미지+원문', '이미지+번역문'탭이 있지만, 현재 '이미지' 부분만을 제공하고, 나머지 부분에 대한 서비스는 제공하지 않고 있다. 현재 〈규장각 원문검색서비스〉에서는 원문에 대한 디지털 텍스트를 일부 제공하고 있는데, 이 부분은 상기한 '이미지+원문' 부분이 아닌 각 서적에 대한 해제 부분에서 제공한다.

<1765_朴通事新釋諺解 卷一 유형=title 언어=chi 장차=01a:1 입력저본=朴通事新釋諺解>
朴通事新釋諺解 卷一
<1765_朴通事新釋諺解 卷一 유형=title 언어=kor 장차=01a:1 입력저본=朴通事新釋諺解>
없음
<1765_朴通事新釋諺解 卷一 유형=main 언어=chi 장차=01a:2 입력저본=朴通事新釋諺解>
當今皇上洪福齊天,
<1765_朴通事新釋諺解 卷一 유형=main 언어=kor 장차=01a:2 입력저본=朴通事新釋諺解>
當今에 皇上이 洪福이 齊天ᄒᆞ여
<1765_朴通事新釋諺解 卷一 유형=main 언어=chi 장차=01a:3 입력저본=朴通事新釋諺解>
風調雨順, 國泰民安。
<1765_朴通事新釋諺解 卷一 유형=main 언어=kor 장차=01a:3 입력저본=朴通事新釋諺解>
風調雨順ᄒᆞ고 國泰民安ᄒᆞ니
<1765_朴通事新釋諺解 卷一 유형=main 언어=chi 장차=01a:4 입력저본=朴通事新釋諺解>
真是好年景,
<1765_朴通事新釋諺解 卷一 유형=main 언어=kor 장차=01a:4 입력저본=朴通事新釋諺解>
진짓 이 됴ᄒᆞᆫ 年景이오
<1765_朴通事新釋諺解 卷一 유형=main 언어=chi 장차=01a:5 입력저본=朴通事新釋諺解>
這春二三月, 又正是好時節,
<1765_朴通事新釋諺解 卷一 유형=main 언어=kor 장차=01a:5 입력저본=朴通事新釋諺解>
이 봄 二三月이 ᄯᅩ 정히 이 됴ᄒᆞᆫ 時節이니

[그림 2] <한국어 역사 자료 말뭉치>의 디지털 문서화 자료 예

두 번째는 〈한국어 역사 자료 말뭉치〉이다. 이 웹사이트에서는 국립국어원의 국어 역사 자료 종합 정비 사업으로 구축한 XML 형식의 2014, 2015, 2016, 2018년 '역사자료종합정비결과물'을 바탕으로, 회원들의 참여를 통해서 지속적인 오류 수정 작업을 수행하고 있다. 한글 창제 이후부터 20세기 문헌에 이르는 약 1,000여 개 문헌자료에 대한 원문을 제공하며, 문헌을 검색하기 위한 별도의 프로그램을 제공하고 있다. 이 웹사이트는 『老乞大諺解』, 『譯語類解』 등 중국어 역학서도 다수 포함하고 있는데, 중국어 원문과 언해문만 디지털화하였으며, 주음(注音)은 포함하지 않았다는 한계점이 있다. 이외에도 영인대조 문헌은 등록한 회원에 한해 제한적으로 정보를 공개하며, 주요 포털 사이트에서 검색이 불가하고, 웹사이트의 속도가 느리다는 점을 단점으로 들 수 있다.

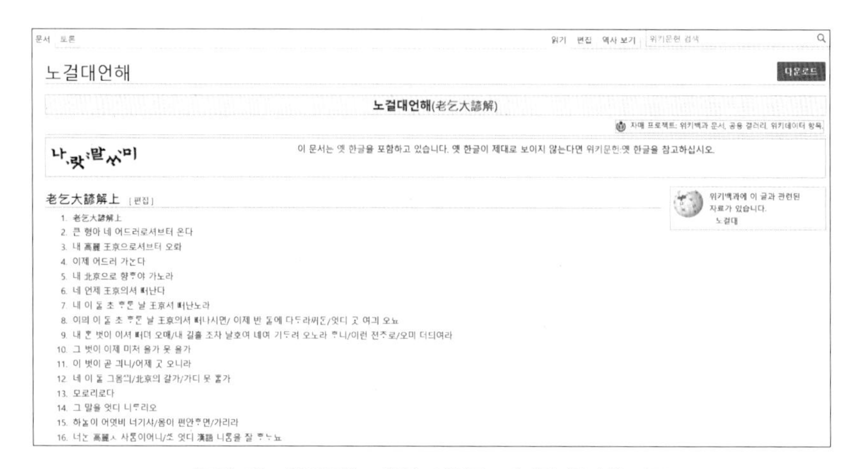

[그림 3] <위키문헌>『老乞大諺解』 디지털 문서화 자료

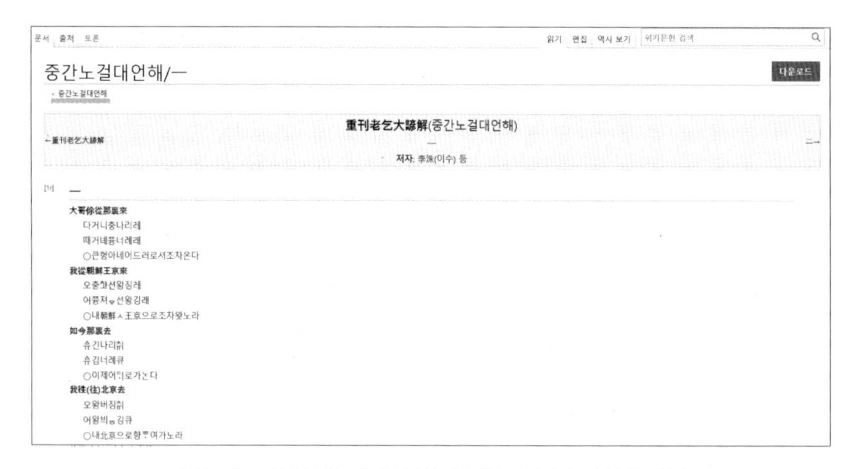

[그림 4] <위키문헌>『重刊老乞大諺解』 디지털 문서화 자료

세 번째는 〈위키문헌〉이다. 이 웹사이트에는 조선 시대에 출간된 일부 언해류 문헌자료가 디지털 문서화되어 있는데,[1] 중국어 역학서로는『老乞大

1 이외에도 위키문헌에는『救急方諺解』,『訓民正音諺解』,『論語諺解』의 원문이 디지털화되어 있다.

諺解』와 『重刊老乞大諺解』, 『譯語類解』가 있다. 〈위키문헌〉에 디지털화된 조선 시대 중국어 역학서 중 『重刊老乞大諺解』는 중국어 원문, 주음, 언해문이 모두 정리되어 있지만, 『老乞大諺解』나 『譯語類解』의 경우 주음이 제외되고 중국어 원문과 언해문만 정리되어 있어 디지털화된 정보가 통일되어 있지 않다. 그뿐만 아니라, 〈위키문헌〉은 검증되지 않은 불특정 다수가 디지털 정보를 자유로이 업로드하고 편집할 수 있다는 점에서 정보의 정확성을 담보할 수 없다는 한계가 있다.

네 번째로, 〈조선 시대 외국어 학습서 DB〉는 한국학진흥사업단에서 "조선 시대 역학서의 종합적 연구—훈민정음으로 기록된 조선 시대 외국어 학습서의 지식정보화"란 제목으로 진행된 사업 결과물을 웹 서비스로 제공하는 데이터베이스이다.

[그림 5] <조선 시대 외국어 학습서 DB> 중
『蒙語老乞大』의 디지털 문서화 자료 예

[그림 6] <조선 시대 외국어 학습서 DB> 중 '북경' 검색 결과 예

이 사이트의 경우 조선 시대 역학서의 언해문과 그 언해문이 출현하는 해당 원문의 이미지를 제공한다. 또한 제일 상단의 검색 창에서 '전체', '제목', '본문'의 범위를 제공하여 특정 단어가 출현하는 부분을 검색할 수 있다. 이 데이터베이스는 조선 시대 외국어 역학서를 총망라한 최초의 데이터베이스이며, 국내 데이터베이스 중 유일하게 불완전하게나마 3차 데이터 가공을 거쳤다고 할 수 있다. 위의 예는 '北京'을 키워드로 검색한 예인데, 보다시피 이 단어를 포함하는 서명과 본문을 확인할 수 있을 뿐, '北京'의 의미, 어휘 분류와 같은 더 고도화된 정보는 알 수 없다. 전체적으로 보았을 때 이 데이터베이스는 언해문만 디지털화되었고 원문과 주음은 디지털화가 이루어지지 않았다. 또 한 문장을 한 페이지로 나누어 가독성이 다소 떨어지며, 웹 디자인의 측면에서 보았을 때 사이트가 제공하는 언해문, 원문 이미지, 검색 기능

등의 영역이 분명히 드러나지 않아 정보 습득의 효율성이 떨어지는 한계가 있다.

국내에서 조선 시대 중국어 역학서를 데이터베이스화한 것은 상술한 몇 개의 웹사이트가 전부이다. 각 데이터베이스와 웹사이트의 한계는 다음과 같다. 첫 번째, 이 웹사이트들은 원문 자료를 스캔한 이미지 파일을 제공하는 1차 데이터 가공이나 이에 대한 디지털 텍스트를 제공하는 2차 데이터 가공의 형태가 주를 이루며, 구체적인 언어 정보에 대해 검색할 수 있는 3차 데이터 가공 형태의 사이트는 사실상 부재하다. 두 번째, 2차 데이터로 가공한 자료를 제공하는 웹사이트라도 중국어 원문과 언해문만을 정리하거나, 언해문만을 정리하여 '중국어 원문', '언해문', '주음'에 대한 정보를 모두 열람할 수 있는 웹사이트는 부재하다. 그 원인은 이 데이터베이스 구축에 참여한 연구자 대다수가 국문학 전공자이기 때문에 당시 중국어음을 정리한 주음의 중요성에 대한 인식이 상대적으로 높지 않았기 때문이라 추측된다. 세 번째, 주요 포털 사이트에서 검색이 용이하지 않다는 점도 국학 자료를 대중에게 쉽게 이용하게 하고자 하는 해당 웹사이트의 근본적인 의도를 퇴색하게 하는 요인이 된다. 결론적으로 말해, 기존에 구축된 데이터베이스는 내용의 한계와 접근성의 부족으로 인해 사용성이 떨어진다고 할 수 있다.

한편, 중화권에서 중국 문헌에 대한 데이터베이스 구축 기술은 상당한 수준에 이르렀다. 이 중에서는 중국에서 구축된 〈漢典〉(https://www.zdic.net/), 〈復旦大學東亞語言數據中心〉, 〈東方語言學〉(https://www.eastling.org/), 簡帛網(http://www.bsm.org.cn/), 대만에서 구축된 〈教育部異體字字典〉(https://dict.variants.moe.edu.tw/), 〈缺字系統〉(https://char.iis.sinica.edu.tw/), 〈小學堂〉 등이 있다. 몇 가지 실례를 살펴보도록 하겠다.

[그림 7] <復旦大學東亞語言數據中心>

첫 번째는 〈復旦大學東亞語言數據中心〉이다. 이 사이트는 상고음, 중고음과 같은 시대별 어음 정보, 『集韻』, 『廣韻』, 『中原音韻』 등 역대 주요 운서에 대한 어음 정보 및 방언음, 방언지도 등 다양한 출처의 어음 분야의 데이터를 고도로 가공한 웹사이트라고 할 수 있다. 이 사이트를 통해 중국어 방언별, 지역별, 시대별, 출처별 음운 특징 및 통합적인 언어 분포 상황까지 한눈에 살펴볼 수 있어 심도 있는 중국어 연구가 가능하다. 이 사이트는 끊임없이 음성 데이터를 보완하고 있으며, 이전까지는 국내에서 접속 시, 접속 오류와 지연이 자주 발생했으나 최근 업데이트를 거치며 안정화되었고 UI 역시 상당 부분 발전한 것을 볼 수 있다.

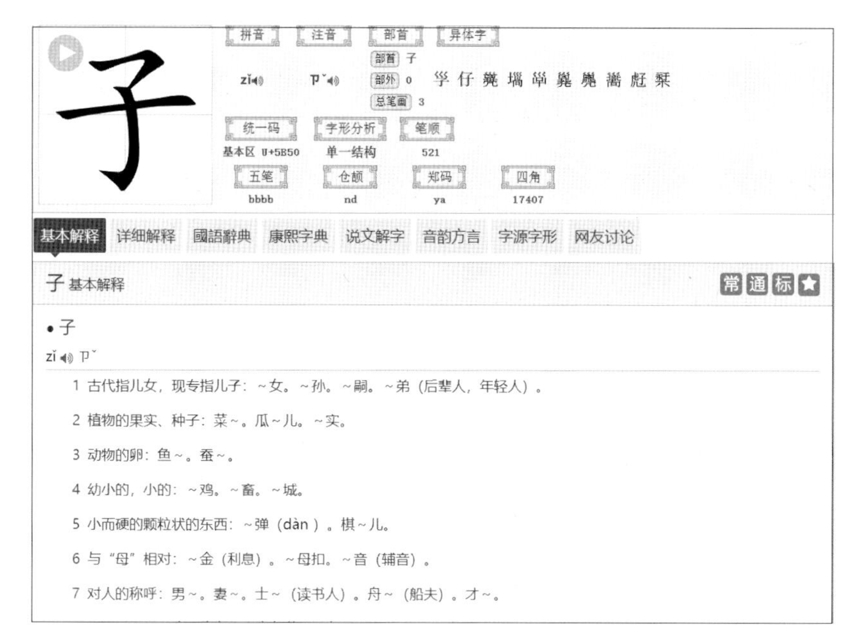

[그림 8] <漢典>

두 번째는 〈漢典〉이다. 이 사이트는 기본적으로 字典, 辭典, 『康熙字典』, 『說文解字』, 成語詞典 등의 내용을 제공하며, 부가적으로 영어, 독일어, 프랑스어 번역 기능도 제공한다. 역대 경전, 운서, 자서 등 다양한 문헌의 의미를 품사에 따라 자세히 싣고 있어, 의미론, 어휘학, 훈고학적 연구의 효율성을 높여준다.

세 번째는 〈小學堂〉이다. 이는 고도의 데이터 가공을 거쳐 문헌별, 시대별 낱글자의 성모, 운모, 성조의 정보, 각 학자의 재구음, 관화(官話), 방언음(方言音)에 대한 정보를 제공하는 데이터베이스이다. 각 한자에 대한 여러 시대의 음운, 문헌별 사용된 반절, 방언음 등을 모두 연계하여 검색할 수 있다는 장점이 있다.

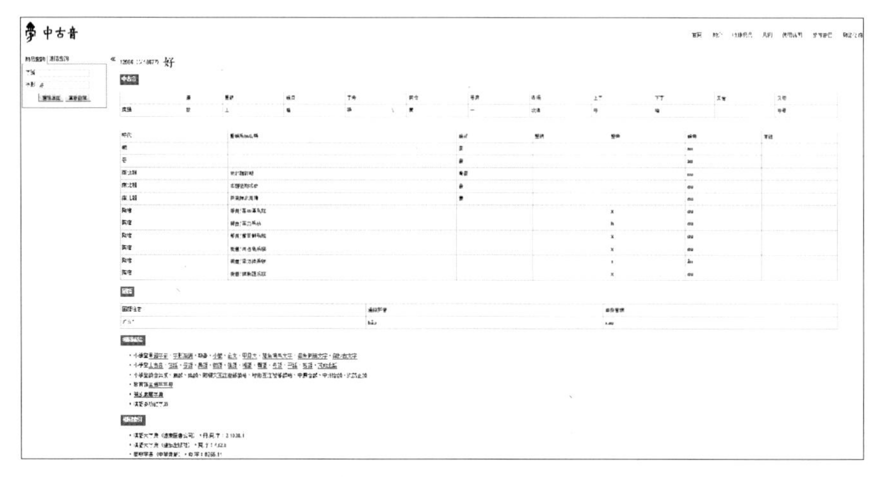

[그림 9] 小學堂의 예

한편, 중국의 〈古文學網〉(https://www.guwenxue.org/) 사이트에서는 『老乞大』의 원문을 디지털화하여 제공한다. 그 예시는 다음과 같다.

[그림 10] <古文學網>의 『老乞大』 예

이렇게 외국에서도 우리 문헌에 대한 디지털 문서화 작업을 시작했다는 것은 우리나라에서 더욱 자국의 문헌에 대한 관심과 책임감을 갖고 디지털화를 진행해야 할 필요성을 보여준다.

상술한 국내외 웹사이트의 특징과 한계점을 정리하고, 본 연구가 제시하는 새로운 데이터베이스 모델을 제시하면 다음과 같다.

특징 \ 해당 사이트		국내 사이트			국외 사이트		
		규장각 원문 검색 서비스	위키 문헌	조선 시대 외국어 학습서 DB	復旦大學 東亞語言 數據中心	小學堂	古文學網 『老乞大』
원본 연계	원본 이미지의 연속적인 확인	○	×	△	×	×	×
디지털 문서화	중국어 원문의 디지털 문서화	△	○	×	-	-	○
	언해문의 디지털 문서화	×	○	○	-	-	×
	주음의 디지털 문서화	×	△	×	-	-	×
검색 기능	해당 언어 원문 낱글자 검색	×	×	×	○	○	×
	해당 언어 원문 단어 검색	×	×	×	○	×	×
	해당 언어의 발음 검색	×	×	×	○	○	×
	언해문 부분 단어 검색	×	×	○	-	-	×
재가공	해당 웹사이트 데이터의 자유로운 재가공	×	○	○	×	○	○

[규장각] 조선 시대 중국어 역학서 언어 정보 데이터베이스
◦ 원본과 번역문, 원문의 동시 열람 ◦ 해당 문헌의 번역문, 원문의 검색 ◦ 해당 문헌의 어음, 단어 검색 ◦ 검색 부분과 원문의 연계(하이퍼링크) ◦ 해당 글자, 단어의 자유로운 재가공

[표 1] 국내외 데이터베이스의 장, 단점과 본 연구 데이터베이스의 특징

국내 사이트 중 원문 이미지에 대한 열람과 원문의 디지털화가 동시에 이루어진 데이터베이스는 〈규장각 원문검색서비스〉가 유일하다. 그러나 이 데이터베이스에서 원문이 디지털화된 예는 아직 소수에 불과하다. 〈위키문헌〉, 〈조선 시대 외국어 학습서 DB〉는 원문이 디지털화되어 있지만 중국어 원문, 언해문, 주음 부분 중 일부만이 디지털화되어 있다. 〈조선 시대 외국어 학습서 DB〉가 검색 기능을 제공하지만 사용성이 떨어진다. 이상의 분석을 종합하여 볼 때 국내 사이트 중 1차, 2차, 3차 데이터 가공물을 종합적으로 보여주는 데이터베이스는 없다. 대부분 1차 데이터 가공에 머무른 원문 이미지를 제공하는 수준이며 2차 데이터 가공 역시 원문의 모든 정보를 가공한 것이 아니다. 중화권의 사이트의 경우 낱글자나 단어 검색이 가능하도록 고도의 데이터 가공을 거친 데이터베이스가 주를 이룬다는 것이 특징이다.

이에 따라 본 연구는 기존 국내외 웹사이트의 단점을 보완하고, 해외의 데이터베이스의 장점을 참고하여 중국어 역학서 안의 언어 정보를 가장 효과적으로 드러낼 수 있는 데이터베이스를 구축하고자 하였다. 이에 따라 본 연구는 다음의 세 가지 원칙을 수립하였다.

첫째, 원문 안에 수록된 중국어 원문, 언해문, 주음 등 모든 부분을 그대로 디지털 문서로 정리하여 데이터를 구축한다. 둘째, 이에 대한 번역문 데이터를 구축한다. 셋째, 중국어 역학서 안의 어음, 어휘 등의 정보를 검색할 수 있는 데이터를 구축한다. [그림 1]에서 제시하였듯이, 현재 〈규장각 원문검색 서비스〉에서는 원문 및 번역문을 열람할 수 있는 부분은 존재하지만 어음, 어휘 등의 정보를 검색할 수 있는 부분은 설계되어 있지 않다. 하지만 어음, 어휘와 같은 언어 정보는 일반 대중에게 관심 있는 부분을 쉽게 파악하고, 연구자들에게는 연구의 효율성을 높이고 연구성과를 심화할 수 있는 부분이 된다. 따라서 본 데이터베이스에서는 원문 안의 중국어 원문, 언해문, 주음의 모든 정보와 이에 대한 번역문, 나아가 어음, 어휘 정보의 시맨틱 데이터를 구축하여 언어 정보 데이터베이스로서의 성격을 극대화하고자 하였다.

데이터베이스 구축 대상과 내용

1. 데이터베이스 구축 대상

본 연구에서는 〈규장각 원문검색서비스〉에서 원문보기를 제공하는 중국어 역학서 중에서도 언해문과 주음이 모두 기록된 『老乞大諺解』, 『朴通事諺解』, 『譯語類解』, 『伍倫全備諺解』, 『譯語類解補』, 『朴通事新釋諺解』, 『重刊老乞大諺解』, 『華音啓蒙諺解』, 『華語類抄』와 중국어 원문만으로 이루어진 『老乞大』, 『朴通事新釋』 총 11종과 원문보기를 제공하는 동일 서명의 다른 판본을 합하여 총 31개 서적을 데이터베이스 구축 대상으로 삼았다.[1] 또한 이를 언해류(諺解類) 서적, 언해류 문헌 혹은 언해류로 통칭하고, 대화 형식으로 쓰여진 『老乞大諺解』, 『朴通事諺解』, 『伍倫全備諺解』, 『朴通事新釋諺解』, 『重刊老乞大諺解』, 『華音啓蒙諺解』를 '회화류', 어휘를 정리한 『譯語類解』, 『譯語類解補』,

1 이 중 『華音啓蒙諺解』와 『華語類抄』는 조선 후기 민간에서 출판된 것이다. 본래 학계에서는 사역원에서 간행된 중국어 학습서만을 '역학서'로 통칭하는 경향이 있으나 이 두 서적도 기본적으로 중국어 원문을 언해문으로 번역한 형태의 저작이며, 당시 언어, 문화를 보여주는 주요 자료로 연구되기 때문에 본 연구는 이 두 서적도 '역학서'로 포함하여 연구 대상으로 삼았다.

『華語類抄』를 '유해류'라 칭한다.

정확하고 신뢰도 높은 데이터베이스 구축을 위해서는 구축 대상에 대한 분석이 필요하다. 이에, 〈규장각 원문검색서비스〉 상의 각 문헌에 대한 해제와 이에 대한 참고사항을 비고에 정리하면 다음과 같다.

분류	서명	편찬년대	편찬자	청구기호	책권수	판본사항	비고
회화류	『老乞大諺解』	1670	사역원	奎2044-v.1-2	2卷 2冊	무신자(戊申字)[2]	
		1745	申聖淵 等	奎2303-v.1-2	2卷 2冊	목판본(木版本)	· 평양 감영에서 간행, '평양판'으로 칭함[3] · 서문(序文) 존재
	『重刊老乞大諺解』	1795	李洙 等	奎2049-v.1-2	2冊	목판본	
		1795	李洙 等	一簑古495.1824-Y63jbv.1	1冊	목판본	· 상권(上卷)만 존재
		1795	李洙 等	一簑古495.1824-Y63jc	1冊[4]	목판본	· 하권(下卷)만 존재
		1795	李洙 等	一簑古495.1824-Y63j-v.1-2	2冊	–[5]	
		1795	李洙 等	가람古495.1824-Y63ja-v.1-2	2冊	목판본	
	『朴通事諺解』	1677	邊暹 等	奎貴1810-v.1-3	3冊	목판본	· 서문 존재 · 편찬자 목록 존재 · 한문 협주(夾註) 존재
	『朴通事新釋諺解』	1765	金昌祚	古3917-8-v.1-3	3卷 3冊	목판본	

		1765	金昌祚	一簑古495.18-C456b-v.1-2	2卷 2冊	목판본	· 卷三은 없음
		1765	金昌祚	一簑古495.1824-G415ba	1冊	목판본	· 卷一만 존재
		1776-1800[6]	金昌祚	一簑古495.1824-G415b	2冊	목판본	· 卷三은 없음
		미상	金昌祚	一簑古495.1824-B15	1冊[7]	목판본	· 卷三만 존재
		미상	金昌祚	가람古 495.1824-C456b-v.1	1冊[8]	목판본	· 卷一만 존재
	『伍倫全備諺解』	1721	사역원	奎1456	8卷 4冊	목판본	· 서문 존재 · 인용(引用) 서목(書目) 존재 · 한문 협주 존재
		1721	미상	古3917-9-v.1-4	8卷 4冊	목판본	· 서문 존재 · 인용 서목 존재 · 한문 협주 존재
	『華音啓蒙諺解』	1863[9]	李應憲	가람古495.183-Y54h	1冊	전사자(全史字)[10]	· 서문 존재
		1890	미상	一簑古495.18-H99g	1冊	전사자	· 서문 존재
유해류	『譯語類解』	1690	金敬俊 等	가람古413.1-G418y-v.1-2	2卷 2冊	목판본	
		1690	金敬俊 等	一簑古413.1-G418s	1卷 1冊	목판본	· 상권만 존재
		1775	金敬俊 等	古3912-5-v.1-2	2卷 2冊	목판본	· 본문 안에 1690年版, 1775年版,

							필사가 섞여있음
		1775	金敬俊 等	一簑古413.1-G418y-v.1-2	2卷 2冊	목판본	· 卷一은 1775年版, 卷二는 1690年版임
	『譯語類解補』	1775	金弘喆	一簑古413.1-G419y	1冊	목판본	· 발문 존재 · 편찬자 목록 존재
		1775	金弘喆	가람古413.1-G419y	1冊	목판본	· 발문(跋文) 존재 · 편찬자 목록 존재
	『華語類抄』	1863-1907[11]	미상	一簑古418.3-H99y	1冊	전사자	· 권두에 『千字文』, 『百家姓』, 『華音啓蒙諺解』가 첨부됨
		1863-1907[12]	미상	가람古418.3-H99	1冊	목판본	
		미상	미상	奎4044	1冊	목판본	
		미상	미상	一簑古418.3-H99	1冊	목판본	
		미상	미상	가람古418.3-H99a	1冊	목판본	· 권두에 『千字文』, 『百家姓』, 『華音啓蒙諺解』가 첨부됨
원문	『老乞大』	미상	미상	奎6293	1冊	목판본	
	『朴通事新釋』	영조(英祖) 년간	邊憲 등	一簑古495.1824-B992b	1冊	목판본	· 서문 존재 · 한문 협주 존재

[표 2] 본 연구 대상의 서지사항 정리

2 금속활자본에 속한다.

서지사항을 통해 본 연구 대상은 체제나 내용에 있어 다음과 같은 몇 가지 경우로 나눌 수 있다. 첫 번째, 동일한 서명의 판본이 여러 개 있으며 판본 간 본문 내용은 동일하나 권수가 다른 경우로, 대부분 여러 권 중 일부 권책(卷冊)이 산실된 경우이다. 그 예로는『重刊老乞大諺解』,『朴通事新釋諺解』,『譯語類解補』가 있다. 두 번째, 동일한 서명의 판본이 여러 개 있으며, 판본에 따라 注音이 다른 경우이다. 예를 들어『伍倫全備諺解』,『華音啓蒙諺解』가 있다. 세 번째, 각 판본의 중국어 원문, 언해문, 注音에 모두 차이를 보이는 경우로, 동일한 서명의 판본이 여러 개 있으며, 판본에 따라 중국어 원문,

3 『老乞大諺解』 판본은 박철민, 「戊申字本『老乞大諺解』의 善本과 교정 고찰」, 『규장각』 vol. 54, 서울대학교 규장각한국학연구원, 2019.6, pp.49-72 참조.

4 본래 下卷만 존재하여 책권수는 1冊에 해당하지만 규장각한국학연구원 웹사이트에 2冊으로 잘못 표기되어 있다.

5 규장각한국학연구원 웹사이트의 상세정보에 해당 원문에 대한 상세정보가 누락되어 있다. 그러나 다른 청구기호의 원문과 동일한 木版本으로 보인다.

6 정조(正祖) 년간에 지어진 것으로 추측되며, 권말에 '乙卯仲秋本院重刊'가 기록되어 있지만, 후대에 묵서한 것이며 정확한 연대는 알 수 없다.

7 이 책에 대한 卷一이 〈가람 古 495. 1824-C456b〉에 해당한다. 또한 규장각한국학연구원 웹사이트의 상세정보의 '책권수'는 소장본에 대한 구체적인 설명이 아닌 '1冊'으로 수정되어야 한다.

8 본 청구기호 원서의 상세정보의 '책권수'부분도 '1冊'으로 수정되어야 한다.

9 1883년 편찬된『華音啓蒙』에 대한 언해본인데, 간행년대가 1863으로 잘못 나와 있다. 이 서적의 상세정보에는 간행연도가 19세기 중엽-20세기 초로 나와 있다.

10 홍순혁(1946)에 의하면『華語類抄』는 목활자본과 목각본이 있다고 하였으나, 이 책은 全史字, 즉 금속활자로 편찬된 것이다.

11 규장각한국학연구원 웹사이트의 상세정보에는 간행연도가 "19世紀 中葉-20世紀 初(高宗年間:1863-1907)"로 되어 있으나 상부의 간행년대에는 1863으로 나와있다. 그러나 홍순혁(1946)에 의하면 권두의『華音啓蒙諺解』와 이 서적의 목활자가 같은 크기이고, 인쇄용지나 책의 크기가 같은 점으로 보아 모두 고종 20년 癸未, 1883년에 간행된 것으로 추정하고 있다.

12 上同.

언해문, 주음이 모두 다른 경우이다. 그 예로 『老乞大諺解』가 있다. 네 번째로, 동일한 서명의 판본이 여러 개 있으며, 일부 판본에 본서 이외의 다른 서적이 추가된 경우이다. 『華語類抄』가 이에 해당한다. 마지막으로 동일한 서명의 판본이 여러 개 있으며, 일부 판본에 간행년도가 다른 여러 판본이 섞여 있는 경우로, 『譯語類解補』가 이러한 예이다. 이를 표로 정리하면 [표 3]와 같다.

문헌	청구기호	판본 간 차이 비교	내용
『老乞大諺解』	奎2044-v.1-2	對뒤뒤句규규罷빠바吟인인詩스ᇫ스	주음 상이, 원문 일부에 이체자 사용
	奎2303-v.1-2	對뒤뒤句규규罷빠바吟임인詩시ᇫ스	
『伍倫全備諺解』	奎1456	與유유同뚱퉁郡한안府부부判펀펀交쟌쟌好ᄒᆞᆯᄒᆞᆫ	주음 상이
	古3917-9-v.1-4	與유위同뚱퉁郡한안府부부判펀판交걍쟌好ᄒᆞᆯᄒᆞᆫ	
『華音啓蒙諺解』	一簑古495.18-H99g	好ᄒᆞᆫ說ᄉᆐ這저樣양擡태學ᄌᆔ我워怎즈麼마當당得더起치呢니	주음 상이
	가람古495.183-Y54h	好ᄒᆞᆫ說ᄉᆐ這저樣양擡ᄐᆡ學쥐我워怎즈麼마當당得더起치呢니	
『譯語類解』	가람古413.1-G418y-v.1-2	河ᅘᅥ허沿연연//○믈ᄀᆞ	언해문 상이
	古3912-5-v.1-2	河ᅘᅥ허沿연연//○믈ᄀᆞ//ㅇ河俗音호//	
『華語類抄』	一簑古418.3-H99y	老랖天텬//○하ᄂᆞᆯ//日이頭투//○ᄒᆡ//太ᄐᆡ陽양//○ᄒᆡ//日이暈훈//○ᄒᆡ무	배열 방식 상이
	가람古418.3-H99	老랖天텬//○하ᄂᆞᆯ//(공백)日이頭투//○ᄒᆡ(공백)太ᄐᆡ陽양//	

[표 3] 판본 간 차이점의 유형별 예시

2. 데이터베이스 구축 내용 및 방법

본 데이터베이스는『老乞大諺解』,『朴通事諺解』,『譯語類解』,『伍倫全備諺解』,『譯語類解補』,『朴通事新釋諺解』,『重刊老乞大諺解』,『華音啓蒙諺解』,『華語類抄』,『老乞大』,『朴通事新釋』 11종 역학서 총 31개 서적에 대한 아래의 데이터를 구축하였다.

1. 원문 데이터
2. 번역문 데이터
3. 언어 정보 시맨틱 데이터
   1) 어휘 정보 데이터
   2) 어음 정보 데이터

이를 구축하기 위하여 다음과 같은 순서로 연구를 진행하였다. 첫 번째는 원문 입력, 두 번째는 번역문 입력, 세 번째는 어휘 정보 입력, 네 번째는 원문, 번역문 및 언어 정보 시맨틱 데이터의 구축, 마지막은 전체 데이터의 감수이다.

첫 번째, 원문 입력은 입력 원칙의 설정, 입력, 감수의 세 가지 과정을 포함한다. 앞에서 분석한 각 문헌에 대한 서지사항의 이해를 바탕으로, 모든 문헌에 대해 공통적으로 적용할 수 있고, 이후 용이하게 데이터를 구축할 수 있으며 웹사이트의 가독성을 살리기 위한 입력 원칙을 설정한다. 이러한 원칙에 따라 입력한 이후에는 원문의 내용 그대로 입력되었는지, 데이터 구축을 위한 기호들이 정확히 입력되었는지 감수를 진행한다. 두 번째, 번역문 입력 역시 입력 원칙의 설정, 입력, 감수의 동일한 과정을 거친다. 번역의 말투, 고유명사의 번역, 상용하지 않는 어휘의 풀이 정도 등에 대한 세부적인 번역 원칙을 설정하고 이를 입력한 후 다시 이러한 번역 원칙에 잘 번역하여 입력하였는지, 오탈자가 없는지를 감수한다. 세 번째, 어휘 정보는 '명칭 및 호칭', '장소명', '지명', '복식', '음식', '주거', '식물', '동물', '매매', '서명'의 10개 주제와 관련된 어휘를 추출하였다. 먼저 엑셀 시트에 주요 어휘를 선별한 후 주요 어휘에 대한 의미 내용을 입력하고, 어휘 표기에 사용된 한자와 자동 연결된 현대 표준중국어 병음 데이터를 교정한다.[13] 네 번째는 데이터의 구축이다. 작업 과정의 특징에 따라 이는 크게 원문 및 번역문 데이터 구축과 어휘와 어음 정보 데이터 구축으로 나뉠 수 있다. 원문 및 번역문 입력은 데이터 구축을 위한 가장 기초적인 단계로, 입력의 편의성을 위해서 한글 문서(.hwp)로 진행했다. 이를 RDB(Relational Database) 적재를 위한 TSV(Tab Separated Values) 형식과 온라인 서비스를 위한 XML(eXtensible Markup Language) 형식으로 변환했다. 어휘와 어음 정보 데이터는 여러 기준으로 검색이 가능하도록 기준이 될 만한 여러 요소에 ID를 부여하여 연계 데이터를 만들고자 하였으며, 각 데이터는 모두 엑셀 파일(.xls)로 작성하고, TSV와 XML 형식으로 변환했다. 어휘 정보 데이터는 향후 원문에서 해당 어휘가 출현하는 예와 번역문에서 해당 어휘가 출현하는 예를 모두 검색할 수 있도록 어휘와 원문, 어휘와 번역문을 연결하는 데이터를 구축한다. 어음 정보 데이터는 앞서 구축한 원문 데이터를 이용하여 각 한자의 좌우음(左右音)[14] 어음 정보(좌음, 우음이 구분되어 있는 경우), 단음 어음 정보(좌음, 우음이 구분되어 있지 않은 경우)를 구축하며, 현대 중국어 병음 데이터와 연계하여 각 한자의 현대 표준중국어 어음 데이터, 『廣韻』의 데이터와 연계하여 각 한자에 대한 『廣韻』

13 어음 정보 데이터의 경우 이미 입력된 원문 데이터 안의 주음(注音) 정보에 대한 가공과 기존에 구축된 『廣韻』이나 현대 표준중국어 병음 데이터와의 연결을 기본으로 하기 때문에 별도의 입력 과정이 필요하지 않고 다음 단계인 어휘 및 어음 데이터 구축작업을 진행한다.

14 편의상 좌음(左音)과 우음(右音)을 합쳐 '좌우음(左右音)'으로 칭한다.

어음 정보(聲母, 攝, 韻, 等, 呼, 聲調) 데이터를 구축한다. 따라서 원문의 각 한자는 언해류 문헌에 기록된 어음와 현대 중국어 어음 및 『廣韻』 어음 정보와 연결되어 검색 시 한자와 어음 정보를 한눈에 살펴볼 수 있게 된다. 마지막은 데이터 감수이다. 원문, 번역문 데이터에서 형식, 내용 면에서 오류가 없는지 확인하며, 오류가 발견되면 원문 혹은 번역문 텍스트 파일(.txt)을 기준으로 해당 오류를 수정한다. 어휘 정보 데이터의 오류는 원시 데이터를 정리한 엑셀 파일(.xls)을 기준으로 해당 오류를 수정한다. 어음 정보 데이터의 오류는 좌우음 혹은 단음에서 발생하는데, 이 역시 원문의 오류에 기인한 것이므로 원문 텍스트 파일(.txt)을 기준으로 오류를 수정한다.

이런 과정을 통해서 완성된 데이터는 규장각한국학연구원에 즉시 올려 대중에게 서비스를 제공할 수 있다는 장점이 있으며, 출판된 서적과는 달리 원시 데이터의 수정을 통해 언제든지 오류에 대해 수정할 수 있다는 특징을 갖고 있다. 이에 위와 같은 연구 과정을 통해 효율성과 가용성을 기반으로 한 웹서비스의 토대를 구축했다.

데이터베이스 구축의 전 단계

1. 원문 입력과 번역 과정

1) 회화류 역학서의 원문 입력과 번역 과정

(1) 회화류 역학서의 원문 입력

데이터의 입력은 입력자의 편의를 위해 한글 문서(.hwp)로 하고, 이를 다시 TSV 혹은 XML 형태로 변환했다. 〈규장각 원문검색서비스〉의 원문보기 이미지를 기준으로 권, 면, 행에 따라 데이터 기본 스키마를 선정했다. 그 뒤, 다음과 같이 데이터 입력 원칙을 수립했다.

첫째, 한자 및 언해문의 입력은 문헌에 보이는 그대로 입력하는 것을 원칙으로 하였다. 이는 다음과 같은 세 가지 문제와 연관이 있는데, 첫 번째 문제는 원문에서 출현하는 이체자에 대한 것이다. 이 문제에 대해서는 가능한 한 원문보기에 보이는 그대로의 이체자로 입력하는 것을 원칙으로 삼았다. 예를 들어 『老乞大諺解』의 원문보기에 따르면 해당 원문에서 '왕경(王京)'의 '경'은 '亰'으로, 『華音啓蒙諺解』의 원문보기에서 '언해(諺解)'의 '해'가 '觧'로 나타나는데, 본 데이터베이스에서는 원문 자형인 '京'과 '觧' 그대로 입력하였다. 입력에 사용한 이체자는 한국학중앙연구원의 〈유니코드 한자 이체자 정보 사전〉(http://waks.aks.ac.kr/unicode/)을 활용하였다. 이체자 사전에도 등장하지 않는 경우에는 파자(破字)의 형식을 빌어 글자의 구성자를 +로 표기하는 방식으로 입력하였다. 예를 들어 [illegible]는 疒+手으로, [illegible]은 扌+幸, [illegible]는 糸+口로 입력하였다. 두 번째 문제는 주음과 관련된 문제이다. 언해류 문헌 중 『老乞大諺解』, 『朴通事諺解』, 『重刊老乞大諺解』, 『朴通事新釋諺解』, 『伍倫全備諺解』 등에 표기된 좌음(左音)은 당시 중국음을 나타내기 위해 치두음(齒頭音)을 ᄼ, ᄽ, ᅎ, ᅏ, ᅔ으로, 정치음(正齒音)을 ᄾ, ᄿ, ᅐ, ᅑ, ᅕ으로 구분해 썼는데, 일부 경계가 모호한 글자들이 존재한다. 이들은 본래 치두음, 정치음을 의도한 것이나 목각 과정에서 혹은 활자 사용 시 좌, 우 획 길이의 차이를 확실히 반영하지 못한 것으로 추정되며, 넓은 의미에서 오각(誤刻)에 속한다. 이처럼 현대 한글 초성자의 ㅅ, ㅆ, ㅈ, ㅉ, ㅊ과 가깝게 보이는 글자들은 보이는 그대로 현대 한글 초성자와 같이 입력하였다. 이렇게 입력한 이유는 '교정(校正)'을 피하기 위함이다. 이렇게 모호하게 표기된 글자가 실제로 치두음 혹은 정치음의 표기인지는 중국어의 중고음 성모에 기준하여 바로 잡을 수도 있으나, 이는 '교정'의 영역에 속한다. 문헌에 대한 교정은 또 하나의 독립된 대형 연구가 되기에, 본 연구 기획 시 포함하지 않았다. 또 다른 이유는 이들이 방언음을 반영했을 가능성 때문이다. 언해류 문헌의 주음이 당시 중국의 동북관화(東北官話)와의 관련성이 있다는 기존 연구 결과가 있는데,[1] 동북관화에서는 치두음과 정치음을 구분하지 않거나, 치두음을 정치음으로, 정치음을 치두음으로 발음하는 경우가 있어, 언해류 문헌이 이와 같은 당대의 방언

---

1 鄒德文, 金茗竹(2015)는 『華音啓蒙』, 『華音啓蒙諺解』, 『你呢貴姓』에 출현하는 誤字를 통해 이 글자들이 동북관화와 관련된 것임을 규명하였다. 鄒德文, 金茗竹(2015), 「朝鮮四種文獻所見漢語聲母的淸代東北方音特徵」, 『北方論叢』 第2期, 哈爾濱師範大學, pp.72-77 참조.

어음 혼동 현상을 반영하였을 가능성을 완전히 배제할 수 없기 때문이다.[2] 위와 같은 이유로 인해 치두음과 정치음의 경계가 모호한 표기에 대해서는 임의로 교정하지 않고 원문보기의 원문에 보이는 그대로 입력하는 것을 최선의 방법으로 보았다. 세 번째 문제는 한자, 언해문, 주음의 오각(誤刻)에 대한 것이다. 이 문제 역시 원문보기의 원문에 보이는 그대로 입력하였다. 여러 판본의 오각을 교정하지 않고 원문 그대로 입력하면 향후 서지학적 판본 연구 시 신뢰도 높은 기초자료를 제공할 수 있기 때문이다.

둘째, 회화류의 경우 언해문 해제의 앞, 뒤에 '///'를 첨가한다. 이는 향후 데이터 구축 시 이 기호에 따라 언해문을 따로 추출하기 위함이다.

셋째, 한문 협주가 있는 경우(『朴通事新釋諺解』, 『伍倫全備諺解』 등)에도 해제의 앞, 뒤에 '///'를 첨가하고, ○(유니코드 25E6)표기를 기입한 후 한문 협주를 입력한다.

넷째, 언해류의 언해문 해제 앞에는 ○(유니코드 25CB)를 사용한다.

다섯째, 원문보기에서 인식이 어려운 부분은 최대한 다른 판본을 참고하여 입력하나, 최종적으로 인식이 불가하다고 판단되면 ⊠(유니코드 22AO)를 사용한다. 예시는 다음과 같다.

2 清代 동북관화를 바탕으로 편찬된 『黃鍾通韻』(1744), 『奉天通志』(1934)와 같은 문헌에서는 精組와 照組 성모가 서로 혼동되는 현상이 공통적으로 출현한다. 鄒德文, 『清代東北方言語音研究』, 中國社會科學出版社, 2016, p.108, p.111 참조. 뿐만 아니라 오늘날 哈爾濱, 興城, 瀋陽, 吉林과 같은 지역에서도 역시 精組와 照組가 혼동되거나 합류되는 현상이 존재한다. 錢曾怡, 『漢語官話方言研究』, 齊魯書社, 2010, pp.68-69, pp.76-77 참조.

권	면	행	원문
0001	0009	1	귂고子즈즈拖터토爐루루随쮜취食씽시去큐큐///〇李四로ᄒᆞ여과실과施爐随食을사
0001	0009	2	라가게ᄒᆞ라///ㅇ果子果實也又呼油蜜果亦曰果子曰蜜果子制形如棗拖爐音義云麵作小餅質問云以麥
0001	0009	3	麵和油蜜印成花餅烙熟食之随食音義云與拖爐相似質問云以麥麵和油作小餅喫茶時食之取其香酥
0001	0009	4	也原本用随字故反譯亦用随字俗音쉬今更質之字作饝宜從쉬音讀今俗亦曰饝餅///酒질작京깅깅
0001	0009	5	城찡칭槽짷챂房빵방雖쉬쉬然션션多더도///〇술은京城예술집이비록만ᄒᆞ나///ㅇ槽房
0001	0009	6	釀酒出賣之家官收其稅///街계계市씃스酒질작打다다将장장来래레怎즘즘麼마마
0001	0009	7	喫칭치///〇져젯술을가져오면엇디머그리오///咱장자們믄믄問믄운那나나光광광禄
0001	0009	8	룽루寺씃스裏리리///〇우리뎌光禄寺에무러///ㅇ光禄寺在東長安門內其屬有大官珎羞良醞掌醢
0001	0009	9	四署掌供辦內府諸品膳羞酒醴及管待使客之事///討탛탄南난난方방방来래레的딩디蜜
0001	0009	10	밍미林린린檎낀킨焼샾샤酒질작一잉이桶퉁퉁///〇南方으로셔온蜜林擒焼酒ᄒᆞᆫ통과///

[표 4]『朴通事諺解』입력 예시

일반적인 언해류 문헌은 원문에서 나뉘어진 행을 기준으로 행을 나누어 입력하되, 언해문의 앞뒤에는 '///'를 넣고 한문 협주 앞에는 '///'를 다시 입력한 후 ㅇ를 쓰고 협주를 입력한다.

(2) 회화류 역학서의 번역

본 연구에서는 번역에 있어서 다음 두 가지의 가장 큰 원칙을 설정하였다.

첫 번째는 당시의 중국어 원문의 의미를 반영하여 정확하게 내용을 해석하고 번역하는 것이며, 두 번째는 대중에게 공개하는 데이터베이스의 목적에 맞게 연구자가 아닌 일반인들이 보고 이해가 가능한 내용과 형식으로 번역하는 것이다. 이러한 주요 원칙을 기준으로 다음과 같은 세부 원칙을 세웠다.

첫 번째, 조선 시대 중국어 역학서는 주음을 제외하고 크게 '중국어 원문'과 이에 대한 번역문인 '언해문'으로 구성되어 있다. '중국어 원문'은 학습 내용이 되는 본문이고, '언해문'은 이 본문을 당시 사용하던 한글을 이용하여 당시의 한국어로 풀이한 번역문이라 할 수 있다. 이 둘은 모두 현대 중국어 및 현대 한국어와는 차이가 있기 때문에 무엇을 기준으로 번역해야 하는가에 대한 고민이 필요했다. 이에 본 연구는 중국어 원문을 번역하는 것을 원칙으로 삼았다. 그 이유는 다음 몇 가지를 들 수 있다. 첫 번째, 조선 시대 중국어 역학서는 기본적으로 '중국어'를 학습하기 위해 편찬된 저서이기 때문에 이러한 편찬 목적에 따라 번역을 하는 것이 원작의 의도를 반영하는 것이라 보았다. 두 번째, 조선 시대 중국어 역학서 안의 언해문은 번역투로 쓰인 것으로 당시 실제 한국어와는 차이가 크다. 조선 시대 중국어 역학서의 언해문은 해석에 초점을 둔 문장으로, 당시 한국어 본연의 모습과는 성격을 달리한다. (김완진 1976, 여찬영 1987/1988/2003, 성광수 1990, 김미형 1997) 본 연구 대상 중 『老乞大諺解』는 언해문에 거의 한자어가 출현하지 않는데, 이는 당시 최대한 우리말로 중국어를 번역하려 한 결과로 보인다. 그러나 이를 제외한 대부분의 문헌에서는 중국어 원문에서 출현한 한자어를 중복 사용하여 번역한 경우가 많다. 예를 들어 『朴通事諺解』, 『重刊老乞大諺解』, 『朴通事新釋諺解』 등에서는 중국어 원문에 등장하는 한자어를 언해문에 재사용하여 풀이하고 있는 경향이 두드러진다. 이 중 『朴通事諺解』의 언해문을 이전에 편찬된 『飜譯朴通事』의 언해문과 비교해보면, '當今聖主洪福齊天, 風調雨順國泰民安, 又逢着這

春, 休蹉過了好時光.'이라는 문장에 대해 『飜譯朴通事』에서는 '이제 셩쥐 너브신 복이 하ᄂᆞᆯ와 ᄀᆞᄐᆞ샤 ᄇᆞᄅᆞᆷ도 고ᄅᆞ며 비도 슌ᄒᆞ야 나라히 태평ᄒᆞ고 ᄇᆡᆨ셩이 편안ᄒᆞᆫ저긔 ᄯᅩ이 三月 됴 ᄒᆞᆫ 시져를 맛나니 됴 ᄒᆞᆫ 시경을 건네텨 ᄇᆞ리디 말거시라.'라고 풀이한 반면, 『朴通事諺解』에서는 '當今에 聖主ㅣ 큰福이 하ᄂᆞᆯ과 ᄀᆞᄌᆞᆨᄒᆞ야 風調雨順ᄒᆞ고 國泰民安ᄒᆞᆫᄃᆡ ᄯᅩ 이 봄 二三月 됴흔 시절을 만나시니 됴흔 時光을 그ᄅᆞᆺ디내디마쟈.'와 같이 본문의 한자어를 다시 사용하여 풀이하였다. 『華音啓蒙諺解』의 경우, 대부분의 문장이 거의 현토(懸吐) 수준으로 원문의 어휘를 반복하여 직역하였기 때문에 당시 한국어와는 상당한 차이가 있다.(김영수 2002) 세 번째, 조선 시대 중국어 역학서의 언해문 자체에 오역이 존재한다. 먼저, 중국어 단어의 문장 안에서의 다양한 통사적 특징을 반영하지 못한 경우를 들 수 있다. 『重刊老乞大諺解』에서 '我是朝鮮人'를 '나ᄂᆞᆫ 이 朝鮮ㅅ사ᄅᆞᆷ이라'라고 번역하고, 『華音啓蒙諺解』에서 '我是在民的'를 '나ᄂᆞᆫ 이 民人이니'와 같은 예인데, 이는 판단 동사인 '是'를 대명사의 의미인 '이'로 오역한 것이다. 또한, 해당 단어의 다양한 용법을 반영하지 못한 예도 등장한다. 그 예로 『老乞大諺解』에서는 '就那裏搬下走了'를 '즉제 게셔 ᄇᆞ리고 ᄃᆞ라나니'로 번역하고, '就那裏拿起一塊大石頭'를 '즉제 게셔 ᄒᆞᆫ 덩이 큰 돌흘 가져다가'로 번역하였다. 이는 전치사의 의미를 갖는 '就'를 모두 부사 '곧'(즉제 게셔)의 의미로 오역한 것이다.(맹주억 2006a/2006b) 위와 같은 이유로 언해문은 번역의 기준으로 삼을 수 없다고 판단하였다.

두 번째, 필요에 따라 언해문의 번역을 참고한다. 조선 시대 중국어 역학서는 근대 중국어를 기반으로 한 것으로, 현대 표준중국어 사전에는 출현하지 않는 많은 어휘가 출현하며, 형태는 동일하더라도 현대 중국어의 뜻과 용법에 차이가 나는 어휘도 상당수 등장한다. 이러한 경우에는 조선 시대 중국어 역학서에서 해당 어휘가 언해문 안에서 어떤 뜻으로 나타나는지 두루 찾아보고 연구한 후, 가장 정확한 의미로 번역하였다. 그 예로, 현대 표준중국어에서

'可知'는 동사로 '가히 알(짐작할) 수 있다' 혹은 형용사로 '(-인 것도) 당연하다'의 뜻을 갖으나, 언해류 문헌에서는 '그렇습니다', 혹은 '맞습니다'라는 번역으로 빈번히 출현한다. '可知快說謊'를 '그리어니거즛말니ᄅᆞ기ᄅᆞᆯ잘ᄒᆞᄂᆞ니', '可知有頑的'를 '그리어니ᄀᆞ래ᄂᆞ니잇ᄂᆞ니라'와 같이 풀이한 것이 그 예이다. 이외에도 '着'를 '敎', '讓'과 같은 사역의 의미로 사용하거나 '角頭'를 '시장'의 의미로 사용한 것, 기타 많은 조사, 부사, 명사 등의 단어가 현대 중국어와 다른 의미를 사용된 것을 언해문을 통해 판단하고 번역에 반영할 수 있다.

세 번째, 기타 현대 중국어 사전에 출현하지 않는 어휘나 현대 중국어와 다른 의미로 사용된 단어 및 어휘에 대해서는 역학서의 한문 협주(夾註)를 참고하여 당시 사용하였던 의미를 반영하여 번역한다. 본 연구 대상 중 『朴通事諺解』, 『朴通事新釋』, 『伍倫全備諺解』에 한문 협주가 등장하는데, 여기서 본문에 출현하는 어휘에 대해 상세하게 설명하고 있어 당시 실제 사용하였던 의미에 대해 파악할 수 있다. 예를 들어, 『朴通事諺解』에는 '川炒猪肉'이란 구절이 등장하는데, '川炒'에 대해 하단 협주에서는 '『음의(音義)』에서는 맹물에 볶은 돼지고기라고 했다. 이제 보기에 '천초(川炒)'란 소금물에 볶는 것을 가리킨다.'라고 풀이하여 이를 '소금물에 볶은 돼지고기'라고 번역할 수 있다. 이외에도 한문 협주에는 당시 호칭, 관부, 제도, 의식주, 매매 등에 대한 상세한 해설을 실었는데, 이는 근대 중국어 사전과 같은 역할을 하여 정확한 번역에 있어 가장 중요한 근거자료가 된다.

네 번째, 한자 어휘를 그대로 쓴 한문 번역투나 직역을 지양하고, 가능한 한 현대 한국어의 표현에 가깝게 번역한다. 본 연구의 데이터베이스는 모든 대중이 열람할 수 있도록 하는 것을 목표로 하므로, 일반 대중이 읽어도 거부감 없이 자연스럽게 읽을 수 있게 번역하고자 하였다. 본문뿐만 아니라 특히 한문으로 이루어진 협주, 서문, 발문의 경우에도 해당 문장에 나타난 단어와 어휘를 자세히 풀어 번역하는 데 중점을 두었다.

다섯 번째, 대화 참여자의 신분, 지위, 나이에 따른 높임법을 적용하여 번역한다. 회화학습서의 특성상 관인과 백성, 연장자와 연소자, 부모와 자식 등 다양한 대화 참여자가 등장하는데, 이를 고려하여 대화 참여자의 신분에 따라 하게체, 합쇼체, 해라체, 해요체, 해체 등 다양한 높임법을 사용하여 번역하였다.

여섯 번째, 지명, 인명, 시대명, 서명 등의 고유명사는 한국한자음으로 표기한 후 괄호 안에 한자를 병기한다. 현대 중국의 인명, 지명 등은 최근 중국어 발음으로 쓰는 추세이지만, 고대 지명, 인명, 시대명, 서명 등 고유명사는 여전히 한국한자음으로 표기하는 것이 일반적이다. 따라서 본 연구에서도 이들을 한국한자음대로 표기하였으며, 다만 정확한 이해를 돕기 위해 괄호 안에 한자를 병기하였다. 예를 들어 북경(北京), 고당(高唐), 노구교(蘆溝橋), 영명사(永明寺), 태조(太祖), 한(漢)나라, 논어(『論語』) 등이 있다.

2) 유해류 역학서의 원문 입력과 번역 과정

(1) 유해류 역학서의 원문 입력

유해류 역학서의 원문 입력 원칙은 다음과 같다. 첫 번째, 유해류의 경우 언해문 해제의 앞, 뒤에 '//'를 첨가한다. 두 번째, 중국어 역학서 유해류의 언해문 해제 앞에 ○(유니코드 25E6)를 사용한다. 세 번째, 어휘 단위의 구분이 필요한 곳에 대해서는 (공백)으로 표기한다. 예를 들어 『譯語類解』와 같이 상, 하단 구분이 있어 공간적으로 나뉠 필요가 있는 경우가 이에 해당한다. 네 번째, 『譯語類解』와 같이 인용 서목(書目)이 등장하는 경우, 서명과 해제 사이에는 +(유니코드FF0B)를 두 번 기입한다(++). 예시는 다음과 같다.

권	면	행	원문
0001	0003	11	譯잉이語유유類뤼뤼解계계補부부
0001	0003	12	天텬텬文ᄅᆞᆫ운補부부
0001	0003	13	天텬텬清칭칭亮량량//○하ᄂᆞᆯ쳥명ᄒᆞ다//(공백)天텬텬暗한안昏훈훈//○하ᄂᆞᆯ흘이다//
0001	0003	14	天텬텬道따ᇢ단變변변了ᄅᆙᇢ랴//○텬긔변ᄒᆞ다//(공백)日싱ᅀᅵ光광광//○ᄒᆡㅅ빗//
0001	0003	15	日싱ᅀᅵ晃ᅘᅪᇰ황眼연연//○ᄒᆡㅅ빗눈에ᄇᆡ의다//(공백)日싱ᅀᅵ珥ᅀᅳᅀᆞᆯ//○ᄒᆡㅅ귀엿골//
0001	0003	16	日싱ᅀᅵ頭뜨ᇢ투中중중天텬텬//○ᄒᆡ즁텬ᄒᆞ다//(공백)日싱ᅀᅵ頭뜨ᇢ투矬쭤초//○ᄒᆡ낫비다//
0001	0003	17	日싱ᅀᅵ頭뜨ᇢ투落라ᇢ로了ᄅᆙᇢ랴//○ᄒᆡ지다//(공백)日싱ᅀᅵ曛휸휸//○ᄒᆡ어슬음//
0001	0003	18	回훼휘光광광返반반照ᄌᆙᇢ쟈//○ᄒᆡㅅ빗맛최다//(공백)影잉잉兒ᅀᅳᅀᆞᆯ//○그림자//

[표 5]『譯語類解補』 입력 예시

(2) 유해류 역학서의 번역

유해류의 경우 각각의 단어가 독립적으로 제시되어 있어, 회화학습서와는 달리 전후 문장 맥락을 통해 어휘의 의미를 추측할 수 없다는 특징이 있다. 또한 많은 단어가 현대 표준중국어 및 한자 사전, 근대(近代) 한어(漢語) 사전에는 등장하지 않아 번역의 난이도가 상당히 높았다. 이에 유해류의 경우 회화류 역학서의 번역 원칙을 동일하게 적용하되 다음과 같이 세부 원칙을 추가하였다.

첫 번째, 유해류 역학서의 번역도 언해문이 아닌 표제어로 제시된 중국어 단어에 대한 번역을 원칙으로 한다. 유해류 역학서에서 언해문을 기준으로 번역할 수 없는 주요한 이유는 언해문이 단어에 대한 의미를 충분히 전달하지 못하는 경우가 적지 않기 때문이다. 예를 들어 『譯語類解補』에서 '照樣'은 '그대로'라고만 쓰여있다. 이에 대해서 '그대로 하다(따르다), 예전대로 하다(따르다)'라고 풀이하여 그 의미를 좀 더 분명하게 나타내었다. 그러나 번역 시 언해문을 완전히 배제한 것은 아니다. 회화류 역학서와는 달리 전후 맥락을 알 수 없고, 단어만 열거된 유해류의 특성 상 중국어 단어에만 의존하여 뜻을 유추할 수 없을 때는 언해문 풀이는 중요한 참고 단서가 되었다. 예를 들어 『譯語類解補』에서 '風裡話'는 '풍편의 소문'으로 번역되어 있는데, 언해문을 참고하여 '뜬소문'으로 번역하였다.

두 번째, 언해문에 쓰인 단어가 국어사전에도 표제어로 등장하지만 상용하지 않을 경우에는 이를 다시 자세히 풀이한다. 예를 들어 『譯語類解』에서 '咬牙'는 '切齒ᄒᆞ다'로 풀이되어 있는데, '절치(切齒)하다'가 국어사전의 표제어로 수록되어 있지만 상용하지 않는 어휘이므로 번역문에서는 '분하여 이를 갈다'로도 풀이하였다. 『譯語類解補』의 '行會' 역시 '지위ᄒᆞ다'로 풀이되어 있는데, '지위(知委)하다'가 국어사전에 표제어로 수록되어 있지만 현대 국어에서 자주 사용되는 단어는 아니므로 '통시나 고시로 명령을 알려주다'로도 풀이하였다.

세 번째, 부가 설명이 필요한 관직, 관부, 호칭 등은 최대한 자세히 풀이한다. 예를 들어 『譯語類解』에서 표제어 '權官'은 '權知'로 풀이되어 있는데, '權知'도 우리말 한자 어휘에 존재하나 현재 사용 빈도가 낮아 한자를 병기하여도 뜻을 파악하기 어려우므로 괄호와 쉼표를 이용하여 더 자세하게 풀이하여, '권지(權知, 과거 합격자로서 각 관청에 배치되어 실무를 익히는 견습 관원으로, 벼슬 이름 앞에 붙어 임시직임을 나타냄), 권력과 세력이 있는 벼슬'로 번역하였다. 『華語類抄』에서 표제어 '理藩院'은 동일한 단어인 '理藩院'로 풀이되어 있고 국어사전에도 표제어로 등장하나, 역시 사용빈도가 낮은 단어로 일반

대중이 이해하기는 어려움이 있으므로 '이번원(理藩院, 옛 국경 관리 및 감독 기관, 理藩部의 舊稱)'과 같이 번역하였다.

네 번째, 해당 어휘에 대한 언해문 풀이 외에 다른 뜻이 있을 경우, 이 다른 뜻도 역시 번역문의 내용 안에 포함하였다. 예를 들어, 『譯語類解』에서 '莊家'는 '향음'으로 풀이되어 있지만 중국어에서는 이 뜻 외에 '농사짓는 사람', '농가', '노름의 선', '금융시장의 큰 손'이란 의미 항목도 있으므로 이를 모두 번역문에 기입하였다. '抽豊' 역시 언해문의 풀이로는 '救窮ᄒᆞ다'로 번역되어 있으나 본래 글자의 뜻을 고려하여 '돈 있는 사람에게서 재물을 빼앗아 내다'로도 번역하였다.

다섯 번째, 어휘학습서의 언해문 뜻풀이에서 자주 등장하는 표현 중 '又'는 '또한'으로, '一云'은 '-라고도 한다.'로 옮긴다. 또한 이 뒤에 중국어단어가 올 경우 중국어단어를 쓰고 옆에 괄호 안에 한국한자음을 표기한다. 예를 들어, 『譯語類解』의 '一云柱頂石'은 '柱頂石(주정석)이라고도 한다'로 풀이한다.

여섯 번째, 어휘학습서의 언해문에는 주음이 등장하는 경우가 있는데, 이는 어음에 대한 정보를 담고 있으므로 번역문 옆에 그대로 표기한다. 그러나 본서의 유해류 현대문 번역 부분에서 주음 부분은 뜻의 파악과 관련이 없으므로 삭제하였다.

일곱 번째, 조선 시대 중국어 역학서 및 각종 중국어 사전, 국어사전을 통해서도 파악이 불가능한 소수의 어휘들이 존재한다. 이렇게 최종적으로 번역이 불가한 것으로 판단되는 어휘에 대해서는 '해낭 어휘의 한국한자음(언해문)'의 형식으로 입력한다. 예를 들어, 최종적으로 의미를 파악하지 못한 '艾葉箭'에 대해서 '애엽전(艾葉箭)'이라고 옮긴 것과 같다.

번역에는 크게 인터넷상의 전자 정보와 지류로 출간된 서적을 참고하였다. 인터넷상의 전자 정보로는 〈네이버 중국어사전〉(https://zh.dict.naver.com/),

〈네이버 국어사전〉(https://ko.dict.naver.com/), 〈네이버 한자사전〉(https://hanja.dict.naver.com/) 및 〈바이두(Baidu, 百度) 백과(百科)〉(https://baike.baidu.com/), 〈바이두 한어(漢語)〉(https://hanyu.baidu.com/), 〈위키백과〉(ko.wikipedia.org/), 〈윅셔너리〉(www.wiktionary. org/), 〈한전(漢典)〉, 〈맹전(萌典)〉(www.moedict.tw/) 등 다양한 전자 정보를 활용하였다. 본 연구 대상 안의 어휘는 사전에 출현하지 않는 경우도 많기 때문에, 최대한 다양한 전자 정보를 통해 어휘의 의미를 풀이하고자 하였다. 기타 서적으로는 『우리말 큰사전』(한글학회, 1994), 『이조어사전』(유창돈, 1990), 『한어방언대사전(漢語方言大詞典)』(許宝華, 2020), 『근대한어사전(近代漢語詞典)』(白維國, 江藍生, 汪維輝 2015), 『동북방언대사전(東北方言大詞典)』(唐聿文 2012), 『동북방언개념사전(東北方言概念詞典)』(尹世超, 2010), 『동북방언사전(東北方言詞典)』(馬思周, 姜光輝, 2005) 등을 참고한다.

3) 번역문 입력의 원칙

번역문 데이터는 다음과 같은 원칙에 따라 입력하였다.

첫 번째, 본 연구 대상의 원문보기에서 열람할 수 있는 모든 부분을 번역한다. 중국어 원문뿐만 아니라 제목, 서문, 인용서문, 한문 협주, 발문, 편찬자, 권(卷) 정보 및 마침 부분에 대한 모든 것을 번역한다.

두 번째, 회화학습서의 경우 중국어 원문이 시작되는 권, 면, 행을 입력하고 상응하는 번역문 데이터를 표 안에 입력한다. 중국어 원문에서 분리되어있는 구, 문장은 이를 모두 독립된 행으로 분리하여 입력한다.

세 번째, 어휘학습서의 경우 한 행에 한 단어에 대한 풀이를 입력한다.

네 번째, 한문 협주의 경우 이것이 시작되는 권, 면 행을 입력하고 상응하는 번역문을 입력한다.

다섯 번째, 한문 협주 앞에는 ○(도형 기호, 유니코드 25E6)을 입력한다.

여섯 번째, 중국어 원문 안에 대화자가 표시된 경우(예, 『伍倫全備諺解』) 괄호 안에 발화자 이름을 입력한다.

일곱 번째, 제목이나 인용 서목 부분에서 띄어쓰기가 필요한 지점에는 '(공백)'이라고 표기한다.

여덟 번째, 지명, 인명, 시대명 서명 등 고유명사는 한국한자음으로 입력하고 옆에 괄호 안에 한자를 병기한다.

아홉 번째, 『老乞大』, 『朴通事新釋』과 같이 원문 상에 문장 시작점에 대한 표시가 별도로 존재하지 않는 경우에는 구 혹은 문장이 시작하는 지점을 행으로 간주하고 이에 따라 권, 면, 행을 입력하고 번역문을 입력한다.

열 번째, 서문이나 발문과 같이 원문 상에 문장 시작점에 대한 표시가 별로도 존재하지 않는 경우에도 문장이 시작하는 지점을 행으로 간주하고 이에 따라 권, 면, 행을 입력하고 번역문을 입력한다.

열한 번째, 서명의 앞뒤에는 『 , 』를 표기하여 구분한다.

열두 번째, 원문보기 상으로 식별 불가하여 번역이 불가능할 경우에는 ☒로 입력한다.

위와 같은 원칙을 바탕으로 입력된 번역문 데이터의 예시는 아래와 같다.

권	면	행	번역문
0001	0021	1	오륜전비언해(伍倫全備諺解) 권(卷)1
0001	0021	2	(大生)소생의 성은 오(伍)이고, 이름은 윤전(倫全)입니다.
0001	0021	3	자(字)는 천상(天常)이라 부르는데
0001	0021	3	이는 춘추(春秋)시대 오자서(伍子胥)의 후예입니다.
0001	0021	5	ㅇ오자서(伍子胥)는 이름이 원(員)이고, 초(楚)나라 평왕(平王)때 사람이다.

0001	0021	5	부친의 휘(諱)는 전(典)이니
0001	0021	6	ㅇ『증보자휘(增補字彙)』에 살아서는 '명(名)', 죽어서는 '휘(諱)'라 하였다.
0001	0021	6	생전에 태평군(太平郡)태수를 지내셨습니다.
0001	0021	7	ㅇ태평군은 『광여기(廣與記)』 우공(禹貢)편에 양주(楊州) 지역이라고 했다. 춘추 시대에는 오(吳)나라 땅이었는데, 후에 월(越)나라에 속했고, 전국(戰國)시기에는 초(楚), 진(秦)나라 때에는 장군(鄣郡), 한(漢)나라 때에는 단양(丹陽), 진(晉)나라 때에는 당도(當塗), 유송(劉宋)때에는 고숙(姑孰), 당(唐)나라 때에는 남예주(南豫州), 송(宋)나라 때에는 평남(平南) 혹은 태평(太平)이라고 했으며, 명(明)나라 때에는 태평부(太平府)라고 했다.

[표 6]『伍倫全備諺解』 번역문 데이터 입력 예시

괄호 안에 발화자를 입력하였으며, 원문 상 분리된 행은 독립적으로 행을 표시하고 번역문을 입력하였다. 하단에 출현하는 한문 협주는 ㅇ표기 이후 번역문을 입력하였다. 또한 서명, 시대명, 인명, 관직명, 지명 등의 고유명사는 한국한자음을 쓰고 옆 괄호 안에 한자를 표기하였다.

권	면	행	번역문
0001	0016	19	관부(官府)
0001	0016	20	대아문(大衙門), 큰 마을, 상급 관청, 관아
0001	0016	20	소아문(小衙門), 작은 마을, 하급 관청, 관아
0001	0016	20	지방의 큰 마을, 부(府, 옛 행정 구역명)
0001	0016	21	버금가는 고을, 주(州, 옛 행정 구역명)
0001	0016	21	작은 고을, 현(縣, 옛 행정 구역명)
0001	0016	21	중서성(中書省, 옛 중앙 관청명)
0001	0016	21	육부(六部, 옛 6개 행정 부서의 총칭)
0001	0016	21	종인부(宗人府, 옛 관리 감독 부서)

0001	0016	22	도찰원(都察院, 옛 政務 감찰 기관)
0001	0016	22	한림원(翰林院, 옛 詔書 작성 및 자문 담당 기관)
0001	0016	23	이번원(理藩院, 옛 국경 관리 및 감독 기관, 理藩部의 舊稱)
0001	0016	23	내무부(內務府, 옛 국고 관리 및 감독 기관)
0001	0016	23	총리아문(總理衙門, 옛 외교 담당 기관)
0001	0016	24	차면담(遮面墻, 집안이 보이지 않도록 집 앞에 쌓은 담)
0001	0016	24	좌기(坐起)하다, 관청의 으뜸 벼슬에 있는 이가 출근하여 일을 시작하다.

[표 7] 『華語類抄』 번역문 데이터 입력 예시

유해류에는 일반적으로 한 행에 두 개의 표제어가 제시되는데 이를 모두 독립된 행으로 분리하여 번역문을 입력하였다. 우리말 어휘에도 있으나 상용하지 않는 어휘나 고유명사는 모두 괄호 안에 한자로 병기 후에 자세한 설명을 추가하였다. 언해문에 출현하는 동의어와 이에 대한 주음은 그대로 표기하였다.

2. 어휘 및 어음 정보의 정리

본 연구에서는 어휘 및 어음 시맨틱 데이터를 구축하기 이전에 그 중간 과정으로써 중국어 역학서에 등장하는 주요 어휘와 어음 정보를 엑셀(.xls)에 정리하였다.

1) 어휘 정보의 정리

중국어 역학서 안에 나타난 어휘는 관직, 관부, 호칭, 동물, 식물, 지명

등 다양한 주제로 분류될 수 있는데 본 연구는 출현 빈도와 비율이 비교적 높은 '명칭 및 호칭', '장소명', '지명', '복식', '음식', '주거', '식물', '동물', '매매', '서명'의 10개 주제를 선정하여 관련 어휘를 정리하였다. 이에,『老乞大諺解』,『重刊老乞大諺解』,『朴通事諺解』,『朴通事新釋諺解』,『伍倫全備諺解』,『華音啓蒙諺解』,『譯語類解』,『譯語類解補』,『華語類抄』 안에 나온 어휘를 대상으로 상기 주제를 기준 삼아 정리하였으며, 각각의 어휘에 대한 의미를 풀이하였다. 정리한 어휘의 개수는 총 1,209개이며, 각 주제의 내용, 예시 단어 및 출현 어휘의 개수를 정리하면 아래와 같다.

No.	주제	내용	예시	개수
1	명칭 및 호칭	가족, 친척, 직업명, 별칭 등 사람을 부르는 모든 단어	哥, 女兒, 妳妳, 毋㣲, 伯伯, 舍人, 官人, 兵家, 外郎, 保童, 奴婢, 先生, 秀才 등	414개
2	장소명	일이나 행위를 하는 곳, 지명과는 달리 인공적 요소에 의해 공간 개념이 생긴 것	九城, 慶壽寺, 蘆溝橋, 琉璃閣, 文德殿, 文淵閣, 宣武門, 樞密院, 前門大街 등	29개
3	지명	산천, 지방, 마을, 나라 등 자연적 요소에 의해 공간 개념이 생긴 것	京, 燕, 高麗, 嘉興, 遼東, 福建, 江南, 高唐, 常州, 交趾, 女眞, 泗水, 西湖 등	104개
4	복식(衣)	의복 전체 및 일부분, 의복 재료 혹은 이들을 묘사하는 것, 장신구	衣冠, 腰帶, 手帕, 氊衫, 油帽, 朝服, 朝靴, 細絲, 鴉靑, 通袖, 布疋, 玉佩 등	106개
5	음식(食)	먹고 마시는 밥, 국 따위 물건	麵, 餠, 鹽, 油, 乾果, 鷄鴠, 豆酒, 饅頭, 米酒, 白糖, 福酒, 燒肉, 芽茶, 鴨頭 등	126개
6	주거(住)	머물고 사는 집, 장소 혹은 그 일부	店, 館, 炕, 倉, 正房, 廚房, 臥房, 中堂, 家室, 瓦店, 井欄, 廳堂, 行廊 등	50개

7	식물	동물과 구별되는 생물계의 한 갈래	桃, 藤, 梨, 麻, 茅, 米, 蔥, 草, 柑子, 芥菜, 桂花, 穀粱, 拳杏, 金瓜, 荔芰 등	114개
8	동물	식물과 구별되는 생물계의 한 갈래로 길짐승, 날짐승, 물짐승 및 상상 속의 동물을 포함함	鷄, 馬, 蛾, 鴈, 羊, 魚, 牛, 猪, 鳥, 虎, 孔雀, 鷗鴉, 禽獸, 麒麟, 猫兒, 鳳凰 등	64개
9	매매	사고파는 행위(각종 경제활동) 및 관련된 사람, 수단, 장소 등	價, 銀, 錢, 票, 客商, 雇錢, 當鋪, 代保, 買賣, 月利, 生意, 小鋪, 時價, 元寶 등	72개
10	서명	서적의 이름 혹은 특정 서적들에 대한 호칭	『論語』, 『孟子』, 『易經』, 『四書』, 『詩書』, 『三國志』, 『西遊記』, 『大明律』 등	130개
총 1,209개				

[표 8] 주제별 어휘 정보 내용, 예시 및 개수

본 연구의 어휘 정보 데이터는 '기본 어휘 정보', '어휘-원문 연결', '어휘-번역문 연결'의 세 가지 데이터로 나뉘는데 위는 '기본 어휘 정보'를 구축하기 위한 정리 작업에 해당한다. 즉, 본 데이터베이스는 해당 어휘가 출현하는 원문 및 번역문, 더 나아가 해당 어휘의 주제 분류, 구체적인 뜻과 발음 또한 데이터로 구축하여 연결함으로써 어휘에 대한 정보를 다각도로 얻을 수 있게 설계하였다.

[표 8]의 어휘 정리는 엑셀 시트를 활용하였다. 어휘, 현대 중국어 병음, 어휘 분류, 출처, 의미 순으로 정리하였다. 어휘는 음절 수, 가나다 순에 따라 나열하였다.

작업_어휘+한자

파일 수정 보기 삽입 서식 데이터 도구 확장 프로그램 도움말

100% ₩ % .0 .00 123 기본값 (Ari... 10

A1 fx 문자

	A	B	C	D	E
1	문자	현대중국어 병음	어휘분류	출처	의미
2	價	jià	매매	본문주석추출	가격
3	哥	gē	명칭과 호칭	본문주석추출	형, 오빠
4	京	Jīng	지명	본문주석추출	수도
5	京	Jīng	지명	본문주석추출	수도
6	鷄	jī	동물	본문주석추출	닭
7	糕	gāo	음식	본문주석추출	떡
8	果	guǒ	식물	본문주석추출	과일
9	冠	guān	복식	본문주석추출	관, 갓, 모자
10	館	guǎn	주거	본문주석추출	관사, 관아, 집
11	舘	guǎn	주거	본문주석추출	관사, 관아, 집
12	君	jūn	명칭과 호칭	본문주석추출	임금, 영주, 봉호
13	軍	jūn	명칭과 호칭	본문주석추출	군대, 군사, 군단
14	襟	jīn	복식	본문주석추출	옷깃, 옷섶
15	桃	táo	식물	본문주석추출	복숭아
16	饀	táo	음식	본문주석추출	떡소
17	藤	téng	식물	본문주석추출	등나무, 덩굴
18	梨	lí	식물	본문주석추출	배
19	馬	mǎ	동물	본문주석추출	말
20	麻	má	식물	본문주석추출	깨
21	買	mǎi	매매	본문주석추출	사다
22	賣	mài	매매	본문주석추출	팔다
23	麵	miàn	음식	본문주석추출	밀가루, 면
24	帽	mào	복식	본문주석추출	갓, 모자
25	母	mǔ	명칭과 호칭	본문주석추출	어머니, 모친
26	茅	máo	식물	본문주석추출	띠
27	米	mǐ	식물	본문주석추출	쌀
28	民	mín	명칭과 호칭	본문주석추출	백성

[그림 11] 어휘 데이터 엑셀 작업 예시

2) 어음 정보의 정리

조선 시대 중국어 역학서는 모든 한자에 대해 한글로 그 음을 기록하여 중국어음의 특징과 변천을 밝히는 매우 중요한 자료라 할 수 있다. 조선 시대 중국어 역학서에 기록된 한자음은 시기상으로 근대음(近代音)으로 분류된다. 또, 중국어 역학서의 내용은 중국어 구어를 기반으로 작성한 것으로 이에 기록된 어음은 당시 구어음(口語音)을 알 수 있는 중요한 근거가 된다. 당시 중국어의 구어음을 표음문자로 기록한 예는 전세계적으로 조선 시대에 편찬된 중국어 역학서가 거의 유일하기에 매우 높은 연구 가치를 지니고 있다고 할 수 있다. 따라서 국내외 학자들은 조선 시대 중국어 역학서를 기반으로 각 저서의 어음 특징, 혹은 여러 저서에 대한 비교를 바탕으로 한 근대어음 변화와 각 저서가 근거로 한 방언(方言) 등 여러 음운학 주제에 대해 연구를 진행하였다. 그러나 중국어 역학서의 어음을 종합적으로 비교, 정리한 연구는 매우 드물다.

중국어 역학서의 주음 방식은 편찬기관에 따라 크게 두 가지로 나뉜다. 사역원(司譯院)에서 편찬된 『老乞大諺解』, 『重刊老乞大諺解』, 『朴通事諺解』, 『朴通事新釋諺解』, 『伍倫全備諺解』, 『譯語類解』, 『譯語類解補』는 좌음과 우음을 모두 기록하였고, 민간에서 출판된 『華音啓蒙諺解』와 『華語類抄』는 좌우음의 구별 없이 글자당 하나의 음만을 기록하였다. 따라서 이와 같이 좌우음의 구별이 없이 글자당 하나의 음을 '단음'이라고 칭하고, 좌음과 우음은 '좌우음'으로 칭하여 두 데이터를 별개로 구축하였다. 한편, 성운학 연구에 있어 기준이 되는 중요한 정보는 중고음(中古音)을 대표하는 『廣韻』과 현대 중국어의 발음이다. 따라서 『廣韻』와 관련된 어음 정보 중에서도 연구 시 상용하는 성모(聲母), 운(韻), 호(呼), 등(等), 섭(攝), 성조(聲調) 및 현대 표준중국어의 병음도 함께 대응시켜 정리하였다. 이로써 역학서에 사용된 한자의 중고음, 근대음, 현대음 정보를 일목요연하게 보일 수 있게 하였다. 이에 대한 예시는 다음 장에서 들어보도록 하겠다.

조선 시대 중국어 역학서 데이터베이스 구축

1. 원문 및 번역문 데이터의 구축

본 연구의 원문 및 번역문 데이터는 UTF-8로 인코딩했으며, RDB(Relational Database) 적재를 위한 TSV(Tab Separated Values) 형식과 어휘 및 어음 정보 포함을 대비한 XML(eXtensible Markup Language) 형식을 모두 구축했다.

1) 회화류 역학서의 원문 및 번역문 데이터 구축

(1) TSV형식

회화류 역학서의 TSV형식 원문 데이터는 다음과 같이 구축하였다. TSV 형식의 스키마는 원문ID, 서명, 청구기호, 권, 면, 행, 분류, 텍스트이다. 원문 ID는 개별 원문 텍스트의 고유번호이고, 서명은 대상 문헌명이며, 청구기호는 규장각한국학연구원의 청구기호이다. 권은 대상 텍스트의 규장각 원문보기를 기준으로 한 출현 권, 면은 대상 텍스트의 출현 면, 행은 대상 텍스트의 출현 행이다. 분류는 '본문'과 '주석'으로 구분하였으며, 텍스트는 원문 텍스트이다. 중국어 원문과 제목은 '본문'에 해당하며, 언해문 풀이 및 한문 협주는 '주석'에 해당한다.

원문 ID	서명	청구기호	권	면	행	분류	텍스트
1	노걸대언해	奎2044-v.1-2	1	002a	1	본문	老랗랖乞킹키大따다諺연연解계계上썅샹
2	노걸대언해	奎2044-v.1-2	1	002a	2	본문	大따다哥거거你니니從쭝충那나나裏리리來래레
3	노걸대언해	奎2044-v.1-2	1	002a	2	주석	○큰형아네어드러로
4	노걸대언해	奎2044-v.1-2	1	002a	3	주석	셔브터온다
5	노걸대언해	奎2044-v.1-2	1	002a	3	본문	我어오從쭝충高갛갚麗리리王왕왕京깅깅來래레
6	노걸대언해	奎2044-v.1-2	1	002a	3	주석	○내高
7	노걸대언해	奎2044-v.1-2	1	002a	4	주석	麗王京으로셔브터오롸

[표 9]『老乞大諺解』TSV형식 원문 데이터 구축 예시

회화류 역학서의 TSV형식 번역문 데이터는 다음과 같이 구축하였다. TSV형식의 스키마는 번역문ID, 서명, 청구기호, 권, 면, 행, 분류, 텍스트이다. 번역문ID는 개별 번역 텍스트의 고유번호이고, 서명은 대상 문헌명이며, 청구기호는 규장각한국학연구원의 청구기호이다. 권은 대상 텍스트의 규장각 원문보기를 기준으로 한 출현 권, 면은 대상 텍스트의 출현 면, 행은 대상 텍스트의 출현 행이며, 텍스트는 번역문 텍스트이다.

번역문ID	서명	청구기호	권	면	행	텍스트
1	노걸대언해	奎2044-v.1-2	1	000a	1	노걸대언해(老乞大諺解) (공백) 건(乾)
2	노걸대언해	奎2044-v.1-2	1	002a	1	노걸대언해(老乞大諺解) 상(上)
3	노걸대언해	奎2044-v.1-2	1	002a	2	형님, 당신은 어디에서 왔소?
4	노걸대언해	奎2044-v.1-2	1	002a	3	나는 고려(高麗)의 서울(王京)에서 왔소.
5	노걸대언해	奎2044-v.1-2	1	002a	4	이제 어디로 가시오?
6	노걸대언해	奎2044-v.1-2	1	002a	5	난 북경(北京)으로 가오.
7	노걸대언해	奎2044-v.1-2	1	002a	5	그대는 언제 서울(王京)을 출발했소?

[표 10]『老乞大諺解』TSV형식 번역문 데이터 구축 예시

(2) XML형식

회화류 역학서의 XML형식 원문 데이터는 다음과 같이 구축하였다. XML형식의 스키마는 루트를 '규장각_조선시대중국어역학서_원문'으로 하고, 개별 텍스트 단위로 원문ID, 서명, 청구기호, 권, 면, 행, 분류를 속성으로 두었다. 원문ID는 개별 텍스트의 고유번호이고, 서명은 대상 문헌명이며, 청구기호는 규장각한국학연구원의 청구기호이다. 권은 원문보기 상으로 분리된 권(0001, 0002, 0003 등), 면은 원문보기 상에서의 대상 텍스트의 규장각 원문보기를 기준으로 한 출현 면, 행은 원문보기 상에서의 대상 텍스트의 출현 행이다. 분류는 '본문'과 '주석'으로 구분하였으며, 텍스트는 원문 텍스트이다.

〈규장각_조선 시대중국어역학서_원문〉
〈text 원문ID="1" 서명="노걸대언해" 청구기호="奎2044-v.1-2" 권="0001" 면="002a" 행="1" 분류="본문"〉老랗랖乞킹키大따다諺연연解계계上썅샹〈/text〉
〈text 원문ID="2" 서명="노걸대언해" 청구기호="奎2044-v.1-2" 권="0001" 면="002a" 행="2" 분류="본문"〉大따다哥거거你니니從쭝충那나나裏리리來래레〈/text〉
〈text 원문ID="3" 서명="노걸대언해" 청구기호="奎2044-v.1-2" 권="0001" 면="002a" 행="2" 분류="주석"〉○큰형아네어드러로〈/text〉
〈text 원문ID="4" 서명="노걸대언해" 청구기호="奎2044-v.1-2" 권="0001" 면="002a" 행="3" 분류="주석"〉셔브터온다〈/text〉
〈text 원문ID="5" 서명="노걸대언해" 청구기호="奎2044-v.1-2" 권="0001" 면="002a" 행="3" 분류="본문"〉我어오從쭝충高갛간麗리리王왕왕京깅깅來래레〈/text〉
〈text 원문ID="6" 서명="노걸대언해" 청구기호="奎2044-v.1-2" 권="0001" 면="002a" 행="3" 분류="주석"〉○내高〈/text〉
〈text 원문ID="7" 서명="노걸대언해" 청구기호="奎2044-v.1-2" 권="0001" 면="002a" 행="4" 분류="주석"〉麗王京으로셔브터오롸〈/text〉

[표 11]『老乞大諺解』XML형식 원문 데이터 구축 예시

회화류 역학서의 XML형식 번역문 데이터는 다음과 같이 구축하였다. XML 형식의 스키마는 루트를 '규장각_조선시대중국어역학서_번역문'으로 하고, 개별 텍스트 단위로 원문ID, 서명, 청구기호, 권, 면, 행, 분류를 속성으로 두었다. 원문ID는 개별 텍스트의 고유번호이고, 서명은 대상 문헌명이며, 청구기호는 규장각한국학연구원의 청구기호이다. 권은 대상 텍스트의 규장각 원문보기를 기준으로 한 출현 권, 면은 대상 텍스트의 출현 면, 행은 대상 텍스트의 출현 행이며, 텍스트는 원문 텍스트이다.

```
〈규장각_조선 시대중국어역학서_번역문〉
    〈text 번역문ID="1" 서명="노걸대언해" 청구기호="奎2044-v.1-2" 권="0001" 면="000a" 행="1"〉노걸대언해(老乞大諺解) (공백) 건(乾)〈/text〉
    〈text 번역문ID="2" 서명="노걸대언해" 청구기호="奎2044-v.1-2" 권="0001" 면="002a" 행="1"〉노걸대언해(老乞大諺解) 상(上)〈/text〉
    〈text 번역문ID="3" 서명="노걸대언해" 청구기호="奎2044-v.1-2" 권="0001" 면="002a" 행="2"〉형님, 당신은 어디에서 왔소?〈/text〉
    〈text 번역문ID="4" 서명="노걸대언해" 청구기호="奎2044-v.1-2" 권="0001" 면="002a" 행="3"〉나는 고려(高麗)의 서울(王京)에서 왔소.〈/text〉
    〈text 번역문ID="5" 서명="노걸대언해" 청구기호="奎2044-v.1-2" 권="0001" 면="002a" 행="4"〉이제 어디로 가시오?〈/text〉
    〈text 번역문ID="6" 서명="노걸대언해" 청구기호="奎2044-v.1-2" 권="0001" 면="002a" 행="5"〉난 북경(北京)으로 가오.〈/text〉
    〈text 번역문ID="7" 서명="노걸대언해" 청구기호="奎2044-v.1-2" 권="0001" 면="002a" 행="5"〉그대는 언제 서울(王京)을 출발했소?〈/text〉
```

[표 12] 『老乞大諺解』 XML형식 번역문 데이터 구축 예시

2) 유해류 역학서의 원문 및 번역문 데이터 구축

(1) TSV형식

유해류 역학서의 TSV형식 원문 데이터도 기본적으로 회화류 역학서와 동일한 형식으로 구축하였다. TSV 형식의 스키마는 원문ID, 서명, 청구기호, 권, 면, 행, 분류, 텍스트이다. 유해류는 중국어 단어와 이에 대한 언해문 해석 및 동의어, 동의어에 대한 주음의 내용이 출현하는데, 중국어 단어는 본문, 언해문 해석 및 나머지 부분은 모두 주석으로 부류하였다.

원문 ID	서명	청구기호	권	면	행	분류	텍스트
170565	역어유해	가람古413.1-G418y-v.1-2	1	001a	1	본문	譯잉이語유유類뤼뤼解계계上썅샹
170566	역어유해	가람古413.1-G418y-v.1-2	1	001a	2	본문	天텬텬文ᄝᅮᆫ운
170567	역어유해	가람古413.1-G418y-v.1-2	1	001a	2	본문	天텬텬道따ᇢ다ᅩ
170568	역어유해	가람古413.1-G418y-v.1-2	1	001a	3	주석	○하ᄂᆞᆯ
170569	역어유해	가람古413.1-G418y-v.1-2	1	001a	3	본문	日싱ᅀᅵ頭뜨ᇢ투
170570	역어유해	가람古413.1-G418y-v.1-2	1	001a	3	주석	○ᄒᆡ
170571	역어유해	가람古413.1-G418y-v.1-2	1	001a	3	본문	太태태陽양양

[표 13]『譯語類解』TSV형식 원문 데이터 구축 예시

유해류 역학서의 TSV형식 번역문 데이터도 역시 원문 데이터와 동일한 형식으로 구축하였다. TSV 형식의 스키마는 번역문ID, 서명, 청구기호, 권, 면, 행, 분류, 텍스트이다.

번역문 ID	서명	청구기호	권	면	행	텍스트
63357	역어유해	가람古413.1-G418y-v.1-2	1	001a	1	역어유해(譯語類解) 상(上)
63358	역어유해	가람古413.1-G418y-v.1-2	1	001a	2	천문(天文)

63359	역어유해	가람古413.1-G 418y-v.1-2	1	001a	3	하늘
63360	역어유해	가람古413.1-G 418y-v.1-2	1	001a	3	해
63361	역어유해	가람古413.1-G 418y-v.1-2	1	001a	4	해
63362	역어유해	가람古413.1-G 418y-v.1-2	1	001a	4	해가 돋다
63363	역어유해	가람古413.1-G 418y-v.1-2	1	001a	5	해가 비치다

[표 14] 『譯語類解』 TSV형식 번역문 데이터 구축 예시

(2) XML형식

유해류 역학서의 XML형식 원문 데이터도 회화류 역학서 데이터와 동일한 형식으로 구축하였다. XML 형식의 스키마는 루트를 '규장각_조선시대중국어역학서_원문'으로 하고, 개별 텍스트 단위로 원문ID, 서명, 청구기호, 권, 면, 행, 분류를 속성으로 두었다. 원문ID는 개별 텍스트의 고유번호이고, 서명은 대상 문헌명이며, 청구기호는 규장각한국학연구원의 청구기호이다. 권은 원문보기 상으로 분리된 권, 면은 원문보기 상에서의 대상 텍스트의 출현 면, 행은 원문보기 상에서의 대상 텍스트의 출현 행이다. 분류는 '본문'과 '주석'으로 구분하였으며, 텍스트는 원문 텍스트이다.

〈규장각_조선 시대중국어역학서_원문〉
〈text 원문ID="17065" 서명="역어유해" 청구기호="가람古413.1-G418y-v.1-2" 권="0001" 면="001a" 행="1" 분류="본문"〉譯잉이語유유類뤼뤼解계계上썅샹〈/text〉
〈text 원문ID="17066" 서명="역어유해" 청구기호="가람古413.1-G418y-v.1-2" 권="0001" 면="001a" 행="2" 분류="본문"〉天텬텬文른운〈/text〉
〈text 원문ID="17067" 서명="역어유해" 청구기호="가람古413.1-G418y-v.1-2" 권="0001" 면="001a" 행="3" 분류="본문"〉天텬텬道땋닿〈/text〉
〈text 원문ID="17068" 서명="역어유해" 청구기호="가람古413.1-G418y-v.1-2" 권="0001" 면="001a" 행="3" 분류="주석"〉○하ᄂᆞᆯ〈/text〉
〈text 원문ID="17069" 서명="역어유해" 청구기호="가람古413.1-G418y-v.1-2" 권="0001" 면="001a" 행="3" 분류="본문"〉日싱ᅀᅵ頭틓투〈/text〉
〈text 원문ID="17070" 서명="역어유해" 청구기호="가람古413.1-G418y-v.1-2" 권="0001" 면="001a" 행="3" 분류="주석"〉○ᄒᆡ〈/text〉
〈text 원문ID="17071" 서명="역어유해" 청구기호="가람古413.1-G418y-v.1-2" 권="0001" 면="001a" 행="4" 분류="본문"〉太태태陽양양〈/text〉

[표 15]『譯語類解』XML형식 원문 데이터 구축 예시

회화류 역학서의 XML형식 번역문 데이터도 회화류 역학서 데이터와 동일한 형식으로 구축하였다. XML 형식의 스키마는 루트를 '규장각_조선시대중국어역학서_번역문'으로 하고, 개별 텍스트 단위로 원문ID, 서명, 청구기호, 권, 면, 행, 분류를 속성으로 두었다. 원문ID는 개별 텍스트의 고유번호이고, 서명은 대상 문헌명이며, 청구기호는 규장각한국학연구원의 청구기호이다. 권은 대상 텍스트의 출현 권, 면은 대상 텍스트의 출현 면, 행은 대상 텍스트의 출현 행이며, 텍스트는 원문 텍스트이다.

〈규장각_조선 시대중국어역학서_번역문〉
〈text 번역문ID="63357" 서명="역어유해" 청구기호="가람古413.1-G418y-v.1-2" 권="0001" 면="001a" 행="1"〉역어유해(譯語類解) 상(上)〈/text〉
〈text 번역문ID="63358" 서명="역어유해" 청구기호="가람古413.1-G418y-v.1-2" 권="0001" 면="001a" 행="2"〉천문(天文)〈/text〉
〈text 번역문ID="63359" 서명="역어유해" 청구기호="가람古413.1-G418y-v.1-2" 권="0001" 면="001a" 행="3"〉하늘〈/text〉
〈text 번역문ID="63360" 서명="역어유해" 청구기호="가람古413.1-G418y-v.1-2" 권="0001" 면="001a" 행="3"〉해〈/text〉
〈text 번역문ID="63361" 서명="역어유해" 청구기호="가람古413.1-G418y-v.1-2" 권="0001" 면="001a" 행="4"〉해〈/text〉
〈text 번역문ID="63362" 서명="역어유해" 청구기호="가람古413.1-G418y-v.1-2" 권="0001" 면="001a" 행="4"〉해가 돋다〈/text〉
〈text 번역문ID="63363" 서명="역어유해" 청구기호="가람古413.1-G418y-v.1-2" 권="0001" 면="001a" 행="5"〉해가 비치다〈/text〉

[표 16]『譯語類解』 XML형식 번역문 데이터 구축 예시

2. 어휘 및 어음 정보 시맨틱 데이터 구축

1) 어휘 정보 데이터 구축

(1) 기본 어휘 정보

‘기본 어휘 정보’는 어휘, 현대 중국어 병음, 주제, 의미에 따라 정보를 검색할 수 있도록 설계하였다. 이에 따라 그 스키마를 어휘ID, 어휘, 현대 중국어 병음, 분류, 의미로 구성하였다. 어휘ID는 각 단어에 부여된 고유번호이고, 어휘는 한자로 표기된 중국어 단어이다. 현대 중국어 병음은 어휘의 현대 중국어 병음이며, 분류는 추출한 어휘를 ‘명칭 및 호칭’, ‘장소명’, ‘지명’,

'복식', '음식', '주거', '식물', '동물', '매매', '서명'의 10가지 주제로 구분한 것이다. 의미는 대상 단어의 뜻을 가리킨다. 기본 어휘 정보의 데이터의 예시를 들면 아래와 같다.

어휘ID	어휘	현대 중국어 병음	분류	의미
1	價	jià	매매	가격
2	哥	gē	명칭과 호칭	형, 오빠
3	京	Jīng	지명	수도
4	京	Jīng	지명	수도
5	鷄	jī	동물	닭
6	糕	gāo	음식	떡
7	果	guǒ	식물	과일

[표 17] 기본 어휘 정보 예시

(2) 어휘-문헌 연결 정보

① 어휘-원문 연결

어휘-원문 연결 정보의 스키마는 어휘문헌연결ID, 어휘ID, 원문ID이다. 어휘문헌연결ID는 어휘문헌연결 정보의 고유번호로 구성된다. 어휘ID는 기본 어휘 정보의 고유번호이고, 원문ID는 원문 데이터의 고유번호이다. 이를 통해 개별 어휘가 출현하는 원문 데이터를 연계할 수 있다. [표 18]의 노란색으로 구분한 어휘 및 텍스트 칸은 어휘와 원문 텍스트를 연계한 샘플로, 각 어휘가 출현하는 원문 텍스트를 확인할 수 있다. 이 상태에서 다시 어휘 정보의 현대 중국어 병음, 분류, 의미는 물론 원문 데이터의 서명, 청구기호, 권, 면, 행, 본문-주석분류 정보도 연계할 수도 있다. 이 작업은 향후 웹사이트 상에서 자료를 검색하거나 열람할 때 검색 대상 어휘와 이와 관련된 원문 텍스트, 청구기호, 출현 위치 등을 효과적으로 확인할 수 있는 기초 작업이 된다. 어휘-원문 연결 데이터의 예시를 들면 아래와 같다.

어휘원문 연결ID	어휘 ID	원문 ID	어휘	텍스트
1	1	416	價	京깅깅裏리리馬마마價갸갸
2	1	422	價	馬마마的딩디價갸갸
3	1	439	價	布부부價갸갸高
4	1	442	價	布부부價갸갸如슈슈往왕왕
5	1	443	價	年년년的딩디價갸갸錢쪈쳔一힝이般번번
6	1	472	價	價갸갸錢쪈쳔都
7	1	676	價	就찡취地띠디頭뜰투多더도少샿샤價갸갸

[표 18] 어휘-원문 연결 예시

② 어휘-번역문 연결

어휘-번역문 연결 정보의 스키마는 어휘문헌연결ID, 어휘ID, 번역문ID이다. 어휘문헌연결ID는 어휘문헌연결 정보의 고유번호이며, 어휘ID는 '어휘 기본 정보'의 고유번호이고, 번역문ID는 번역문 데이터의 고유번호이다. 이와 같은 구성을 통해 개별 어휘가 출현하는 번역문 데이터를 연계할 수 있다. 이 외에도 어휘 정보의 현대 중국어 병음 표기, 분류, 의미 및 번역문 데이터의 서명, 청구기호, 권, 면, 행 정보를 연계할 수도 있다. 어휘-번역문 연결 데이터의 예시를 들면 아래와 같다. [표 19]의 노란색 부분은 어휘와 번역문 텍스트를 연계한 샘플이다.

어휘번역문 연결ID	어휘 ID	번역문 ID	어휘	텍스트
1	1	2646	價	지금의 시가(時價)로는 한 근에 다섯 돈씩이니
2	1	2702	價	이 베들은 지금 시가(時價)가 있단 말이오.
3	1	5633	價	지금의 시가(時價)로는 한 근에 다섯 돈씩이니
4	1	5689	價	이 베는 지금 시가(時價)가 있단 말이오.
5	1	8650	價	지금 시가(時價)로는 한 근에 다섯 돈이니
6	1	8703	價	이 베는 지금 시가(時價)가 있단 말입니다.
7	1	8707	價	내가 지금 시가(時價)대로 당신에게 주겠습니다.

[표 19] 어휘-번역문 연결 예시

2) 어음 정보 데이터 구축

어음 정보 데이터는 원문 중 본문에 등장하는 한자의 '좌우음', '단음', '현대 중국어 병음',[1] '광운음'[2]으로 구성한 기본 어음 정보와 해당 어음의 출현 원문 텍스트를 연계한 "어음-문헌 연결 정보"로 구성한다.

(1) 좌우음 어음 정보와 연결 정보

좌우음 어음 정보의 스키마는 좌우음ID, 한자, 좌음, 우음이다. 좌우음 어음 데이터의 예시를 들면 아래와 같다.

---

1 데이터 구축 과정의 편의상 현대 표준중국어 발음을 '현대 중국어 병음'으로 명명하였다.

2 데이터 구축 과정의 편의상 『廣韻』의 성모, 섭, 운, 등, 호, 성조의 정보를 통칭하여 '광운음'으로 명명하였다.

좌우음ID	한자	좌음	우음
1	餸	츄	츄
2	佳	쟈	갸
3	假	갸	쟈
4	假	쟈	갸
5	價	가	갸
6	價	갸	겨
7	價	갸	기

[표 20] 좌우음 어음 정보 예시

좌우음 연결 정보의 스키마는 좌우음원문연결ID, 좌우음ID, 원문ID이다. 좌우음원문연결ID는 좌우음 연결 정보의 고유번호이고, 좌우음ID는 좌우음 정보의 고유번호이며, 원문ID는 원문 데이터의 고유번호이다. [표 21]의 노란색 부분은 좌우음과 원문을 연계한 샘플이며, 그 외에도 원문 데이터의 서명, 청구기호, 권, 면, 행, 본문-주석분류 정보를 모두 가지고 올 수도 있다. 좌우음-원문 연결 데이터의 예시를 들면 아래와 같다.

좌우음원문연결ID	좌우음ID	원문ID	한자	좌음	우음	텍스트
7	1683	2	大	따	다	大따다哥거거你니니從쭁충那나나裏리리來래레
8	235	2	哥	거	거	大따다哥거거你니니從쭁충那나나裏리리來래레
9	7043	2	你	니	니	大따다哥거거你니니從쭁충那나나裏리리來래레
10	5776	2	從	쭁	충	大따다哥거거你니니從쭁충那나나裏리리來래레

11	1475	2	那	나	나	大따다哥거거你니니從쭝충那나나裏리리來래레
12	2600	2	裏	리	리	大따다哥거거你니니從쭝충那나나裏리리來래레
13	1285	2	來	래	레	大따다哥거거你니니從쭝충那나나裏리리來래레

[표 21] 좌우음 어음 연결 정보 예시

(2) 단음 어음 정보와 연결 정보

단음 정보의 스키마는 단음ID, 한자, 단음이다. 예를 들면 다음과 같다.

단음ID	한자	단음
1	佳	쟈
2	假	쟈
3	價	쟈
4	價	쟈
5	加	쟈
6	哥	거
7	嘉	쟈

[표 22] 단음 어음 정보 예시

단음 연결 정보의 스키마는 단음원문연결ID, 단음ID, 원문ID이다. 단음원문연결ID는 단음 연결 정보의 고유번호이고, 단음ID는 단음 정보의 고유번호이며, 원문ID는 원문 데이터의 고유번호이다. 이외에 원문 데이터의 서명, 청구기호, 권, 면, 행, 본문-주석분류 정보도 연결할 수 있다. [표 23]의 노란색 부분은 좌우음과 원문을 연계한 샘플이다. 단음-원문 연결 데이터의 예시를 들면 아래와 같다.

단음원문 연결ID	단음ID	원문ID	한자	단음	텍스트
8	2626	162851	請	칭	請칭問운這져位위貴귀姓싱
9	926	162851	問	운	請칭問운這져位위貴귀姓싱
10	3277	162851	這	져	請칭問운這져位위貴귀姓싱
11	1550	162851	位	위	請칭問운這져位위貴귀姓싱
12	752	162851	貴	귀	請칭問운這져位위貴귀姓싱
13	335	162851	姓	싱	請칭問운這져位위貴귀姓싱

[표 23] 단음 어음 연결 정보 예시

(3) 현대 중국어 병음 정보와 연결 정보

현대 중국어 병음 정보의 스키마는 현대중국어병음ID, 한자, 현대중국어 병음이다. 단음 어음 데이터의 예시를 들면 아래와 같다.

현대 중국어 병음ID	한자	현대 중국어 병음
1	伽	jiā
2	佳	jiā
3	假	jiǎ
4	價	jià
5	加	jiā
6	可	kě
7	呵	hē

[표 24] 현대중국어병음 정보 예시

현대 중국어 병음 연결 정보의 스키마는 병음원문연결ID, 현대 중국어 병음ID, 원문ID이다. 병음원문연결ID는 현대 중국어 병음 연결 정보의 고유번호이고, 현대 중국어 병음ID는 현대 중국어 병음 정보의 고유번호이며,

원문ID는 원문 데이터의 고유번호이다. [표 25]의 노란색 부분은 현대 중국어 병음 원문을 연계한 샘플이다. 이외에도 원문 데이터의 서명, 청구기호, 권, 면, 행, 본문-주석분류 정보를 연결시킬 수 있다. 현대 중국어 병음-원문 연결 데이터의 예시를 들면 아래와 같다.

병음 원문 연결ID	현대 중국어 병음ID	원문 ID	한자	현대 중국어 병음	텍스트
1	143	1	乞	qǐ	老랼랴乞킹키大따다諺연연解계계上썅샹
2	678	1	大	dà	老랼랴乞킹키大따다諺연연解계계上썅샹
3	1530	1	上	shàng	老랼랴乞킹키大따다諺연연解계계上썅샹
4	1976	1	諺	yàn	老랼랴乞킹키大따다諺연연解계계上썅샹
5	2684	2	從	cóng	大따다哥거거你니니從쭝충那나나裏리리來래레
6	8	2	哥	gē	大따다哥거거你니니從쭝충那나나裏리리來래레
7	566	2	那	nà	大따다哥거거你니니從쭝충那나나裏리리來래레

[표 25] 현대중국어병음과 원문 연결 정보 예시

(4) 광운음 정보와 연결 정보

광운음 정보의 스키마는 광운ID, 한자, 성모, 섭, 운, 등, 호, 성조이다. 『廣韻』에서는 글자의 음이 복수로 존재하는 경우가 있는데 본 데이터베이스에서는 이를 모두 데이터로 구축했다. 광운음의 데이터의 예시를 들면 아래와 같다.

광운ID	한자	성모聲母	섭攝	운韻	등等	호呼	성조聲調
1	伽	群	果	戈	三	開	平
2	佳	見	蟹	佳	二	開	平
3	假	見	假	麻	二	開	去
4	假	見	假	麻	二	開	上
5	價	見	假	麻	二	開	去
6	加	見	假	麻	二	開	平
7	可	溪	果	歌	一	開	上

[표 26] 광운음 정보 예시

광운음 연결 정보의 스키마는 광운음원문연결ID, 광운ID, 원문ID이다. 광운원문연결ID는 광운 연결 정보의 고유번호이고, 광운ID는 광운 정보의 고유번호이며, 원문ID는 원문 데이터의 고유번호이다. 그 외에도 원문 데이터의 서명, 청구기호, 권, 면, 행, 본문-주석분류 정보를 모두 가지고 올 수도 있다. 또한, 본 데이터베이스에서는 글자의 모든 광운음을 데이터베이스 안에 포괄하였기 때문에, 모든 광운음에 대한 연결 정보가 데이터로 구축되었다. [표 27]의 음영 부분은 광운음과 원문을 연계한 샘플이다.

광운원문연결ID	광운 ID	원문 ID	한자	성모 聲母	섭 攝	운 韻	등 等	호 呼	성조 聲調	텍스트
154	2598	46	夜	以	假	麻	三	開	去	夜여여來래레纔째채到
155	1093	46	來	來	蟹	咍	一	開	平	夜여여來래레纔째채到
156	922	46	到	端	效	豪	一	開	去	夜여여來래레纔째채到
157	3301	46	纔	生	咸	銜	二	開	平	夜여여來래레纔째채到
158	3302	46	纔	從	蟹	咍	一	開	去	夜여여來래레纔째채到
159	3303	46	纔	從	蟹	咍	一	開	平	夜여여來래레纔째채到

[표 27] 광운음 연결 정보 예시

나오며

본 연구가 구축한 데이터베이스의 특징은 각 문헌의 원문, 번역문을 확인할 수 있고 해당 어휘나 어음이 출현하는 원문 혹은 번역문의 정보를 확인할 수 있을 뿐 아니라 주제에 따라 어휘를 분류하고, 뜻을 정리하였으며, 각 역학서 안의 어음뿐 아니라 『광운』과 현대 중국어 발음 정보까지 구축하였다는 것이다. 이는 조선 시대 중국어 역학서를 이용하여 고도화된 정보를 제공하는 최초의 종합 데이터베이스라 할 수 있다. 지식 습득이 웹 중심으로 전환된 현대 사회에 본 연구가 구축한 데이터베이스는 중국어 연구와 교육뿐 아니라 국어 연구 및 교육에도 활용될 수 있으며, 동아시아 언어자료나 기타 언어학 관련 데이터베이스 구축에도 토대 자료를 제공할 수 있다. 연구자뿐 아니라 이 분야에 관심이 있는 누구나 본 데이터베이스를 통해 관련 지식을 제고 할 수 있다는 것도 장점이다. 이러한 데이터베이스는 웹서비스 제공을 위한 전 단계로, 향후 검색 알고리즘과 어휘 및 어음 정보 시각화 방안 및 저작권 문제 해결 방안 등 웹서비스를 위한 관련 연구로 확장할 예정이다. 국내에 역학서와 같은 역대 중국어 학습서를 기반으로 한 데이터베이스가 구축된 사례가 드문 만큼, 본 연구가 향후 국내 문헌을 기반으로 한 다양한 분야의 디지털화를 진작시키는 데 일조할 수 있기를 바란다.

조선 시대 중국어 유해류 역학서의 현대어 번역

범례

1. 유해류 중국어 역학서의 원문은 규장각한국학연구원의『譯語類解』一簑古413.1-G418y-v.1-2,『譯語類解補』一簑古413.1-G419y,『華語類抄』一簑古418.3-H99를 기준으로 하였다. 원문에 중복된 부분이 있거나, 식별하기 어려운 부분이 있을 경우에는 다른 판본을 참고하여 입력하였다.

2. 중국어 단어는 해당 판본의 원문 그대로 입력하되, 입력 불가한 이체자는 상용한 자로 입력하였다. 다만, 주음을 통해 오기임을 판명할 수 있는 글자는 교정하여 입력하였다.

3. 본 현대어 번역은 목록(目錄)은 제외하고 단어와 언해문이 있는 본문을 번역하였다. 다만, 발문이 있는 경우에는 번역에 포함시켰다.

4. 유해류 중국어 역학서의 번역 원칙은 다음과 같다.
   ① 중국어 단어에 대한 번역을 원칙으로 한다.
   ② 번역에 한자 어휘를 사용할 시, 상용하지 않는 한자 어휘일 때는 다시 한 번 풀어서 설명한다.
   ③ 해당 어휘에 대한 언해문 풀이 이외에 다른 뜻이 있으면 이 역시 현대어 번역에 포함시켰다.
   ④ '又'는 '또한', '또는', '一云'은 '-라고도 한다'로 번역한다.
   ⑤ 역어유해에 '上仝'으로 표기된 것은 앞에 제시된 표제어의 뜻풀이를 동일하게 사용한다.
   ⑥ 언해문에 출현하는 또 다른 중국어 단어에 대한 주음 부분은 기입을 생략한다.

1. 『역어유해(譯語類解)』

중국어 단어	현대어 번역
譯語類解上	역어유해(譯語類解) 상(上)
天文	**천문(天文)**
天道	하늘
日頭	해
太陽	해
日頭上了	해가 돋다
日頭發紅	해가 비치다
日暈	햇무리
日圈	햇무리
日欄風	햇무리가 지면 바람이 분다
日蝕	일식
日環	햇귀의 고리, 햇무리
日頭壓山	해가 산에 걸리다
月兒	달
太陰	달
月明	달이 밝다
月亮	달이 밝다
月暈	달무리
月圈	달무리
月欄雨	달무리가 지면 비가 온다
月蝕	월식
天河	은하(銀河)
月兒落了	달이 지다
星	통칭 별, 북두칠성(北斗七星)과 남두육성(南斗六星)
流星	날아가는 별, 유성(流星)
賊星	날아가는 별, 유성
明星	샛별

參兒	삼성(參星, 이십팔수(二十八宿)의 스물한 번째 별자리의 별들)
辰兒	신성(辰星, 각을 측정하는 기준이 되는 항성(恒星), 혹은 수성의 다른 이름)
天杠	무지개
虹橋	겹무지개, 쌍무지개, 무지개
虹蜺	겹무지개, 쌍무지개, 무지개
有風	바람이 있다
起風	바람이 일다
羊角風	사석(沙石)이 날리는 회오리 바람
旋窩風	회오리 바람
風大了	바람이 세다
風住了	바람이 잦다, 바람이 그치다
無風	바람이 없다
五色雲彩	오색구름
雲黑了	구름이 어둑해지다
雲綻了	구름이 흩어지다
雲開了	구름이 걷히다
雷響	우렛소리, 천둥소리
天鼓鳴	천둥이 치다
閃電	번개
霹靂火閃	벼락이 번쩍거리다
雷打了	벼락이 치다
雷震	벼락이 치다
早霞	아침노을
晚霞	저녁노을
天旱	가물다
下雨	비 오다, 비 내리다
過路雨	소나기, 지나가는 비
驟雨	소나기, 지나가는 비
涷雨	소나기
濛鬆雨	가랑비

連陰雨	장마, 장맛비
霖雨	장마, 장맛비
瓢倒雨	바가지로 붓듯이 오는 비, 억수로 쏟아지는 비
雨晴了	비가 개다
雨住了	비가 멎다, 비가 그치다
水漲[illegible]洪	시위가 나다, 물이 불어나 홍수가 나다
水滿漕	시위가 나다, 물이 불어나 홍수가 나다
水淹了	물에 잠기다
水泡	물거품
水沫子	물방울
下露水	이슬지다, 이슬이 내리다
露乾了	이슬이 마르다
下雾	안개가 지다
罩雾	안개가 끼다
霜打了	서리 내리다
着霜	서리를 맞다
霜化了	서리가 녹다
甜霜	무서리(늦가을에 처음 내리는 묽은 서리)
嚴霜	된서리
苦霜	된서리
花霜	상고대(나무나 풀에 내려 눈처럼 된 서리)
氷雹	우박
下雹子	우박이 내리다
米粒子雪	싸라기눈
下雪	눈 오다, 눈이 내리다
下大雪	눈이 많이 오다
雪深	눈이 깊다, 눈깊이
雪住了	눈이 멎다
雪晴了	눈이 게다
雪化了	눈이 녹다
時令	**절기(時令)**
春	봄

夏	여름
秋	가을
冬	겨울
今日	오늘
當日	그날, 당일
昨日	어제
夜來	어제
明日	내일
前日	그제, 그저께
大前日	그끄제, 그끄저께
後日	모레
外後日	글피
這箇月	이달, 이번 달
前月	지난달
來月	다음 달
月初	월초(月初)
月半	보름
上弦	첫조금(조수가 가장 낮은 때, 대개 매월 음력 7, 8일), 상현
下弦	훗조금(조수가 가장 낮은 때, 대개 매월 음력 22, 23일), 하현
月盡	그믐, 그믐날
盡頭	그믐, 그믐날
大盡	큰달(음력으로 한 달의 일수가 30일인 달)
小盡	작은달(음력으로 한 달의 일수가 29일인 달)
今年	올해, 금년
頭年	첫해
舊年	지난해, 작년
往年	지난해, 작년
年時	재작년
前年	재작년
下年	내년, 이듬해
開年	내년

明年	내년
年節	설
年終	세밑, 연말
拜年	세배, 세배하다
拜節	세배, 세배하다, 명절인사를 드리다
拜歲	설 문안인사를 드리다
元宵	정월 대보름
上元	정월 대보름
打春	입춘 놀이
寒食	한식(우리나라 명절의 하나, 4월 5, 6일 무렵)
淸明	청명(이십사절기의 하나, 4월 5일 무렵)
端午	단오(명절의 하나, 음력 5월 5일)
初伏	초복
中伏	중복
末伏	말복
七夕	칠석(음력 7월 7일)
中元	백중(불교의 명절, 음력 7월 보름)
中秋	한가위, 추석
重陽	중양(세시 명절의 하나, 음력 9월 9일)
下元	도교에서 음력 10월 보름을 가리키는 말
冬至	동지
臘月	음력 섣달
臘八	납월 초파일(음력 12월 8일, 불교에서 석가모니의 성도를 기념하는 날)
臘日	납향날(동지 뒤 세 번째 술일(戌日)을 납일(臘日)이라 하고 조상에 제를 지내는 날)
暮歲	섣달그믐날, 까치설날
除夜	섣달그믐날 밤, 제야
守歲	섣달그믐날 밤을 쇠다
天亮了	날이 밝다, 동이 트다
淸早	이른 아침
早晨	이른 아침, 새벽

早起	(이른)아침
忒早	매우 이르다
狠早	매우 이르다
老早	매우 이르다
還早	아직 이르다
小晌午	새끼 낮, 한낮 가까운 시간
晌午	낮, 한낮
晌午剉	낮을 지나다
後晌	오후
晚夕	저녁
下晚	저녁
白日	밝은 날, 대낮
黑夜	밤
半夜	한밤중
更漏	누수(물시계에서 떨어지는 물), 경루(물시계를 이용해 시간을 알리는 설비)
打更	경점(更點, 밤에 북이나 징을 쳐 시간을 알리는 것)을 치다, 시각을 알리다
攢點	경점(更點, 밤에 북이나 징을 쳐 시간을 알리는 것)을 치다, 시각을 알리다
頭更	초경(初更, 저녁 7시에서 9시 사이)
替更	새로 경을 들다, 교대하다
幾時	언제
光景	광음(光陰), 시간, 세월
氣候	**기후(氣候)**
暖和	따뜻하다
溫和	따뜻하다
炎天	덥다, 더운 날씨
天熱	덥다, 날씨가 덥다
天熰	날씨가 가물고 덥다
熰熱	가물고 매우 덥다
霧熱	무덥다

凉快	서늘하다, 시원하다
天冷	날씨가 춥다
天寒	날씨가 춥다
天陰了	하늘이 흐리다, 날이 흐려지다
天晴了	하늘이 개다, 날이 맑아지다
害熱	더위 타다
害冷	추위 타다
怕冷	추위 타다, 추위에 약하다
害風	바람을 쏘이다
冒風	바람을 쏘이다
向火	불을 쬐다
燎火	불을 쬐다
地理	**지리(地理)**
山頂	산꼭대기, 산 정상
山腰	산허리
山底	산밑
山峪	산골, 산골짜기
山壑	산구렁, 산골짜기
嶺頭	고개, 산꼭대기
峻嶺	고개, 준령, 높고 험한 고개
巖頭	바위
盤石	바위, 반석, 큰 바위
尖峰	뾰족한 산봉우리
緊坡子	가파른 언덕
幔坡子	나직한 언덕
陡坡子	가장 높은 언덕
野甸子	들, 벌판
大路	큰길
官路	큰길, 국도(國道)
小路	작은 길
抄路	지름길
弓弦路	지름길, 곧게 뻗은 길

彎路	에움길, 굽은 길
弓背路	에움길, 굽은 길
直路	바른길
斜路	비스듬한 길, 비탈길
光路	판판한 길
荒路	거친 길, 황폐한 길
涂路	진 길, 진창길
岔路	갈림길
陷路	쉰 길, 상태가 좋지 않은 길, 푹 파인 길
路灡	길이 쇠다, 길 상태가 나쁘다
路泥	길이 질다
路歹	길이 사납다, 길이 나쁘다
路澁	길이 사납다, 길이 나쁘다
歹走	다니기 사납다, (길을)걷기에 좋지 않다
十字街	네거리, 사거리
丁字街	세거리, 삼거리
衚衕	골목의 통칭
活衚衕	통하는 골목, 뚫린골
死衚衕	막다른 골목
凹子	우묵한 곳
溝子	시궁, 도랑
海枯	바닷물이 마르다
潮退	조수가 물러나다, 썰물이 빠지다
潮落	조수가 물러나다, 썰물이 빠지다
潮上了	조수가 들어오다, 밀물이 들다
漲潮	밀물이 들다, 만조가 되다
江水	강물
河水	냇물, 강물
海水	바닷물
港汊	배를 두는 곳, 속칭 개(강이나 내에 바닷물이 드나드는 곳), 하천의 분기점, 지류
龍潭	소(沼), 깊은 못

龍湫	용이 솟은 곳(龍沼), 깊은 못
池塘	비교적 얕은 못
津頭	나루, 나루터
一泓泉	샘 한 줄기(一口泉)
波浪	물결
河沿	물가, 강가, 河는 속음으로 '호'로도 읽는다
水滸	물가, 물의 가장자리
馬頭	부두, 선창(船倉)
埠頭	배를 대고 흥정하는 곳, 부두
灘裡	여울
梢裡	여울
地灘	벼랑, 벼로라고도 한다
氷牌	얼음 조각
氷凌	살얼음, 고드름
亮氷	살얼음
連氷	살얼음
氷筏子	성에
半氷	약간 얼어붙은 얼음(半氷)
半凌	약간 얼어붙은 얼음
龍抓了	사태가 나다, 산비탈이나 언덕, 쌓인 눈 따위가 충격에 무너져 내리다
盪流去	떠나다, 떠내려가다
漂流去	떠나다, 떠내려가다
善水	무른 물, 단물
活水	흐르는 물
死水	고인 물
緊水	센물
旋窩水	소용돌이
水濶了	윤습(潤濕)하다, 물이 배어 축축하다
潮了	축축하다
放水	물을 트다, 물길을 터서 물을 흘려 보내다
土堆	흙무더기

陷坑	꺼진 땅, 갱함(坑陷)
塡坑	구덩이를 메우다
掃地	땅을 쓸다, 청소하다
穵井	우물을 파다
掘井	우물을 파다
淘井	우물을 치다, 우물 바닥을 청소해 우물물을 깨끗이 하다
穵壕	해자(垓子)를 파다, 도랑을 파다
穵窨	굴을 파다, 움을 파다
石縫	돌틈, 바위틈
地窖	땅을 파 곡식을 넣어놓는 곳, 토굴, 움
窟籠	큰 구멍, 작은 것은 眼(안)이라고 한다
浪柴	보습, 쟁기
茅蕩	진펄, 질퍽한 벌
蘆蕩	진펄, 질퍽한 벌
燒荒	벌에 지른 불, 화전을 일구기 전에 산이나 들에 지르는 불
海島子	섬
宮闕	**궁궐(宮闕)**
內裡	대궐(大闕)
內府	대궐(大闕)
殿裡	황제가 계신 곳
內苑裡	대궐의 후원
斡兒朶	태상황(太上皇)이 계신 곳
朝裡	조회(朝會를) 받는 곳
中宮	중궁, 황후(皇后)가 계신 곳
東宮	동궁, 태자(太子)가 계신 곳
王府	왕부, 제왕(諸王)이 계신 곳
正殿	공사(公事)를 집무하는 곳
正門	가운뎃문, 정문
王門	제왕(諸王)이 드나드는 문
左掖門	좌협문(左夾門, 중앙 정문의 왼쪽에 위치한 문)
右掖門	우협문(右夾門, 중앙 정문의 오른쪽에 위치한 문)

主廊	양쪽의 행랑(行廊)
串廊	행랑(行廊)
御路	황제(皇帝)가 다니시는 길
陞殿	전좌(殿座)하다, 임금이 정사를 보거나 조하를 받으려고 정전(正殿)이나 편전(便殿)에 나와 앉다
擺班	반열(班列)을 늘어놓다
班齊	반열(班列)을 가지런히 하다
鳴鞭	채찍으로 치다, 채찍질하다
打擡	채찍으로 치다, 채찍질하다, 打净鞭이라고도 한다
受朝	조회(朝會)를 받다
有朝	조회(朝會)가 있다
免朝	조회(朝會)를 받지 않다
早朝	아침 조회
晩朝	저녁 조회
罷朝	조회를 그만두다, 조회를 마치다
退朝	조회를 물러나다
撤朝	조회를 멈추다
上番	번(番, 숙직이나 당직)을 들다, 번차례가 되어 번 서는 곳으로 들어가다
下番	번(番, 숙직이나 당직)을 나다, 번을 치르고 나오다
攔馬木	궐문 밖 붉은 마목(馬木, 가마나 상여를 세울 때 괴는 네발 달린 나무 받침대)
行馬	궐문 밖 붉은 마목(馬木, 가마나 상여를 세울 때 괴는 네발 달린 나무 받침대)
官府	**관부(官府, 정부나 관청)**
衙門	통칭 마을(벼슬아치들이 모여 일을 보는 곳), 높은 관청을 통틀어 이르던 말
大衙門	큰 마을(벼슬아치들이 모여 일을 보는 곳), 상급 관청
小衙門	작은 마을(벼슬아치들이 모여 일을 보는 곳), 하급 관층
府	지방의 큰 마을(벼슬아치들이 모여 일을 보는 곳), 관청이나 관공서
州	버금가는 고을, 주(州, 행정단위의 하나)
縣	작은 고을, 현(縣, 행정단위의 하나)

衛	지휘사(指揮使, 지방관의 하나)가 묵는 마을
所	천호(千戶, 무관 벼슬의 하나)가 묵는 마을
遆運所	수레를 관리하는 마을
前廳	앞의 관청
後廳	뒤의 관청
正廳	관청의 으뜸 벼슬에 있는 이가 출근하여 일을 시작하다, 건물 한 가운데의 대청
埇道	바른길(正路)
正道	바른길(正路)
埇墻	차면담(遮面墻, 집안이 보이지 않도록 집 앞에 쌓은 담)
埇壁	차면담(遮面墻, 집안이 보이지 않도록 집 앞에 쌓은 담)
影壁	대청 뒤에 있는 널빤지 울타리, 가림벽
廠房	사무를 보는 관청
掌印官	으뜸 관원, 일을 주관하는 관원
佐貳官	버금 관원, 보좌관
當該官	빗 관원(역사 조선 시대, 관청에서 사무의 각 분과(分課)의 직임(職任)을 맡은 관리 혹은 그 직임을 이르던 말)
司屬官	상급 관아의 관원(仰屬官), 수하의 관리를 주관하는 관리
卯簿	출근부, 공좌부(公座簿, 벼슬아치의 근무 상황을 적던 장부)
畫卯	공좌부에 이름을 적다
文劵	공사(公事)에 쓰이는 글월
印	인장
坐衙	좌기(坐起)하다, 관청의 으뜸 벼슬에 있는 이가 출근하여 일을 시작하다
坐堂	좌기(坐起)하다, 관청의 으뜸 벼슬에 있는 이가 출근하여 일을 시작하다
早聚	일찍 모이다
晚散	늦게 파하다, 늦게 헤어지다
稟公事	공사를 (윗사람이나 상급 관청에) 보고하다
承奉	공사를 받들어 봉행하다
發放	공사를 출령(出令)하다, 공사 문건을 발송하다
照例	전례에 따라 하다, 관례에 따르다

發落公事	공사를 마치다, 공사를 처리하다
掛榜	방을 내걸다, 방을 붙이다
告示	방을 붙이다, 포고하다
査看	조사하다, 서로 견주어 고찰하다(相考)
謄文書	문서를 베끼다
抄文書	문서를 베껴 쓰다
壓印	인장을 찍다
打印	인장을 찍다
押子	투서(인장), 서명
押了	투서를 치다, 인장을 찍다
畵字	이름을 적다
畵押	서명하다
句喚	공사(公事)로 부르다
雲板	구름판, 운판(雲板, 쇠로 구름 모양으로 제작한 것으로, 관원이 사무를 보기 시작할 때 먼저 울리는 기구)
公式	**공적 의식**
宣諭	선유(宣諭), 황제가 이르시는 말씀, 황제의 훈유를 백성에게 알리는 일
詔書	조서(詔書), (황제가) 천하에 아뢰시는 글, 황제의 명령을 일반에게 알릴 목적으로 적은 문서
開詔	조서(詔書)를 반포(頒布)하다
勅書	칙서(勅書), 신하에게 아뢰시는 글, 황제가 특정인에게 훈계하거나 알릴 내용을 적은 글이나 문서
聖旨	성지(聖旨), 황제의 뜻
旨意	성지(聖旨), 황제의 뜻
符驗	부험(符驗), 황제의 명을 맞춰보는 글, 신표
令旨	영지(令旨), 태자(太子)와 제왕(諸王)의 명령
懿旨	의지(懿旨), 황후의 명령
誥命	고명(誥命), 제왕에 봉하는 글, 황제가 제후나 오품 이상의 벼슬에 주던 임명장
冊封	책봉(冊封), 황후 이하의 비빈을 봉하는 글
赦書	사면하는 글, 사면서
頒赦	사면서를 반포하다

皇曆	황력(皇曆), 중국에서 보내오던 책력
曆頭	황력(皇曆), 중국에서 보내오던 책력
頒曆	역서(曆書)를 반포하다
告身	고신(告身), 직첩(職牒), 벼슬아치에 대한 임명장
劄付	차부(箚付), 차첩(差帖), 상급 관청에서 하급 관청으로 보내는 공문
差批	차비(差批, 하급 관아에서 온 공문에 대해 회신으로 보내는 공문)
帖文	하체(下帖, 조선 시대에, 고을의 원이 향교의 유생들에게 체문(帖文)을 내리던 일)
照會	아뢰다, 알리다, 통보하다
表文	표문(表文, 신하가 황제에게 올리는 글)
表章	표문, 신하가 황제에게 올리는 글
箋文	전문(箋文, 태자와 제왕에게 올리는 글)
奏本	주본(奏本, 황제에게 공사로 올리는 글)
啓本	태자에게 공사로 올리는 글
藁本	글의 초고
題本	아뢰는 글을 드리다, 제본(題本, 명청 시대 공용 상주문)
進本	아뢰는 글을 드리다, 상주문을 올리다
奏下	(신하가 황제에게 아뢴) 상주문에 대해 재가를 내리다
本下	아뢴 글을 내리다
呈文	정문(呈文)하다, 하급 관청에서 동일한 계통의 상급 관청으로 공문을 올리다 또는 그 문서
單目	물건 목록을 적은 것
呈單目	목록이나 명세표를 올리다
報單	사람과 말의 수를 적은 것
呈報單	보단(報單)을 드리다, 사람과 말의 수를 적은 명세서를 드리다
朝覲	제후(諸侯)가 황제께 조회하다, 조현(朝見)하다
慶賀	경하(慶賀)하다, 경사스러운 일에 대해 축하의 뜻을 표하다
演禮	습례(習禮)하다, 예법이나 예식을 미리 익히다
咨文	자문(咨文), 조선 시대에 중국과 외교적인 교섭, 통보, 조회할 일이 있을 때 주고받던 공식적인 외교문서의 일종

呈狀	소장(訴狀)을 제출하다
申狀	소장(訴狀)을 제출하다
告狀	소장(訴狀)을 제출하다
勘合	마치는 글(공문서의 진위를 확인하기 위해 발송할 공문서의 한끝을 원부에 대고 그 위에 얼러 찍는 도장 또는 그 일)
解由	교대하는 글, 벼슬아치가 물러날 때 후임자에게 사무를 넘기고 호조에 보고하여 책임을 벗어나던 일
文引	행장(行狀), 다른 지역이나 나라로 왕래하는 사람이 지니고 다니던 여행 증명서
公據	관청의 명문(明文, 권리나 자격, 사실 따위를 증명하는 문서)
撿子	맞춰보는 글
抄白	베껴 쓴 백문(白文, 관인이 찍히지 않은 문서), 공문서의 사본
案驗	죄상을 조사하다, 입안(立案)하다, 자세히 조사하여 증거를 세우다
案司	죄상을 조사하다, 입안(立案)하다, 자세히 조사하여 증거를 세우다
立劄	행문이첩(行文移牒)하는 본문(本文), 관청에 문서를 발송하여 조회하는 글
似本	똑같이 전사한 글, 사본
票帖	제김(소장이나 원서에 제사(題辭)를 적음)
說帖	요점만 적은 자그마한 기록(小錄)
名帖	명첩(名帖, 성명, 주소, 직업, 신분 따위를 적은 네모난 종이쪽)
謝帖	사첩(謝帖, 임명, 해임 등 인사에 관현 명령을 적어 본인에게 주는 문서)
白牌	백패(白牌, 소과에 급제한 생원이나 진사에게 주던 흰 종이의 증서)
塘報	파발, 척후(斥候)의 임무를 띤 군사가 높은 곳에서 적의 정세를 살펴 아군에게 기(旗)로 알리던 일
飛報	급히 보고하는 글, 신속히 알리다

牌子	패자(牌子, 지위가 높은 사람이 낮은 사람에게 보내는 공식적인 편지나 문서)
批文	노인(路引, 군졸, 행상, 외국인 등에게 관청에서 내어주는 여행 허가증)
批判	'판하(判下)'와 같음, 상주(上奏)한 안을 임금이 허가하다
書信	소식, 편지
底策	흘림문서책, 조세를 받아드릴 때 각군의 아전들이 대장에서 베껴내는 초안
故紙	휴지, 못 쓰게 된 종이
踏勘	드디어 맞춰 보다, 현지조사하다, 현장에 가서 직접 보고 조사하다
驗包	짐을 검사하다
關子	관자(關子, 關字, 관청에서 발급한 허가서)
馬關子	말(馬) 문서
車關子	수레 문서
倒關子	관자를 베껴쓰다
拜帖	명함, 방문할 때 사용한 봉투 크기의 붉은 종이에 쓴 명함
禮帖	명함, 방문할 때 사용한 봉투 크기의 붉은 종이에 쓴 명함
回帖	회첩(回帖), 회답의 글
官職	**관직(官職)**
文官	문관, 동반(東班, 조하 때 문관은 동쪽, 무관은 서쪽에 각각 벌여 섰던 데서 나온 말)
武官	무관, 서반(西班, 조하 때 문관은 동쪽, 무관은 서쪽에 각각 벌여 섰던 데서 나온 말)
雜職	잡직(雜職, 의학, 역학, 음양학, 율학, 산학 등을 맡아보던 벼슬)
除官	벼슬하다, 벼슬에 임명하다, 관직에 임명하다
顯官	시임(時任, 현재의 관직), 높은 벼슬
閑官	한가한 벼슬
散官	일정한 직무가 없는 벼슬아치
罷閑	파직당하다, 일정한 직무가 없는 벼슬아치
擡職	파직당하다, 일정한 직무가 없는 벼슬아치
襲職	조상의 벼슬을 잇다, 선대의 직무를 이어 맡다

職事	실직(實職, 일정한 직을 맡아 실제로 근무하는 벼슬)
流官	유품(流品, 벼슬자리에 대하여 매겨 놓은 품계 또는 실직이 없는 문무관), 중국에서 소수민족이 모여 사는 지역에 임명된 한족 벼슬아치
權官	권지(權知, 과거 합격자로서 각 관청에 배치되어 실무를 익히는 견습 관원으로, 벼슬 이름 앞에 붙어 임시직임을 나타냄), 권력과 세력이 있는 벼슬
覃官	권지(權知, 과거 합격자로서 각 관청에 배치되어 실무를 익히는 견습 관원으로, 벼슬 이름 앞에 붙어 임시직임을 나타냄), 권력과 세력이 있는 벼슬
土官	토관(土官, 고려, 조선에서 지방 토호를 회유하기 위해 평안도와 함경도 지방 사람들에게 특별히 베푼 벼슬 또는 중국에서 소수민족이 모여 사는 지역에 임명된 그 지역 출신의 관리, 유관(流官))
前程	통칭 벼슬, 앞길, (선비나 관리들이 추구한) 공명 또는 관직
做官	벼슬하다, 관리가 되다
陞官	관직이 오르다, 승진하다
禮上	출사(出仕)하다, 벼슬길에 나서다
禮任	출사(出仕)하다, 벼슬길에 나서다, 부임하여 일을 처리하다
欽差	황지(皇旨)로 부리는 이, 황제의 명령으로 보내는 파견인
考滿	개월이 차다, 벼슬아치의 임기가 차다
替代	벼슬을 갈다, 대신하다
官御	관함(官銜, 관원의 직함, 성 밑에 붙여 부르는 벼슬 이름)
祭祀	**제사(祭祀)**
祭天	하늘에 제를 지내다
祭山	산천(山川)에 제를 지내다
祭四瀆	사해(四海)의 신에게 제를 지내다
祭城隍	성황신(城隍神)에 제를 지내다
祭太廟	태묘(太廟, 즉 종묘)에 제를 지내다
祭社稷	사직(社稷)에 제를 지내디
上墳	조상의 산소를 찾아 돌보다
祭家廟	사당(祠堂)에 제를 지내다

時祭	시제(時祭, 음력 2월, 5월, 8월, 11월에 가묘에 지내는 제사 또는 음력 10월에 5대 이상의 조상 무덤에 지내는 제사)
忌齋	기제(忌祭, 해마다 사람이 죽은 날에 지내는 제사)
神主	신주(神主), 위패(位牌)
影身	진영(眞影, 주로 얼굴을 그린 화상), 승려가 죽은 후의 육신
迎神	신령(神靈)을 맞이하다
點香	향을 피우다
燒紙	지전(紙錢, 돈 모양으로 오린 종이)을 태우다
送神	신령을 배웅해 보내다
讀祝	축문, 제문을 읽다
奠幣	폐백(幣帛, 제사 때 신에게 바치는 물건 또는 그 일)을 드리다
進饌	제물을 받들다, 제사를 지낼 때 강신 다음에 주식을 제상에 차리다
享獻	잔을 받들다, 공손히 제물을 올리다
飮福	음복(飮福)하다, 제사를 마치고 음식과 복주(福酒)를 나눠 먹다
跳神	굿을 하다
城郭	**성곽(城廓)**
皇城	도성(都城), 황제가 있는 수도
大城子	큰 성(城)
小城子	작은 성(城)
城壕	성 아래에 있는 해자(垓子)
外羅城	외성(外城, 성 밖에 겹으로 둘러싼 성곽)
甕城	문이 가려진 곡성(曲城, 성문을 밖으로 둘러 가려서 구부러지게 쌓은 성)
弓家兒	성(城)가퀴, 성 위에 낮게 쌓은 담
垜口	성(城)가퀴, 성 위에 낮게 쌓은 담
接陽板	성가퀴 구멍에 단 널빤지
門樓	성문 위의 다락
懸門	아래위로 여닫게 되어 있는 문
扯吊橋	드리웠다가 거두는 다리, 현수교

煙臺	연대(煙臺, 봉화를 올릴 수 있도록 일정한 설비를 갖추어 놓은 곳)
煙墩	봉화를 피워 올리는 곳, 봉화대
木寨	나무 성(城), 말뚝 같은 것을 죽 벌여서 박아 만든 울 또는 그 말뚝
京城	서울
腹裡	경은(京圻, 서울을 중심으로 한 가까운 주위의 땅), 원나라 때 중서성의 직할 지역
砌城	성을 쌓다
關門	성문을 닫다
門榻	성문을 닫는 기목(機木), 빗장
鎖門	성문을 잠그다
鎖子	자물쇠
鎖殼	자물쇠 껍질 즉 자물쇠통, 鎖椖子라고도 한다
鎖鬚	자물쇠 속 즉 자물쇠의 용수철, 鎖簧子라고도 한다
鑰匙	열쇠
開鎖	잠긴 문을 열다
鐵鎖	쇠사슬
口子	구자(口子), 골짜기, 담장, 제방 등의 터진 곳, 갈라진 곳, 틈
口外	구자(口子) 밖
鋪舍	군포(軍鋪, 궁성 밖이나 성 위에 순라군이 머물러 있는 곳)
冷鋪	군포(軍鋪, 궁성 밖이나 성 위에 순라군이 머물러 있는 곳)
橋梁	**교량(橋梁)**
橋	다리의 통칭
石橋	돌다리
板橋	널다리, 널빤지를 깔아서 놓은 다리
土橋	흙다리
獨木橋	외나무 다리
略彴橋	외나무 다리
浮橋	물에 띄워 놓는 다리, 교각을 사용하지 않고 배나 뗏목 따위를 잇대어 매고 그 위에 널빤지를 깔아서 만든 다리
跳過橋	징검다리

梯子	사다리
打橋	다리를 놓다
塌了	무너졌다
修橋	다리를 고치다, 수리하다
學校	**학교(學校)**
學堂	글 배우는 곳, 학교
學裡	글 배우는 곳, 학교
上學	학당에 가다, 학교에 가다
師傅	스승
徒弟	제자
教書	글을 가르치다
教訓	글을 가르치다, (행동이나 생활에 지침이 될 만한 것을) 가르치다
學書	글을 배우다, 글공부하다
上字	글을 듣다, 글을 배우다
受字	글을 듣다, 글을 배우다
念書	글을 외우다, 글 공부하다
背書	글을 외우다
講書	글을 강의하다, 책의 내용을 해설하다, 강의하다
寫字	글을 쓰다
寫倣書	글을 본떠서 쓰다, 글씨를 본떠서 쓰다
作詩	글을 짓다, 시를 쓰다
對句	대구(對句)를 짓다
吟詩	글을 읊다, 시를 읊다
下學	하교하다, 학교가 파하다
放學	학교가 파하다
散了	흩어지다
好文章	글을 잘 하다, 잘 쓴 글
科擧	**과거(科擧)**
赴擧場	과거시험장에 가다
鄕試	향시(鄕試, 각 지방에서 실시하던 과거의 초시)

解試	해시(解試, 당송 시기 주부(州府)에서 보던 과거시험 또는 명 청 시기의 향시)
監試	서울에서 치루는 초시(初試), 생원과 진사를 뽑는 과거
小考	서울에서 치루는 초시(初試), 생원과 진사를 뽑는 과거
會試	회시(會試, 초시에 합격한 사람에게 다시 보이는 과거, 복시(覆試))
大考	대과(大科, 문관을 뽑는 과거, 생원과·진사과에 합격한 사람을 성균관에 입학시켜 소정의 과업을 마치게 한 후 다시 시험하여 뽑는 과거이다. 생원과·진사과를 뽑는 소과(小科)에 상대하여 이르는 말)
廷試	궁전의 뜰에서 보이던 과거
擧人	거인(擧人), 거자(擧子), 각종 과거시험에 응시하던 사람
本事	재주, 능력, 기량
比試	재주를 겨루다
考官	시험관
學士	시험관
試題	글 제목, 과거시험의 글제
出題	글제를 내다, 시험을 출제하다
試卷	과거를 볼 때 글을 지어 올리던 종이
封彌官	(시험지를)봉하는 관리, 봉미관(封彌官, 과거를 볼 때 봉미(封彌, 과거시험을 볼 때 답안지 오른쪽 끝에 이름, 생년월일, 주소 따위를 써서 봉하여 붙이는 일)를 떼던 관리)
謄錄官	글을 베끼는 관리, 등록관(謄錄官, 과거시험을 볼 때 수험자의 필적을 알 수 없게 하기 위하여 답안지를 거두어 붉은 물로 다른 종이에 답안을 옮겨 베끼는 일을 맡아보던 관리)
對讀	글 읽는 관리, 대독관(對讀官, 독권관을 보좌하도록 임명된 임시 관리)
黃榜	과거 합격자 명단에 들다, 전시(殿試)의 성적을 게시하다
中擧	과거에 급제(及第)하다
應擧	과거에 급제(及第)하다, 과거에 응시하다
中科	과거에 급제(及第)하다
下第	과거에 떨어지다, 낙제하다
壯元	장원(壯元)

第一甲	과거시험의 1등
榜眼	과거시험의 2등, 2등으로 급제한 사람
探花郎	과거시험의 3등, 3등으로 급제한 사람
聞喜宴	은영연(恩榮宴, 과거에 급제한 사람의 영예를 축복하여 임금이 내리는 연회), 과거에 급제한 사람이 자기와 가까운 친구와 친척을 불러 베푸는 잔치
附榜	은사급제(恩賜及第, 임금의 은사로 하는 급제)
解元	해원(解元, 향시의 장원)
下科	다음번 과거
頭踏	앞줄의 광대, 두달(頭達, 관리가 출행할 때 앞에 세우는 의장(儀仗))
屋宅	**가옥과 주택**
房子	통칭 집
瓦房	기와집
草房	초가집
正房	몸채(여러 채로 된 살림집에서 주가 되는 집채)
臥房	자는 방, 침실
客位	손님 자리
樓房	다락집, (2층 이상의)층집
屋裡	집안, 방안
廚房	음식을 만드는 곳, 주방, 부엌
庖廚	음식을 만드는 곳, 주방, 부엌
庫房	잡은 것을 넣는 집, 광, 곳간
廂房	익랑(翼廊, 대문의 좌우 양편에 이어 지은 행랑)
披屋	협실(夾室, 곁방)
披厦	협실(夾室, 곁방)
茶房	차방(茶房, 일상생활에 쓰는 식료품을 두는 방 또는 차를 마시는 곳, 찻집)
花房	화초를 넣는 집, 화방(花房)
地塘板	마루, 잔치 때 쓰던 침상 비슷한 널빤지
地平板	마루
平房子	마루 없이 편히 만든 집, 단층집

涼棚	가개(허름하게 대강 얽어 지은 집), 여름철에 햇빛을 가리기 위해 뜰에 친 일종의 차일
窩房	산막, 움집
窩鋪	산막, 움집
草厦	초막, 농작물이나 농기구를 보관하는데 쓰는 작은 집
窨子	움, 땅광, 지하실
寬房子	넓은 집
窄房子	좁은 집
蓋房子	집을 짓다, 건물을 올리다
⿱宀瓦瓦	기와를 이다, 기와로 지붕을 덮다
苫房子	새·띠(茅)를 이다
⿵冂瓦瓦	수키와
仰瓦	암키와
貓頭瓦	막새(기와집 추녀끝을 장식하는 기와)
獸頭	줏개(대궐 지붕에 네 귀에 여러 가지 신상을 새겨 얹는 장식 기와), 잡상(雜像)
磉石	주춧돌, 초석, 柱頂石(주정석)이라고도 한다
磉墩	주춧돌, 초석, 柱頂石(주정석)이라고도 한다
停柱	기둥
椽	혀(널빤지의 한쪽을 깎아 다른 널빤지의 홈에 끼워 물리는 돌기), 서까래
脊樑	용마루(지붕 가운데 부분에 있는 가장 높은 수평 마루)
過樑	들보(칸과 칸 사이의 두 기둥을 건너질러 도리와는 'ㄴ'자 모양, 마룻대와는 '十'자 모양을 이루는 나무)
樑	보(칸과 칸 사이의 두 기둥을 건너질러 도리와는 'ㄴ'자 모양, 마룻대와는 '十'자 모양을 이루는 나무)
檁	도리(서까래를 받치기 위하여 기둥 위에 건너지르는 나무)
托檁	장혀(장여, 도리 밑에 받치는 나무)를 받치는 도리, 처마도리
桁條	장혀(오량(五梁) 이상으로 지은 집의 맨 끝에 걸리는 서까래), 장여
斗栱	대공(들보 위에 세워서 마룻보를 받치는 짧은 기둥)

牔風	박공(박공지붕의 옆면 지붕 끝머리에 '∧' 모양으로 붙여 놓은 두꺼운 널빤지)
短柱	동자기둥(들보 위에 세우는 짧은 기둥)
叉竪	바지랑대, 작사리
筍子	장부(한 부재의 구멍에 끼울 수 있도록 다른 부재의 끝을 가늘고 길게 만든 부분)
筍插	아주 박은 장부
楔子	쐐기
橛子	말뚝
鋪板	널빤지로 산자(橵子, 지붕 서까래 위나 고미 위에 흙을 받쳐 기와를 이기 위하여 가는 나무오리나 싸리나무 따위로 엮은 것)를 깔다
鋪簾	발(가늘게 쪼갠 대오리나 갈대 같은 것을 실 따위로 엮어서 만든 가리개)로 산자를 깔다
天窓	천장에 낸 창
吊窓	들창(들어서 여는 창 또는 벽 위쪽에 자그맣게 만든 창)
硬窓	붙박이창
窓扇	창짝, 창문의 문짝
雙扇	쌍바라지, 쌍으로 된 문짝
單扇	외닫이, 한 짝으로 된 문
亮窓	창살 없는 창
雙窓	쌍창(雙窓, 문짝이 둘 달린 창문)
窓欞	창 가운데 선 깃, 창살
窓骨子	창살
槅子	창살
鋸鉞	배목(문고리를 걸거나 자물쇠를 채우기 위하여 둥글게 구부려 만든 고리 걸쇠)
釘鍋	걸쇠
門扇	문짝
門柱	문기둥
門框	문광(門框, 창문이나 문짝을 달거나 끼울 수 있도록 문의 양옆과 위아래에 이어댄 테두리)
門坎	문지방

門縫	문틈
門斗	문지도리
板門	널문, 널빤지로 만든 문
芭籬門	바잣문(대, 갈대, 수수깡, 싸리 따위로 만든 울타리에 드나들 수 있도록 낸 사립문)
稍門	사립문
門枕石	문에 있는 돌로 된 문지방
撐門	문을 괴어 버티다
楔門	문에 쐐기를 끼우다
開門	문을 열다
大開	문을 활짝 열다
眼者開	문을 반만 열다
腰栓子	문빗장
竈火門	부엌 아궁이
烟洞	굴뚝, 혹은 烟窓(연창)이라고도 한다
房簷	처맛기슭
滴水簷	처마, 처마 끝
打炕	구들을 놓다
作炕	구들을 놓다
土炕	흙구들, 온돌, 방구들
死坑	불을 때지 못하는 구들
活炕	불을 때는 구들
和泥	흙을 이기다, 흙반죽하다, 泥는 미라고도 한다
仰泥	앙벽(仰壁)하다, 서까래 위에 산자를 엮고 지붕을 인 다음 밑에서 흙을 바르다
糊墻	벽을 바르다, 벽에 벽지를 바르다
糊塗	벽을 바르다, 벽에 벽지를 바르다
糊窓户	창을 바르다, 창에 문창지를 바르다
坌房子	기울어진 집을 떠받치다
院落	뜰, 울 안에 본채와 따로 떨어져 있는 정원이나 부속 건물
擺椽	서까래를 얹다

浮篷	초가집에 엮어 띄워 깐 반자(지붕 밑이나 위층 바닥 밑을 편평하게 하여 치장한 각 방의 윗면)
仰板	널로 깐 반자(지붕 밑이나 위층 바닥 밑을 편평하게 하여 치장한 각 방의 윗면), 천장
遮陽	차양(遮陽, 볕을 가리거나 비를 막기 위해 처마 끝에 덧붙이는 좁은 지붕)
閣板子	선반
書札	고비(편지 따위를 꽂아 두는 물건, 벽에 걸어 두고 편지나 두루마리를 끼워서 보관하는 조선 시대 실내용품), 편지꽂이
紙窩子	고삭고비(나무를 덧댄 고비), 편지꽂이, 紙는 속음에 짒라고도 한다
石灰抿抿	석회를 씻다, 석회를 닦다
石階	돌섬, 돌계단
階級	층계
階臺	층계
鋪磚	벽돌을 깔다
後園	집의 뒤뜰, 후원
果園	과원, 과수원
菜園	채원, 채소밭
井眼	우물
枯井	마른 우물
笆子	바자(대, 갈대, 수수깡, 싸리 따위로 발처럼 엮거나 결어서 만든 물건이나 그 울타리)
笆籬	바자(대, 갈대, 수수깡, 싸리 따위로 발처럼 엮거나 결어서 만든 물건이나 그 울타리)
淨房	뒷간
茅房	뒷간
後桶	매화틀, 마투(馬腧, 궁중에서 사용하던 휴대용 변기)
茅紙	밑 씻는 종이, 휴지
草紙	밑 씻는 종이, 휴지
揩屁棍	뒷나무(밑씻개로 쓰는 가늘고 짧은 나뭇가지나 나뭇잎)
馬房	마구간, 마구간의 설비가 있는 주막집

馬槽	말구유
牛欄	소의 우리
羊圈	양우리
羊牢	양우리
猪圈	돼지우리
狗窩	개집
鷄窩	닭의 둥지, 닭장
鷄栖	닭의 둥지, 닭장
鵝欄	거위의 우리
鴨欄	오리의 우리
鴿子窩兒	비둘기집
鷰窩兒	제비집
鐵匠爐	대장간의 풀무(불을 피울 때에 바람을 일으키는 기구)
放砂爐	쇠 불리는(鎔) 풀무
風匣爐	골풀무
瓦窰	기와 굽는 굴, 기왓가마
甌窰	독 굽는 굴
教閱	**교련과 열병(教閱)**
教場	습진(習陣, 진법 연습)을 하는 곳
墩子	활터에서 사람의 모습을 본떠 만든 과녁 뒤 흙으로 둘러싼 곳
隊墻	군인이 서는 담
作隊	대오를 짓다, 대오를 이루다
下教墻	습진(習陣)하다, 진법을 연습하다
操練	진법을 연습하다, 훈련하다, 조련하다
竪旗	기(旗)를 세우다
吹號頭	호령(號令)하는 주라(朱喇, 붉은 칠을 한 소라 껍데기로 만든 대각)를 불다,
吹哱囉	주라(朱喇)를 불다, 바라(哱囉, 소라 껍데기로 만든 취주악기)를 불다
吹喇叭	나팔을 불다
吹簫	태평소(太平簫)를 불다

吹鎖喇	태평소(太平簫)를 불다, 쇄라(鎖喇)를 불다
放砲	불을 놓다, 방포(放砲, 군중의 호령으로 포나 총을 쏘아 소리내다)하다
打鼓	북을 치다
鼓噪	북 치고 시끄럽게 굴다
埋伏	복병(伏兵)하다, 매복하다, 적을 기습하기 위해 길목에 군사를 숨기다
按伏	복병(伏兵)하다, 매복하다, 적을 기습하기 위해 길목에 군사를 숨기다
跑馬	말을 타고 달리다
扯弓	활을 당기다
開弓	활을 당기다, 활을 쏘다
射箭	활을 쏘다, 射쎠箭젼이라고도 발음한다
射垛子	솔(무명으로 만든 과녁)을 쏘다
中了	맞다, 명중하다, 着了라고도 한다
不着	못 맞다, 맞히지 못하다, 不中이라고도 한다
大了	화살이 (과녁을) 넘기다
小了	화살이 (과녁에 닿지 못하고) 떨어지다
歪了	화살이 기울어져 가다
撒過	화살이 흩어져 가다
高些兒	조금 높다
低些兒	조금 낮다
箭搖到	화살이 흔들거리며 가다
竄到	화살이 흔들거리며 가다
把子紅心	과녁
布堋把子	솔(무명으로 만든 과녁)
戳槍	창 찌르기를 하다, 창으로 찌르다
搞賞	군인에게 상(賞)을 주다
放軍	군인을 풀다
撒開	흩어져 가다
軍器	**무기(軍器)**
頭盔	투구

明盔	수은으로 광을 낸 투구
明甲	수은갑(水銀甲, 쇳조각에 수은을 입힌 다음 붉은 가죽끈으로 얽어서 만든 갑옷)
甲兒	갑옷
鐵甲	갑옷, 쇠붙이를 겉에 붙여 지은 갑옷
腰刀	장검(長劍), 허리에 차던 칼
順刀	단검(短劍), 날이 양쪽으로 선 칼
弓	통칭 활
弓弰	활고자(활의 양 끝머리, 시위를 메는 부분)
弓弝	활줌통(활 한가운데 손으로 쥐는 부분)
弓彄子	오늬(화살 머리를 활시위에 끼도록 에어 낸 부분)
弓弦	활시위
弓拿子	도지개(틈이 가거나 뒤틀린 활을 바로잡는 틀)
弓齒子	도지개(틈이 가거나 뒤틀린 활을 바로잡는 틀)
鋪筋	활에 힘을 올리다
炕弓	활을 점화(點火)하다
上弓	활 짓다, 활을 활 시위에 올리다
卸弓	활을 부리다, 활을 내려놓다
箭	통칭 살, 화살
箭竿	살대(화살의 몸통을 이루는 대)
箭口	화살의 오늬(화살의 머리를 활시위에 끼도록 에어 낸 부분)
箭翎	살깃(화살의 뒤 끝에 붙인 새의 깃)
翎箭	살깃을 달다, 화살 뒤 끝에 새깃을 달다, 鰾翎(표령)이라고도 한다
箭頭	살밑(화살 끝에 박은 뾰족한 쇠)
箭鏃	살밑(화살 끝에 박은 뾰족한 쇠)
鈚子箭	화살촉이 비교적 넓고 얇으며 살대가 긴 화살의 한 가지
三叉箭	세 갈고리 살
虎爪	세 갈고리 살
艾葉箭	애엽전(艾葉箭)

樸頭	고두리, 고두리살(작은 새를 잡는데 쓰는 화살, 철사나 대따위로 고리처럼 테를 만들어 화살촉 대신으로 살 끝에 가로 끼운 것), 촉이 나무로 된 살
響樸頭	우는살(전쟁 때에 쓰던 화살의 하나, 끝에 속이 빈 깍지를 달아 붙인 것으로, 쏘면 공기에 부딪혀 소리가 난다)
弓箭撒帒	궁대 동개(활과 화살을 꽂아 넣어 등에 지도록 만든 물건)
弓靫帒	활 넣는 동개
箭靫帒	살 넣는 동개
弓罩子	활 덮는 우비, 활 덮개
箭罩子	살 덮는 우비, 살 덮개
箭裙	화살 차는 치마
緹帶	요대(腰帶), 허리띠
槍	창(槍)
火銃	호통, 대포
鳥銃	조총(鳥銃, 새를 잡기 위하여 만든 공기총 또는 화승총), 鳥槍(조창)이라고도 함
妙槍	조총(鳥銃, 새를 잡기 위하여 만든 공기총 또는 화승총), 鳥槍(조창)이라고도 함
鉤子	걸쇠, 갈고리
包指	깍지, 각지(角指, 활을 쏠 때, 시위를 잡아당기기 위하여 엄지손가락의 아랫마디에 끼는, 뿔로 만든 기구)
扮指子	각지(角指, 활을 쏠 때, 시위를 잡아당기기 위하여 엄지손가락의 아랫마디에 끼는, 뿔로 만든 기구)
掛纓	둑(纛, 쇠꼬리나 꿩의 꽁지로 장식한 큰 기)
掛子	둑(纛, 쇠꼬리나 꿩의 꽁지로 장식한 큰 기), 쾌자(快子, 소매가 없고 등솔기가 허리까지 트인 전투복)
寶纛	천자가 출행하는 가마나 수레에 세우는 깃발, 둑(纛)
皂纛	제후에게 세우는 둑(纛), 검정 비단으로 만든 군기
挨牌	방패, 團牌(단패)라고도 한다
箭垜	살을 과녁 뒤 흙무더기에 모아 쌓은 곳
起火箭	신기전(神機箭, 화약을 장치하거나 불을 달아 쏘던 화살), 폭발물을 장치한 화살

將軍砲	군중(軍中)에 기계로 석포(石砲)를 쏘는 것(以機發石砲), 불씨를 손으로 점화시켜 발사하는 유통식 화포
刀斗	군중에서 낮에는 취사에 쓰고 밤에는 두드리는 데 쓰는 기구(軍中晝炊夜擊之器)
古朶	골타(긴 막대기 끝에 마늘 모양의 둥근 쇠를 붙인 무기)
田漁	**사냥과 고기잡이(田漁)**
打圍	사냥하다, 몰이하다
獵戶	산쟁이, 사냥꾼
放鷹	매를 놓다, 매를 풀다
打捕	짐승을 잡다
打靑帳	푸지개(사냥꾼이 풀이나 나무로 엮어 제 몸을 감추는 기구)를 치다
誘	미끼로 쓰는 꿩
漁戶	어부(漁夫)
下梁子	어살(물고기 잡는 장치)을 매다
下網子	그물을 치다
打扮罾	들그물을 치다
網綱	그물의 벼리(물의 위쪽 코를 꿰어 놓은 줄)
涀繩	그물의 벼리(물의 위쪽 코를 꿰어 놓은 줄)
網脚兒	그물톱(손으로 그물을 짤 때, 그물코의 크기를 고르게 만들기 위하여 쓰는 작은 나무토막)
網瓢兒	그물 보굿(그물이 가라앉지 않도록 그물의 벼리에 매는 가벼운 물건)
釣鉤	낚시
鉤子倒鬚	낚시 미늘(낚시 끝의 안쪽에 있는, 거스러미처럼 되어 고기가 물면 빠지지 않게 만든 작은 갈고리)
下誘子	낚싯밥, 낚싯밥을 던지다
餂食	낚싯밥, 남쪽의 말(南話)로는 餌(이)이라고도 함
魚叉子	고기 찌르는 작살
釣魚	고기를 낚다, 낚시하다
揷魚	고기를 찌르다
擡網	반두(양쪽 끝에 가늘고 긴 막대로 손잡이를 댄, 물고기를 잡는 그물)

拿魚	고기를 잡다
摩魚	고기를 더듬어 잡다
笊籠	고기를 잡는 가리(물고기를 잡는 기구의 하나로 대오리를 엮어서 밑이 없이 통발과 비슷하게 만든 것)
舘驛	**객관과 역참(館驛)**
舘驛	참역(站驛, 공무로 출장하는 벼슬아치가 역말을 갈아타는 곳), 역참(驛站)
馬驛	참역(站驛, 공무로 출장하는 벼슬아치가 역말을 갈아타는 곳), 역참(驛站)
站裡	참역(站驛, 공무로 출장하는 벼슬아치가 역말을 갈아타는 곳), 역참(驛站)
急遞鋪	급히 전하는 파발(擺撥), 급체포(각 역에 준비된 역마를 교대로 갈아타고 이어 달리게 하여 급한 공문서를 먼 데까지 빨리 전하던 제도)
館夫	사객(使客, 연로의 수령이 봉명사신을 일컫는 말)을 맞이하는 사람
厨子	주자(廚子, 지방 관아의 소주방에 속하여 음식 만드는 일을 맡아보던 사람)
馬牌	말 관리하는 사람, 마패(馬牌)
馬夫	말 모는 사람, 마부(馬夫)
驢牌	나귀 관리하는 사람
驢夫	나귀 모는 사람
糧庫子	곡식 관리하는 고직(庫直, 관아의 창고를 보살피고 지키던 사람)
料庫子	말 사료를 관리하는 고직(庫直, 관아의 창고를 보살피고 지키던 사람)
草庫子	말 먹이는 풀을 관리하는 고직(庫直, 관아의 창고를 보살피고 지키던 사람)
鋪陳庫子	포진고직(鋪陳庫直), 여러 가지 비품을 관리하는 고직
坐更的	경점(更點, 북이나 징을 쳐서 시간을 알리는 것)을 치는 사람
打更的	경점(更點, 북이나 징을 쳐서 시간을 알리는 것)을 치는 사람

提鈴的	방울을 흔들어 경(更)을 도는 사람, 작은 종을 울려 경(更)을 알리며 야간 경계를 도는 사람
巡更的	경(更)을 도는 사람, 밤에 도둑이나 화재 따위를 경계하기 위하여 돌아다님
叫更的	경(更)을 부르는 사람, 경점(更點)을 치는 사람
敲梆	나무를 두드려 경(更)을 알리다, 딱따기를 치다
鞴鞍子	길마(짐을 싣거나 수레를 끌기 위하여 소나 말 따위의 등에 얹는 기구)를 지우다, 안장을 지우다
鞴馬	길마(짐을 싣거나 수레를 끌기 위하여 소나 말 따위의 등에 얹는 기구)를 지우다, 안장을 지우다
摘鞍子	길마(짐을 싣거나 수레를 끌기 위하여 소나 말 따위의 등에 얹는 기구)를 벗기다, 안장을 내리다
雙馬	바쁠 때 말 두 마리를 가져가는 것, 급한 소식을 전할 때 한꺼번에 같이 짝지어 보내는 두 필의 말
對馬	말을 갈다, 말을 바꾸다
換馬	말을 갈다, 말을 바꾸다
套轡頭	굴레를 씌우다, 고삐와 재갈을 씌우다
麻轡頭	굴레를 벗기다, 고삐와 재갈을 벗기다
摘轡頭	굴레를 벗기다, 고삐와 재갈을 벗기다
上了嚼子	재갈을 씌우다, 재갈을 물리다
取了嚼子	재갈을 벗기다
扯鐙	등자(鐙子, 말을 타고 앉아 두 발로 디디게 되어 있는 물건)를 잡다, 등자를 잡아 당기다
綴鐙	등자(鐙子, 말을 타고 앉아 두 발로 디디게 되어 있는 물건)를 잡다, 등자를 잡아 당기다
壹起	한 행차, 행차 한 차례
兩起	두 행차, 행차 두 차례
鋪盖	이부자리, 요와 이불
鋪鋪盖	자리를 펴다, 이부자리를 펴다
鋪鋪陳	자리를 펴다, 이부자리를 펴다
打那路来	어느 길로 오느냐
迷了路	길을 잃다
悞了路	길에 머무르다, 길에서 지체하다

收拾鋪盖	자리를 걷다, 이부자리를 개다
前站的	선참(先站)하여 가는 이, 먼저 길을 떠난 이
倉庫	**창고(倉庫)**
倉	곡식 넣은 곳, 곳집, 창고
開倉	개창(開倉)하다, 관아의 창고를 열어 공곡(公穀)을 내다
上糧	곡식을 바치다, 곡식을 올리다
收糧	곡식을 받다, 곡식을 거두다
監納	곡식을 받다, 곡식을 거두다
盤糧	번고(反庫, 창고에 있는 물건을 뒤적거려 조사하다)하다, 창고를 자세히 조사하다, 盤은 '판'으로도 읽는다
支糧	곡식을 대어 주다
散糧	곡식을 대어 주다
闞米	쌀을 타다
闞糧	쌀을 타다, 곡식을 타다
對籌	표찰을 맞추다, 산가지를 맞추어 보다
過籌	표찰을 주다, 산가지를 주다
量糧	곡식을 (말, 되, 홉 등으로) 분량을 헤아리다
斗量	말(斗)로 분량을 헤아리다
斛起	휘(곡식의 분량을 헤아리는 데 쓰는 그릇, 스무 말들이와 열닷 말들이가 있다)로 분량을 헤아리다
斗子錢	마질(곡식이나 가루 등을 말로 되어 헤아리는 일)을 한 삯
脚錢	삯돈, 삯으로 받는 돈, 짐삯, 운임
小脚錢	창(倉) 밖에 내는 삯돈
稅錢	글 베낀 값, 세전(稅錢)
囤倉	노적(露積, 곡식 따위를 한데에 수북이 쌓음. 또는 그런 더미)
寺觀	**사원과 도관(寺觀)**
寺院	절, 사원
庵堂	작은 절, 암자(庵子)
庵子	작은 절, 암자(庵子)
佛殿	법당(法堂), 불전(佛殿), 불당(佛堂)
禪堂	좌선하는 곳, 선당(禪堂)

齋堂	밥 먹는 집, 선사의 식당
鼓樓	가죽으로 만든 북을 단 누(樓), 북을 단 누각(樓閣)
鐘樓	쇠북을 단 누(樓), 종을 달아두는 누각(樓閣)
碑殿	비(碑)를 세운 집, 비를 세우고 비바람을 막으려고 그 위를 덮어 지은 집, 비각(碑閣)
佛堂	불당(佛堂, 부처를 모셔 두는 대청)
伽藍	승려가 사는 곳(浮屠所居), 가람(伽藍), 사찰
塔兒	탑
佛像	부처, 불야(佛爺, 부처님)라고도 한다, 불상
拜佛	부처에게 절하다, 불상 앞에 절하다
供佛	부처에게 공양(供養)하다
做好事	좋은 일을 하다
齋僧	중이 받다, 승려에게 시주하다
壇主	법주(法主, 불법(佛法)을 주장하는 사람. 또는 법사를 달리 이르는 말)
長老	중을 높이는 말, 선종에서 절의 주직 또는 화상에 대한 경칭
和尙	통칭 중, 승려
尼姑	승, 尼는 미로도 읽는다, 비구니
沙彌	상좌(불도를 닦는 사람), 사미승, 나이 어린 남자 승려
行者	상좌(불도를 닦는 사람), 사미승, 나이 어린 남자 승려
數珠子	염주(念珠), 염주를 세다
坐禪	불법(佛法)에 정좌하여 움직이지 아니하다, 앉아서 참선하다
念佛	염불(念佛)하다
念經	경(經)을 읽다, 불경을 읽다
道士	도사(道士, 도교를 믿고 수행하는 사람)
法師	법사(法師, 석가모니의 가르침을 설파하고 중생을 불문으로 이끄는 스승으로서의 승려)
道童	도동(道童, 도를 닦는 아이, 도사의 심부름을 하는 아이)
善友	거사(居士, 속세에 있으면서 불교를 믿는 남자), 우바이(출가하지 않고 불제자가 된 여자)

修養	수신양성(修身養性, 마음과 행실을 바르게 닦아 수양하고 천성을 잘 기르는 것)
修行	조심하다, 부처의 가르침을 실천하고 불도를 닦는 데 힘쓰다
修眞	조심하다, 부처의 가르침을 실천하고 불도를 닦는 데 힘쓰다, 도를 배우고 수행하여 진아(眞我)를 얻고자 하다
懺悔	개과(改過)하여 뉘우치다, 과거의 죄악을 깨달아 뉘우쳐 고치다
燒香	향을 피우다
上香	향을 바치다
燒紙	종이를 사르다, 지전(紙錢, 돈 모양으로 오린 종이)을 태우다, 紙는 지ᇫ로도 읽는다
成道	득도(得道)하다
布施	보시(報施)하다, 嚫錢(친전)이라고도 함
捨施	시주하다
抄化	동냥하다, 시주를 얻으러 돌아다니다
隨喜	구경하다, 불보살이나 다른 사람의 좋은 일을 자기 일처럼 함께 기뻐하다
吹海螺	소라를 불다, 나각(螺角)을 불다
打銅鈸	바라(놋쇠로 만든 타악기)를 치다
打皷	갓북(가죽으로 만든 북)을 치다
撞鐘	쇠북(종)을 치다
箬笠	굴갓(벼슬을 가진 중이 쓰는 대로 둥글게 만든 갓)
袈裟	가사(袈裟, 승려가 장삼 위에, 왼쪽 어깨에서 오른쪽 겨드랑이 밑으로 걸쳐 입는 법의)
涅槃	성도(成道)한 중이 죽다, 槃은 반으로도 읽는다, 열반(涅槃, 모든 번뇌의 얽매임에서 벗어나고, 진리를 깨달아 불생불멸의 법을 체득한 경지)에 오르다
圓寂	중이 죽다, 죽은 중을 태우는 것을 다비(茶毗)라 한다, 원적(圓寂)하다
羽化	도사(道士)가 죽다, (도교에서) 사람이 죽다
尊卑	**신분의 높고 낮음(尊卑)**
皇帝	황제(皇帝)

上位	황제(皇帝)
萬歲	황제(皇帝)
官家	황제(皇帝)
朝廷	황제(皇帝)
皇太子	황태자(皇太子)
君王	제왕(諸王), 군주 국가의 우두머리
殿下	제왕(諸王), 왕이나 왕비를 높여 이르는 말, 전하(殿下)
王妃	왕비(王妃), 왕의 아내
王子	왕자(王子), 왕의 아들
王孫	왕손(王孫), 왕의 손자
王女	왕녀(王女), 왕의 딸
駙馬	황제의 사위, 부마(駙馬)
儀賓	제왕의 사위, 의빈(儀賓, 명청 시기 친왕이나 군왕의 사위)
閣老	정승(政丞), 각로(閣老, 명나라 때 재상을 이르던 말)
丞相	정승(政丞)
宰相	재상(宰相, 임금을 보좌하며 모든 관원을 지휘하고 감독하는 일을 맡은 이품(二品) 이상의 벼슬 또는 벼슬아치)
朝官	조관(朝官, 조정에서 벼슬살이하는 신하
朝士	조관(朝官, 조정에서 벼슬살이하는 신하)
大人	높은 사람, 높은 신분, 지위, 관직에 있는 사람
貴人	높은 사람, 신분이 고귀한 사람
官人	벼슬하는 사람, 벼슬아치
尊長	어른, 웃어른, 손윗사람
使長	윗사람, 상사(上司)
奶奶	각시님, 색시
正娘子	아내, 정처
大娘子	아내, 정처
小娘子	첩, 예전에는 고마(첩의 옛말)라고 옮겼다
小人	낮은 사람, 신분이 낮은 사람이 신분이 높은 사람을 대하여 자기를 낮추어 가리키던 말
賤人	낮은 사람, 신분이 천한 사람
外郎	서리, 관아에서 말단 행정 실무를 맡던 구실아치

序班	외국 사람을 대접하는 사람(명청대 홍려시(鴻臚寺) 관원으로 각종 의례에서 반열을 관장하고, 회동관(會同館) 관원으로 조선사행의 외교 활동에 연관된 예부의 하급관직)
伴當	따르는 이(跟隨人), 수행원, 같이 다니는 종복 혹은 친구
頭目	따르는 이(跟隨人), 두목, 우두머리
跟馬的	말구종, 말고삐를 잡고 앞에서 끌거나 뒤에서 따르는 하인, 마부
門子	통인(수령(守令)의 잔심부름을 하던 구실아치) 노릇하는 아이
奴婢	노비(奴婢)
躯口	종
奴材	종, 노비
皂隸	나장(羅將, 군아에 딸린 사령의 하나), 하급 관노, 노복
牢子	군뢰(軍牢, 군대에서 죄인을 다루는 일을 맡아보던 병졸), 옥졸, 간수
班頭	패두(牌頭)의 사령, (관아(官衙)의) 아역(衙役) 우두머리
夜不收	사령, 정찰병
軍民	백성(百姓), 百姓人(백성인)이라고도 함
餘丁	군사(軍士) 봉족(평민이나 천민이 출역(出役)할 경우 역사에 나가지 아니한 여정(餘丁)을 보내어 집안일을 도와줌), 보충대의 강서 시험에 들지 못한 사람
小厮	아이놈, 머슴애, 사환, 심부름꾼 아이
丫頭	머리를 땋은 계집아이, 계집애, 계집종, 시녀
妮子	계집, 여자아이, 하녀
人品	**인품(人品)**
秀才	선비, 서생의 통칭
將軍	장군(將軍)
聽令官	군관(軍官)
好人	용한 사람, 성품이 좋은 사람
歹人	나쁜 사람
蠢人	미혹한 사람, 바보
癡人	어리석은 사람, 바보
憨頭	어리석은 사람, 어수룩하다

鬆漢子	섭섭한 사람, 부실한 사람, 믿음직하지 못한 사람, 무딘 사람
飛膀子	날개 돋은 사람, 몸놀림이 잰 사람
端公	박수(남자 무당)
婹婆子	무당
童靈哥	태자, 점쟁이
頂童子	태자, 점쟁이
相士	상(相) 보는 사람, 관상가
呪水的	물에 부적 하는 사람, 물에 주술을 거는 사람
弄戱法的	요술 부리는 사람, 잔재주 부리는 사람
變戱法的	요술 부리는 사람
耍把戱的	요술 부리는 사람
陰陽人	음양(陰陽)을 아는 사람, 음양가(陰陽家)
算命的	음양(陰陽)을 아는 사람, 점쟁이
算卦的	음양(陰陽)을 아는 사람, 점쟁이
山人	경사(經師), 승려나 도사를 일컬음
觀風水的	경사(經師), 풍수 보는 사람, 지관
太醫	의원(醫員), 의사, 황실의 시의(侍醫), 어의(御醫)
大夫	의원(醫員), 의사
獸醫	짐승을 고치는 사람, 수의사
老頭子	늙은 사람, 노인
枴棍	노인이 드는 막대, 지팡이
爽利的	영리한 사람
伶俐的	영리한 사람
細詳人	자세한 사람, 생각과 행동이 주도면밀한 사람
老實的	고지식한 사람, 성실한 사람
老成的	고지식한 사람, 노숙하고 어른스러운 사람
勤謹的	조심하는 이, 근면하고 부지런한 사람
詭詐的	처변(處變, 실정에 따라 융통성 있게 처리하다)하는 이, 교활하고 간사한 사람
詭譎的	처변(處變, 실정에 따라 융통성 있게 처리하다)하는 이, 교활하고 간사한 사람

蝹動的	부끄럽고 미안한 이, 어리석은 사람
邋遢的	게으른 사람, 칠칠치 못한 사람
懶惰的	게으른 사람
謊鬆的	거짓말하고 믿음직스럽지 못한 사람
倴人	둔한 사람
莊家	향음, 농가, 노름의 선, 금융시장의 큰손
派癩的	몹쓸 놈
胡癩的	몹쓸 놈
姦猾的	간사한 이
撒謊的	거짓말하는 놈, 거짓말쟁이
諂佞的	아첨하는 이, 아첨꾼
攢唆人	입만 놀리며 야단스럽게 구는 사람, 부추기고 사주하는 사람
調嘴的	입만 놀리며 야단스럽게 구는 사람
乖覺的	정성 없고 공교로운 놈, 눈치 빠른 사람
乜斜的	매욱한 이, 어리석고 둔한 사람
用强的	성악(性惡)한 이, 성미가 나쁜 사람
好强的	성악(性惡)한 이, 승벽이 강한 사람
蟒漢子	무모한 사내, 거칠고 경솔한 놈
矮子	난쟁이
矬漢	키 작은 사람, 난쟁이
矬厮	키 작은 사람, 난쟁이
長大漢	키 큰 사람, 몸집과 키가 큰 사람
禿子	민머리, 대머리
光頭	민머리, 대머리
鬍子	수염(鬚髥)이 많은 사람, 수염
光嘴子	수염(鬚髥)이 없는 사람
胖子	살찐 사람, 뚱보
瘦子	여윈 사람, 홀쭉이
仰子	천상(天上)바라기, 하늘을 바라보는 것처럼 늘 얼굴을 쳐들고 있는 사람
斜眼的	눈을 흘기는 사람, 사시 또는 사시인 사람

瞎厮	눈먼 사람, 장님
瞎子	눈먼 사람, 장님
明杖	소경의 막대, 맹인용 지팡이
矇子	청맹(青盲), 청맹과니(겉으로 보기에는 멀쩡하나 앞을 보지 못하는 사람)
啞子	벙어리, 언어장애인
啞吧	벙어리, 언어장애인
拮吧子	더듬거리는 사람, 말더듬이
齆鼻子	코 먹은 사람, 코맹맹이
狼鼻子	코 먹은 사람, 코맹맹이
糟鼻子	주부코, 주독이 오른 빨간 코
齇鼻子	주부코, 주독이 오른 빨간 코
齙牙子	이가 뻗은 사람, 뻐드렁니
豁脣子	언청이
疙子	곱사등이, 척추 장애인
龜腰子	등 굽은 사람
蹶子	다리 저는 사람, 절름발이
地不平的	다리 저는 사람, 절름발이
痒子	팔목 없는 사람
齁子	할근대는 사람, 코 고는 사람
歪嘴子	부리가 기운 사람, 구안와사 등으로 입이 비뚤어진 사람
歪脖子	목이 기운 사람, 목이 비뚤어진 사람
癭脖子	목에 혹 난사람
疣子	혹 난 사람, 혹부리
聾子	귀먹은 사람, 귀머거리, 청각장애인
粧聾的	귀먹은 체하는 이
推啞的	벙어리인 체하는 이
風漢子	미친 사람, 미치광이
太監	고사를 위하는 말, 대감(太監, 명청 시대 환관의 장관(長官). 또는 환관의 속칭)
內相	고자를 위하는 말, 태감(太監, 명청 시대 환관의 장관(長官). 또는 환관의 속칭)

火者	통칭 고자
空褲子	통칭 고자
匠人	장인(匠人)
樂工	악공(樂工), 음악가
養漢的	기녀(妓女), 남편 외의 정부를 두는 여자
表子	창부, 갈보
衏衏	기생, 항원(衏衏, 금원 시대에 기생집·기루 또는 기생·연극 배우를 일컫던 말)
寡婦	과부(寡婦), 남편이 죽어 혼자 사는 여자
曠夫	광부(曠夫, 아내를 잃고 혼자 지내는 사내), 아내 없는 사람, 노총각
光棍	아내 없고 무뢰(無賴)한 사람, 무뢰한 또는 홀아비
屠牛	백정, 소 잡는 사람
宰牛的	백정, 소 잡는 사람
屠戶	백정, 소 잡는 사람
搥頭的	머리 빗기는 이
剃頭的	머리를 깎는 이
掌櫃的	돈 거두는 주인(主人), 상점 주인
掌鞭的	마주(馬主)의 우두머리(牌頭), 마부(馬夫),
叫花子	거지
乞討子	거지
討飯的	거지
敬重	**공경과 존중(敬重)**
老大人	대인(大人)을 위하는 말, 영감(님), 어르신, 나이가 많고 직위가 높은 사람을 이르는 말
老爹	아버지를 위하는 말, 아버님, 어르신
賢尊	남의 아버지를 공경하는 말, 춘부장
令當	남의 어머니를 공경하는 말, 영당(令堂)
老哥	형을 위하는 말, 노형, 형님
大哥	맏형
老孃	어머니를 위하는 말, 늙으신 어머니, 노모(老母)
大舍	어른

老官人	관인(官人)을 공경하는 말
貴姓	남의 성(姓)을 묻는 말, 성(姓)의 높임말
高姓	남의 성(姓)을 묻는 말, 성(姓)의 높임말
貴眷	남의 아내를 공경하는 말
寶眷	남의 아내를 공경하는 말, 眷은 예전에 '아ᄋᆞᆷ'으로 풀이하였다(眷舊釋아ᄋᆞᆷ), 남의 가족을 높여 이르는 말
貴壽	남의 연배(年輩, 年甲)를 묻는 말
貴庚	남의 연배를 묻는 말, 귀경(貴庚)
同庚	동갑(同甲), 같은 나이
貴宅	남의 댁(宅)을 묻는 말, 귀댁(貴宅)
表德	남의 자(字)를 묻는 말, 아호(雅號)나 별호(別號)
貴表	남의 자(字)를 묻는 말, 아호(雅號)나 별호(別號)
服事	섬기다, 모시다
保重	몸의 관리를 잘하여 건강하게 유지하다, 건강에 주의하다
托庇	덕분(德分)이다, (윗사람이나 유력자에게) 신세를 지다, 덕을 입다, 도움을 받다
德蔭	덕분(德分)이다, (윗사람이나 유력자에게) 신세를 지다, 덕을 입다, 도움을 받다
不敢	언감생심이다, 감히 하지 못하다, 상대편이 베풀어주는 대우를 받아들이기 어렵고 황송하다
怎麼敢	어찌 감히, 어떻게 감히
惶恐	놀라고 두려워하다, 부끄럽고 황송하다
誠心	정성스런 마음, 진심
敬心	공경하는 마음, 존경심
頂戴不起	덕분입니다, 큰 신세를 졌습니다, (후의를) 감당할 길이 없습니다
多承厚意	덕분입니다, 큰 신세를 졌습니다, 많은 후의를 받았습니다
上覆	말씀을 여쭙다, 윗사람에게 보고하다, 상신하다
萬福	오늘날의 평안(平安)을 일컫는 말과 같다, 복 많이 받으세요
罵辱	**꾸짖음과 모욕(罵辱)**
驢養的	나귀의 씨, 당나귀 새끼
狗娘的	개새끼

賊頭	도적놈, 도둑놈
賊漢	도적놈, 도둑놈
好賊	심한 도적, 몹시 교활하고 사악하다
該死的	죽을 놈, 빌어먹을 놈
覓死的	죽으려고 환장한 놈
小畜生	짐승의 씨, 짐승새끼, 짐승만도 못한 놈
生分忤逆	관계가 소원하고 거역하는 놈, 말 안 듣는 놈
這厮	이놈, 이 녀석
那厮	저놈, 저 녀석
喝他	호통치다, 큰 소리로 꾸짖다
嚇他	위협하다, 두렵게 하다
罵他	꾸짖다, 질책하다
罵的墋	심하게 꾸짖다, 모질게 욕하다
墋話	더러운 말
歹話	모진 말, 나쁜 말, 욕
喫罵	꾸지람 듣다, 욕 먹다
罵不住	무수히 꾸짖다, 욕을 멈추지 못하다, 계속 욕을 퍼붓다
罵不盡	무수히 꾸짖다, 욕을 멈추지 못하다, 계속 욕을 퍼붓다
胡罵人	함부로 남을 꾸짖다, 함부로 남을 욕하다
打他	치다, 때리다
喫打	맞다
小看	업신여기다, 얕보다, 깔보다
王八滓子	계집 파는 놈의 씨, 개자식
狗滓子	개새끼
雜種	잡배, 잡종새끼, 잡놈
狗奴才	개 같은 종놈, 개새끼
死漢子	쓸데없는 놈
砍頭的	목 베일 놈, 망할 놈
呆種	어리석은 놈의 씨
身體	**신체(身體)**
身子	몸
摸樣	모습, 생김새, 모양(模樣)

頭腦	머릿골, 뇌
頭頂	정수리, 두정(頭頂)
頭旋	머릿가마
天門	숫구멍(갓난아이의 정수리가 굳지 않아서 숨 쉴 때마다 움직이는 곳), 숨구멍
腦後	꼭뒤, 뒤통수 한가운데
腦杓子	꼭뒤, 뒤통수 한가운데
頭頂心	배코(상투를 앉히려고 머리털을 깎은 자리), 정수리
頭顱	이마, 골통, 머리
額顱	이마
額腦盖	이마빡
天靈盖	정수리에 덮인 뼈, 두정골, 정수리뼈
腦帒	대가리, 머리통
額角	이마의 뿔 모양으로 나온 부분, 관자놀이
頭髮	머리카락
争食窩子	뒤통수, 목 뒤의 오목한 부분
浮皮	비듬
風屑	비듬, 풍설(風屑)
眉毛	눈썹
眉頭	눈썹머리, 미간(眉間)
眼	눈
眼睛	눈망울, 눈동자, 눈
烏珠	눈망울, 검은 눈동자
眼瞳子	눈부처(눈동자에 비치어 나타난 사람의 형상), 눈동자
眼仁	눈부처(눈동자에 비치어 나타난 사람의 형상), 눈동자, 검은 눈동자
眼角	눈초리
眼眶	눈가, 눈자위, 눈두덩
眼胞	눈두덩, 눈꺼풀
眼脂兒	눈곱, 안지(眼脂)
眼淚	눈물
耳朶	귀

耳朶眼	귓구멍
耳竅	귓구멍
耳凹	귓구멍
耳城郭	귓전(귓바퀴 가장자리), 郭은 속음으로 고라고도 발음한다
耳根	귀밑, 귀뿌리
耳輪	귓바퀴, 輪은 속음으로 른이라고도 발음한다
耳垂	귓밥(귓바퀴 아래쪽에 붙은 살), 귓불
耳矢	귀지
鼻子	코
鼻樑	콧마루, 콧대
鼻準	코끝
鼻尖	코끝
鼻柱	콧대, 비골
鼻孔	콧구멍
鼻凹	콧구멍, 콧방울 옆 움푹 들어간 곳
鼻毛	콧구멍의 털, 코털
剳毛	코털
鼻涕	콧물
人中	코 아래, 인중(人中)
兩鬢	두 귀밑, 양쪽 귀밑머리
鬢毛	귀밑털, 귀밑머리, 살쩍(관자놀이와 귀 사이에 난 머리털)
臉	낯, 臉鴠(검단)이라고도 한다, 얼굴
面皮	낯가죽, 얼굴피부, 낯짝
腮頰	뺨, 볼
兩臉骨	광대뼈
口	입
嘴	입
口涎	침
口上唇	윗입술
口下唇	아랫입술
牙齒	이, 치아(齒牙)
門牙	앞니

鬼牙	어금니
牙根	잇몸, 치은
牙框	이뿌리 붙은 곳
退齒	이를 갈다, 젖니가 빠지고 새 이가 나다
齠牙	이를 갈다, 젖니가 빠지고 새 이가 나다
舌頭	혀
舌尖	혀끝
咽喉	목구멍, 인두(咽頭)와 후두(喉頭)
髭	입 위에 나는 나룻, 콧수염, 코밑수염
鬚	입 아래 나는 나룻, 수염
髯	턱에 나는 나룻, 구레나룻(귀밑에서 턱까지 난 수염)
三角鬚	두 뺨과 턱에 세 갈래로 난 수염, 삼각수(三角鬚)
連鬢鬍子	구레나룻
雜頭髮	새치
下頦	턱, 아래턱
下把頜子	턱, 아래턱
下把	턱, 아래턱
脖項	목, 목덜미
脖子	목, 경부(頸部)
嗓子	목줄띠(목에 있는 힘줄), 목구멍, 목청
氣嗓	목줄띠, 氣는 속음으로 치라고도 발음한다, 기관지
嗓子骨	방패 연골(후두의 뼈대를 이루는 연골)
嗉帒	숨통
肩膀	어깨
肐膊	팔뚝
大肐膊	위 팔뚝
小肐膊	아래 팔뚝
手腕子	손목
拐肘子	팔꿈치
肐子窩	겨드랑이
手背	손등
手虎口	손아귀, 범아귀

手心	손바닥
手掌	손바닥
手紋	손금
手指頭	손가락
手指甲	손톱
手丫子	손샅(손가락과 손가락 사이)
拳頭	주먹
拇指	첫 번째 손가락, 엄지
大拇指	첫 번째 손가락, 엄지
指人指	두 번째 손가락, 검지
長指	세 번째 손가락, 장지(長指), 중지
中拇指	세 번째 손가락, 중지, 가운뎃손가락
無名指	네 번째 손가락, 무명지(無名指)
小指	다섯 번째 손가락, 소지(小指), 새끼손가락
小拇指	다섯 번째 손가락, 소지(小指), 새끼손가락
妳子	젖
妳膀	젖가슴
胷膛	가슴, 흉부, 흉당(胸膛)
腔子	온몸, 일신(一身), 요즘 풍속에 양의 몸을 잡는 것을 羊腔子(양강자)라고 하기도 한다(又今俗屠羊之體曰羊腔子), 흉강(胸腔), 동물의 머리가 없는 사체, 몸, 신체
肋扇	갈비, 갈빗살
肋條	갈비뼈
脊背	등
脊樑	등마루
腰身	허리, 허리통
心窩	명치
肚子	배
肚臍兒	배꼽
心	염통, 심장
肝花	간(肝)
肺子	부아, 肺는 속음으로 뼤로도 발음한다, 폐(肺)

沙肝	만화(척추동물의 림프 계통 기관), 지라, (요리에 쓰이는 소·양·돼지의) 비장
腰子	콩팥
大膓子	큰창자
小膓子	작은창자
肚子膽	쓸개
卵毛	불거웃(불두덩에 난 털), 혹은 란으로 발음한다, 남자의 음모
卵子	불, 불알, 고환
卵根子	불줄기(고환 밑에서부터 항문까지 잇닿은 힘줄), 불줄
水脬	오줌통, 방광
尿脬	오줌통, 방광
𩬰髱	양물(陽物, 남자 또는 수컷의 바깥 생식 기관 가운데 귀두와 몸통)
鳥子	양물(陽物, 남자 또는 수컷의 바깥 생식 기관 가운데 귀두와 몸통), 鳥는 속음으로 댜로 발음한다
屄𡱰	음문(陰門, 여자의 외부 생식기)
八子	음문(陰門, 여자의 외부 생식기)
臀子	볼기, 엉덩이
屁眼	밑구멍, 똥구멍, 항문
屁骨	밑구멍, 궁둥이, 엉덩이
肛門	항문(肛門)
大腿	넓적다리, 허벅지, 대퇴(大腿)
小腿	종아리
腿肚	장딴지
曲膝	무릎
曲膝盖	종지뼈(무릎 앞 한가운데 있는 작은 종지 모양의 오목한 뼈)
慱落盖	종지뼈(무릎 앞 한가운데 있는 작은 종지 모양의 오목한 뼈)
腿頂骨	넓적다리뼈, 대퇴골
臁𣗳骨	넓적다리뼈, 대퇴골
脚腕子	발목
脚子	발, 脚은 갸로도 발음한다

脚後跟	발뒤축, 발꿈치
脚背	발등
脚心	발바닥, 족심(足心)
脚掌	발바닥
內踝	내과(內踝, 발목 안쪽 복사뼈)
外踝	외과(外踝, 발회목 바깥쪽 복사뼈)
踝子骨	복사뼈
脚指頭	발가락
痣子	기미
黶子	사마귀, 검은 사마귀, 검은 반점
黑子	사마귀
黃子	물사마귀
紅子	물사마귀
喜身	산 사람의 진영(眞影), 자식이 생기다
大便	똥, 대변(大便)
屎	똥, 대변(大便)
小便	오줌, 소변(小便)
尿	오줌, 소변(小便)
腎水	음수(陰水), 정액
鬆水	음수(陰水), 정액
少白	조백(早白)하다, 늙기도 전에 머리가 세다
老蒼	늙수그레하다
嫩瞧	젊어 뵈다
手破落	손금에 있는 고리 모양
手簸箕	손금에 있는 키 모양
孕產	**임신과 출산(孕產)**
懷身	아기를 배다, 임신하다
懷躭	아기를 배다, 임신하다
重身	아기를 배다, 임신하다
生下	(아기를)낳다
產下	(아기를)낳다
娩臥	아기를 낳고 눕다

分娩	아기를 낳다, 분만하다
月未成	달을 못 채우다, 산달을 채우지 못하다
小産了	유산(流産)되다(한의학에서는 임신 3개월 이후 자연유산하는 것을 가리킴)
丟孩子	아이가 달이 차기 전에 지다, 유산하다
煎臍帶兒	탯줄을 떼다
衣包下来	포의(胞衣, 태아를 싸고 있던 막과 태반, 오로)를 낳다
盪血来	피를 흘리다, 血의 속음은 혀이다
炕上鋪草	거적을 펴다, 방구들에 짚을 깔다
小哇哇	아이, 아기
褯子	아기 포대기, 기저귀
襉子	포대기, 배두렁이(어린아이가 입는 배만 겨우 가리는 좁고 짧은 두렁이)
褔子	아이의 턱받이
乳哺	젖을 먹이다
喫妳	젖을 먹다
摘妳子	젖을 짜다, 擠妳子(제니자)라고도 한다
麻妳頭	젖을 짜다
咂妳子	젖을 빨다
月經	월경(月經)
天癸	월경(月經)
盪紅	월경이 흐르다
月布	개짐(월경할 때 샅에 차는 헝겊), 서답, 생리대
産房	아기 낳는 방, 산방(産房)
添甚麽	무엇을 낳았는가?
穏婆	아기 낳게 돕는 여자, 산파, 조산부
收生婆	아기 낳게 돕는 여자, 산파, 조산부
氣息	**생리 현상(氣息)**
打嗄咈	드림히다
打嚏噴	재채기하다
呵欠	하품
打寒噤	진저리치다

打身顫	진저리치다
欬嗽	기침
打噎	딸꾹질하다
打醋心	생목 오르다, 신물이 나서 속이 쓰리다
心中發酸	생목 오르다, 신물이 나서 속이 쓰리다
惡心	아니꼽다, 가슴이 울렁거리고 토할 것 같은 느낌
暢了	사례 들다
吐唾沫	침 뱉다
吐痰	가래를 뱉다
咂嘴	입을 다시다, 咂口(잡구)라고도 한다
噎了	목이 메다
癞了	목이 쏘다, 嗓子剌(상자랄)라고도 한다, 목구멍이 아리다
淘氣	애쓰다, 장난이 심하다, 성내다
氣不忿	애달프다, 승복하지 않다, 지려 들지 않다
悶的慌	답답하다, 몹시 갑갑하다, 너무 울적하다
悶得慌	답답하다, 몹시 갑갑하다, 너무 울적하다
長吁短歎	한숨 쉬다, 거듭 탄식하다
叫苦	괴로움을 호소하다, 죽는 소리를 하다
哎吆	서러워 앓는 소리, 아이고
咕噥	마음에 노하여 구두덜거리다, 중얼거리다, 투덜거리다
緊皺眉	눈살을 찌푸리다
喉急了	애를 써서 목마르다, 안달하다, 조바심나다
嗓子渴了	목마르다
酥软了	가슴이 와락하다, 맥이 풀리다
驚恐	놀라다, 질겁하다
喫驚	놀라다, 失驚(실경)이라고도 한다
恐怕	두렵다, 두려워하다
害怕	두렵다, 두려워하다
遮羞	부끄러움을 가리다, 수치스러운 처지를 가리다, 숨기다
害羞	부끄럽다
忍住	참다
忍不住	참지 못하다

撒性子	성내다, 성질 부리다
使性子	성내다, 성질 부리다
性急	성마르다, 성급하다
快性	성마르다, 성격이 시원시원하다
捱不過	견디지 못하다, 이겨내지 못하다
喝倸	갈채하다
想一想	생각하다, 생각해 보다
想起来	생각하다, 생각나다
估想	짐작하여 생각하다
知道	알다, 曉得(효득)이라고도 한다
懂得	알다, 이해하다
不知道	알지 못한다
不懂得	알지 못한다, 不曉得(불효득)이라고도 한다
舒腕	기지개 켜다
打舒伸	기지개 켜다, 伸腰(신요)라고도 한다
眼澁了	눈이 지꺼분하다, 눈이 뻑뻑하고 시야가 흐릿하다
嘶眼	눈을 깜빡이다, 眨眼(잡안)이라고도 한다
閣眼淚	눈물을 머금다
下眼淚	눈물지다, 눈물이 흐르다
放屁	방귀를 뀌다, 기체를 내보내다
大見風	대변을 보신다, (죄인들을) 화장실에 가게 하다
大净手	대변을 보신다, 大解(대해)라고도 한다
出恭	대변을 보신다, 중국의 관리들은 측간 문에 패를 걸었는데, 이 패 앞에는 出恭(출공)이라 쓰여있고 뒤에는 入敬(입경)이라 쓰여있어, 측간에 들어갈 때는 앞을 보이고 측간을 나올 때는 뒤로 돌려 다른 사람에게 알린다고 한다(按, 中國官人之家, 厠門懸牌, 面書出恭, 背書入敬, 入厠則現面, 出厠則背, 要使人知)
出後	대변 보러 가신다
撒屎	대변 보다, 下屎(하시)라고도 한다
小見風	소변을 보시다
小净手	소변을 보시다, 小解(소해)라고도 한다
撒尿	소변을 보다, 撒水(살수), 放水(방수)라고도 한다

出外	소변 보러 가신다
動靜	**사람의 움직임과 낌새(動靜)**
叉手	팔짱을 지르다, 공수(拱手)를 하다
拱手	팔짱을 지르다, 공수(拱手)를 하다
背叉手	뒷짐지다
搓手	손을 비비다
撚指	(손가락을)바비다, 가볍게 문지르다
點手	손뼉치다, 손짓하다
手勢	손짓하다, 손시늉하다
轉身	몸을 돌리다
起身	일어나다, 몸을 일으키다, 起動(기동)이라고도 한다
跳身	몸을 뛰놀다, 홀로 도망가다
低頭	머리를 숙이다, 고개를 숙이다
回頭	머리를 돌리다, 고개를 돌리다
點頭	머리를 조아리다, 고개를 끄덕이다
回看	돌아보다
仰看	우러러보다, 머리를 젖혀 위를 보다
偷看	엿보다, 張看(장간)이라고도 한다
轉眼	눈을 돌리다
睁眼	눈을 부릅뜨다, 睁開(정개)라고도 한다
閃眼	눈을 깜빡이다, 눈이 부시다
擠眼	눈기이다(옳지 못한 일을 남의 눈을 속여 슬쩍 하다), 눈짓을 보내다
眼勢	눈치
丢眼色	눈을 주다, 눈짓하다
扭嘴	입주다, 扭口(뉴구)라고도 한다, 입을 삐죽거리다
陪笑	헛웃음, 웃는 낯으로 대하다
哾嘴	입 맞추다
口吧吧	입을 벙긋거리다, 말이 많은 모습
揩揩眼	눈을 쓸다, 눈을 문지르다
擤鼻涕	코를 풀다
揩鼻涕	콧물을 문지르다, 콧물을 닦다

靠前	앞으로 나아가다, 進前(진전)이라고도 한다
靠後	뒤로 무르다, 退後(퇴후)라고도 한다
往後些	조금 뒤로
坐者	앉다, 앉아 있다
正坐	바르게 앉다
歪坐	기울여 앉다, 비뚤게 앉다
穩坐	편히 앉다, 盤坐(반좌)라고도 한다, 안정적으로 앉아 있다
蹲者坐	쪼그리고 앉다
支者坐	쪼그리고 앉다
跪者坐	꿇어 앉다
臥倒	눕다, 엎드리다
仰白卧	자빠져 눕다
往後倒	자빠지다, 뒤로 넘어지다
伏者	엎드리다
踼者	사지(四肢)를 펴고 엎드리다
疺了	가쁘다, 파리하다
打盹	졸다
睡覺	자다, 睡倒(수도)라고도 한다
打鼾睡	코를 골며 자다
一打裡睡	한 군데에서 모여 자다
露天睡	한데서 자다
通脚睡	발을 마주하고 자다, 서로 반대 방향으로 누워 발을 마주하고 자다
顛倒睡	발을 마주하고 자다
擠者睡	비좁게 끼어 자다
睡醒了	잠이 깨다
會跑	달리기하다, 잘 달리다
會爬	기어가다, 잘 기다
爬不起来	기지 못하다, (몸을) 일으키지 못하다
禮度	**예절과 법도(禮度)**
禮數	예수(禮數), 예의, 예절, 사회적 신분 및 지위에 걸맞는 예의와 격식

叩頭	머리를 조아리다, 고두(叩頭)하다
頓首	머리를 조아리다, 稽首(계수)라고도 한다
唱喏	읍(揖)하며 하는 소리, 作揖(작읍)이라고도 한다, 인사말을 하며 공손히 읍하다
跪	꿇다
拜	절하다
納拜	절 드리다, 절하고 뵈오다
受禮	예(禮)를 받다, 인사를 받다, 선물을 받다
叫喚	부르다
答應	대답하다, 약속하다
哦	매 대답하는 소리, 납득, 이해, 동의 등을 나타내는 감탄사
回話	말씀에 회답하다
恭喜	기쁘게 치하(致賀)하는 말, 축하하다
親想	기쁘게 치하(致賀)하는 말
婚娶	**결혼(婚娶)**
媒人	중매쟁이, 媒婆(매파), 氷人(빙인)이라고도 한다
說婚	의혼(議婚)하다, 혼사를 논의하다
議婚	의혼(議婚)하다, 혼사를 논의하다
主婚	혼인을 헤아려 처리하다, 혼사를 주관하다
庚帖	혼인할 사람과 그 집안을 소개하는 내용을 적어서 사돈이 될 집안 사이에 주고받는 문서, 사주단자
女孩兒	색시, 여자아이, 아가씨
黃花女	아직 결혼하지 않은 여자, 처녀
紅花女	이미 결혼한 여자
後婚	헌계집(이미 시집갔다가 혼자가 된 여자), 後嫁(후가), 晩娘子(만낭자)라고도 한다, 재혼한 경우 나중의 혼인을 가리킨다
親事	혼인하는 일, 혼사(婚事)
送禮去	송채(送彩, 혼인할 때 신랑집에서 신부집으로 채단을 보내는 일)하다
下紅定	혼서(婚書, 신랑집에서 예단에 붙여 신부집에 보내는 편지)를 보내다, 신랑 측에서 신부 측에 약혼 예물을 보내다

下財禮	납채(納采, 혼인할 때 사주단자를 교환하고 정혼이 이루어진 증거로 신랑측에서 신부측에 보내는 예물)를 보내다
成親	성혼(成婚)하다, 결혼하다
做親	성혼(成婚)하다, 결혼하다
親家	사돈
養老女婿	데릴사위
豚養媳婦	민며느리
娶娘子	아내를 얻다, 장가들다
招女壻	사위를 얻다, 데릴사위를 맞아들이다
嫁與人	서방을 맞다, 시집가다
配與人	서방을 맞다, 시집가다
配偶	배필(配匹), 배우자
拜門	새 절, 결혼 후 9일째 신랑이 처가에 다시 인사드리러 가는 것(後九日新郎又拜於妻家), 근친(覲親)하러 가다, 신혼부부가 결혼 후 신부집을 처음 방문하다
開口筵席	언약하는 잔치, 약혼식
開慢筵席	삼일(三日) 동안 하는 독좌(새색시가 초례의 사흘 동안 들어앉아 있는 일)
餪飯	결혼하고 3일째에 신부집에서 신랑집에 보내는 음식
歸宗	본가(本家)에 보내다, 신부가 친정을 찾아 부모님을 뵈러 가다
贅居	계집(아내)의 집에서 살다, 데릴사위로 신부집에 살다
出舍	세간을 나다, 分家(분가)라고도 한다, 데릴사위가 일정 연한이 지나면 부인을 데리고 처가에서 분가하는 것
休書	수세, 남자가 여자에게 주던 이혼증서
離異	이혼하다
媒婆錢	중신 선 값, 중매 선 사례
花紅利市	검고 붉은 비단 안에 넣은 돈(玄纁中錢), 경사가 있을 때 하인들에게 주던 돈
喪葬	**상례와 장례(喪葬)**
丁憂	어버이의 상중에 있다(在喪), 부모상을 당하다
啼哭	울다
哀哭	슬퍼하여 울다

哀痛	슬퍼 서러워하다, 애통해 하다
吊孝	조문(弔問)하다, 문상(問喪)하다
吊問	조문(弔問)하다, 문상(問喪)하다
装裹	신체를 꾸리다, 수의를 입히다
盛得棺材	입관(入棺)하다
停尸	빈소를 차리다
孝服	상복
斬衰	아버지상에 입는 상복, 참최(오복(五服)의 하나. 거친 베로 짓되 아랫단을 꿰매지 않고 접는 상복을 가리키며 아버지나 할아버지의 상(喪)에 입는다)
齋衰	어머니상에 입는 상복, 재최, 자최(오복(五服)의 하나. 조금 굵은 생베로 짓되 아래 가를 좁게 접어서 꿰맨 상복)
麻帶	삼으로 만든 띠
孝帶	바래지 않은 무명이나 광목으로 만든 띠, 상복에 띠는 띠
穿孝	상복을 입다
掛孝	상복을 입다
孝家	상가(喪家), 상중에 있는 사람
做齋	재(齋)하다, 상사를 치루는 중 망령을 제도하기 위해 중을 청해 불경을 읽다
喫齋	소밥(고기 반찬 없는 밥)을 먹다, 소식(素食)하다
送殯	송장(送葬)하다, 斷送(단송)이라고도 한다, 발인하여 영구를 바래다, 장지로 운구(運柩)하다
路祭	노제(路祭, 발인할 때 문 앞에서 지내는 제사)
開齋	상을 마치고 소밥 먹기를 그치다, 금제 기간이 끝나고 육식을 시작하다
下葬	묻다, 매장하다
埋葬	묻다, 매장하다
虞祭	우제(虞祭, 부모의 장례를 마치고 돌아와서 지내는 제, 초우(初虞), 재우(再虞), 삼우(三虞)의 총칭)
卒哭	졸곡(卒哭, 삼우제를 지내고 사람이 죽은 지 석 달만에 오는 첫 정일(丁日)이나 해일(亥日)을 가려서 지냄)
小祥	소상(小祥, 사람이 죽은 지 1주기에 지내는 제사)
大祥	대상(大祥, 사람이 죽은 지 2주기에 지내는 제사)

禫祭	담제(禫祭, 초상으로부터 27개월, 대상 치르고 2달 후 하순(下旬)의 정일(丁日)이나 해일(亥日)에 지냄. 상가의 상복을 벗는 제사)
脫孝	상복을 벗다, 탈상하다
免孝	상복을 벗다, 탈상하다
服闋	상복을 벗다, 탈상하다
起復	상복을 지레 벗다, 복상 중에 관리에 기용되어 상복을 미리 벗다
服在身	상복(喪服)이 있다, 거상 중이다, 상 중에 있다
打路鬼	방상시(方相氏, 나례(儺禮)에서 악귀를 쫓는 가면을 쓰고 역귀를 쫓는 역할을 한 사람 또는 관명)
先道人	방상시(方相氏, 나례(儺禮)에서 악귀를 쫓는 가면을 쓰고 역귀를 쫓는 역할을 한 사람 또는 관명)
服飾	**복식(服飾)**
梁冠	양관(梁冠, 문무관이 조복을 입을 때 쓰는 관)
簪子	양관(梁冠)에 꽂는 비녀, 簪의 속음은 잔이다
紗帽	사모(紗帽, 문무관이 평상복에 착용하던 모자)
紗帽翅兒	사모(紗帽)의 뿔, 사모 뒤에 붙은 날개 같은 부분
插上翅兒	사모 뿔을 꽂다
展翅	사모 뿔을 꽂다
剛叉帽	뒤를 터서 단추를 단 갓
幞頭	복두(幞頭, 과거에 급제한 사람이 홍패를 받을 때 쓰던 관)
頭巾	두건(頭巾)
珠冠	여성용 관(女冠), 보석으로 장식한 관
花冠	여성용 관(女冠), 아름답게 장식한 관, 화관(花冠)
大帽子	갓
小帽子	감투(의관의 일종)
椶帽子	종갓, 종려털로 만든 갓
氈帽子	털갓, 전모(氈帽)
草帽子	초립(草笠, 어린 나이에 관례를 한 사람이 쓰는 갓, 초갓
帽頂兒	갓모자, 갓에서 위로 우뚝 솟은 원통 모양의 부분, 모자 꼭대기
帽簷兒	갓도래, 갓양태의 테두리 부분, 모자챙

帽珠兒	갓끈(갓에 다는 끈으로 헝겊, 나무, 구슬 등을 꿰어 만듦), 모자에 다는 장식 구슬
頂子	정자(頂子, 갓·벙거지·투구 등의 위에 꼭지처럼 만든 꾸밈새)
大帽雲頂兒	운월(雲月, 모자나 벙거지의 가운데 둥글고 우뚝한 부분)
雲月兒	운월(雲月, 모자나 벙거지의 가운데 둥글고 우뚝한 부분)
凉圈子	갓모자의 우뚝 솟은 원통 부분이 없는 갓
蓑笠	삿갓, 도롱이와 삿갓
斗蓬	삿갓
網兒	망건(상투를 틀 때 머리카락이 흘러내리지 않도록 머리에 두르는 그물 같은 것)
網子	망건(상투를 틀 때 머리카락이 흘러내리지 않도록 머리에 두르는 그물 같은 것)
圈子	관자(망건에 달아 당줄을 꿰는 작은 단추 모양의 고리)
雨籠	갈모(비 올 때 갓 위에 덮어쓰던 고깔 모양의 비 가리개)
油罩	갈모(비 올 때 갓 위에 덮어쓰던 고깔 모양의 비 가리개)
頭面	고깔, 머리 장식(首飾)의 하나를 두면(頭面)이라고도 한다
首帕	머리 덮는 수건
箍子	(둘레를 두른)테, 가락지
包頭	머리를 싸는 것, 머릿수건
苫肩	이엄(耳掩, 사모나 갓 아래에 쓰는 모피로 만든 방한구)
披肩	이엄(耳掩, 사모나 갓 아래에 쓰는 모피로 만든 방한구)
帽套	사모이엄(紗帽耳掩, 사모 아래 쓰는 방한모), 모자 겉에 쓰는 장신구
狐帽	사모이엄(紗帽耳掩, 사모 아래 쓰는 방한모), 煖帽(난모)라고도 한다
鶴袖	구본(舊本)에는 호슈라고 했다, 잇소매, 함소매, 학창(鶴氅, 학의 깃털로 만든 옷)의 소매
頂簪	원잠(圓簪, 둥근 모양의 떨잠), 簪은 속음으로 잔이라고도 발음한다, 틀어 올린 머리의 꼭대기에 꽂아 머리 장식을 고정하는 비녀
玉簪	옥잠(玉簪), 옥비녀
金釵子	금비녀

玉釵子	옥비녀
鈿子	부전(여자아이들이 차는 노리개의 하나), 귀금속과 보석으로 장식한 부녀자의 머리 장식
耳墜	귀고리
戒指	가락지, 반지
耳挖子	귀이개
耳匙	귀이개
朝服	조복(朝服, 관원이 조정에 나아갈 때 차려입는 관복)
朝帶	조복(朝服)에 두르는 띠
手板	홀, 혹은 笏(홀)라고도 한다
繡	조복 뒤에 수 놓인 흉배
銅鈎	패옥(珮玉)을 거는 갈고리
珮玉	패옥(珮玉, 옷에 달아 장식하는 옥)
裳	조복(朝服)의 치마
蔽膝	조복(朝服)의 폐슬(蔽膝, 조복 앞에 늘여 무릎을 가리는 헝겊)
朝靴	조복(朝服)에 신는 목화(사모관대를 할 때 신는 장화 모양의 신)
蟒龍袍	망룡의(蟒龍衣), 황자, 친왕, 군왕이 착용하는 망룡이 그려진 옷
團領	단령(團領, 깃을 둥글게 만든 공복)
圓領	단령(團領, 깃을 둥글게 만든 공복)
搭護	더그레(각 영문(營門)의 군사, 마상재(馬上才)꾼, 의금부의 나장(羅將), 사간원의 갈도(喝道) 등이 입던 세 자락의 웃옷, 또는 단령 안에 받치는 감)
比甲	비게옷(말 탈 때 입는 옷의 하나, 소매와 깃이 없고 옷자락 여밈 양쪽의 트임이 무릎까지 내려오는 조끼 모양의 옷)
直身	직령(直領) 옷(옷깃이 곧은 포)
依撒	이삭옷(직령(直領)의 하나)
帖裡	철릭(직령(直領)의 하나)
綻褶	철릭(직령(直領)의 하나)
道袍	도포(道袍, 통상 예복으로 입던 남자의 겉옷. 소매가 넓고 등 뒤에는 딴 폭을 댄다)

氅衣	창의(氅衣, 관리가 평상시에 입던 웃옷. 소매가 넓고 뒤 솔기가 갈라져 있다)
襯衣	살에 닿게 입는 옷, 속옷
汗衫	땀받이 적삼, 속적삼
衫兒	땀받이 적삼, 속적삼
單衫	단삼(單衫, 윗도리에 입는 홑옷), 홑적삼
氈衫	담옷, 전삼(氈衫, 모직물로 만든 적삼)
開襟衣裳	뒤트기 옷, 옷섶을 터서 단추로 여미는 옷
對襟衣裳	섶이 없는 옷, 옷깃을 가운데에서 단추로 여미는 옷
襖子	핫옷(옷에 솜을 두어 만든 옷)
綿襖	핫옷(옷에 솜을 두어 만든 옷)
胖襖子	두꺼운 핫옷
小襖子	저고리 옷
皮襖	갖옷, (모피로 안감을 댄) 윗도리
貂裘	돈피 옷, 담비의 모피로 만든 옷
頓子	둔즈, 털가죽으로 만들고 술이 붙은 웃옷
光皮襖	털 없는 갖옷
衲襖	누비옷, 옷깃이 비스듬한 솜저고리
油衣	유삼(油衫, 비나 눈에 젖지 않도록 기름에 밴 종이나 천으로 지은 옷)
蓑衣	도롱이
襏襫	도롱이
品帶	품대(品帶, 벼슬아치의 공복에 두르는 띠)
匾條	넓게 실을 땋아 만든 띠
條兒	세조(細條) 띠, 가는 실띠
呂公條	세조(細條) 띠, 가는 실띠, 양쪽에 오색 명주끈이 달린 옷끈
革帶	가죽띠, 혁대
欒帶	알록 무늬가 있는 띠
纏帶	전대(纏帶, 허리에 두르는 넓은 띠)
繫腰帶	띠를 띠다, 허리띠를 매다
小帶子	대님끈(한복 바지의 가랑이 끝을 접어 발목에 매는 끈)
袴兒	고의(여름에 입는 남성용 홑바지), 袴子(고자)라고도 한다

單袴	홑고의, 홑바지
衲袴兒	누비바지
甲袴	겹바지
緜袴兒	핫바지(솜을 두어 지은 바지)
裙兒	치마
長裙	긴 치마
紐子	수단추(똑딱단추에서 암단추에 끼우는, 가운데가 볼록 튀어나온 단추)
鈕子	암단추
流蘇	매듭, (꾸밈새로 늘어뜨리는)술
方勝兒	사면(四面) 매듭, 마름모꼴 두 개를 겹쳐 만든 장식 혹은 그 형상
襪子	버선
衲襪子	누비버선
氈襪	모전(毛氈, 펠트, 모직물)으로 만든 버선
皮襪子	가죽버선
護膝	슬갑(膝甲, 추위를 막기 위해 바지 위에 무릎까지 내려오게 입는 옷, 또는 무릎에 두르던 보호대)
抹口	버선의 깃, 버선목
緣口	버선의 깃, 버선목, 의복의 가두리 장식
靴子	통칭 훠라고 한다, 목화(木靴), 화자(靴子, 사모관대를 차릴 때 신던 장화 모양의 신)
皂靴	검은색의 목화(木靴)
旱靴	마른 목화(木靴), 마른 땅에서만 신는 목화
油靴	기름 먹인 우천용 목화
蠟靴	진 목화(木靴), 진 땅에서 신도록 만든 목화
釘靴	징 박은 목화, 비가 올 때 신는 징을 박은 신
快靴	수혜자(水鞋子, 비올 때 신는 무관의 장화)
兀剌靴	다로기(가죽털을 안에 댄 버선)처럼 만든 방한용 목화(木靴)
靴靿	목화(木靴)의 목, 장화의 몸통
靴扇	목화(木靴)의 목, 혹은 부채의 일종
靴頭	목화(木靴)의 앞머리 부분

靴跟子	목화(木靴)의 뒤축
靴底子	목화(木靴)의 창, 목화의 밑바닥 부분
靴臉子	목화(木靴)의 볼
靴膀子	목화(木靴) 뒤축에 불룩하게 튀어나온 부분
鴈爪	목화(木靴)의 코, 목화(木靴)의 앞에 불룩하게 튀어나온 부분
穿靴子	목화(木靴)를 신다
脫靴子	목화(木靴)를 벗다
鞋子	통칭 신, 신발
壇鞋	전내(殿內, 전각이나 궁전 안)에서 신는 신
禮鞋	전내(殿內, 전각이나 궁전 안)에서 신는 신
撒鞋	끌신, 뒤축 없이 발의 앞부분만 꿰신는 신, 슬리퍼
鞥鞋	운혜, 목화(木靴)의 목 부분
兀剌	다로기(방한을 목적으로 가죽털을 안에 댄 버선이나 신)
亢鞋	신발창을 벗다
⿰革宣頭	신발의 골, 형틀
⿰革宣鞋	신발 골을 끼워넣다
撑布	안감, 심
襯布	안감, 심
褾褙	배접(종이나 헝겊 등을 여러 겹 포개어 붙인 것)
⿰石闌皮	썩은 가죽, 무르게 삭인 가죽
熟皮	익힌 가죽, 잘 매만져서 부드럽게 만든 가죽
燻皮	그슬린 가죽, 연기에 쬔 가죽
主顧的	맞춤의 것
打扮	꾸미다
遞衣裳	옷을 받잡다, 옷을 건네다
接衣裳	옷을 받다
穿衣裳	옷을 입다
抖衣裳	옷을 털다
剝衣裳	옷을 벗기다, 剝은 보라고도 발음한다
脫衣裳	옷을 벗다
寬衣裳	옷을 벗다

搭衣裳	옷을 걸다
黵汚了	더럽히다, 더러워지다
鹻洗	물에 타 옷의 때를 지우는 돌, 알칼리성 물질을 희석해 세탁하는 방법
洗衣裳	옷을 빨다
扭下水	비틀어 물을 빼다
擰下水	비틀어 물을 빼다
生䊩	무리(물에 불린 쌀을 갈아 가라앉혀 얻는 앙금), 무릿가루로 쑨 풀(배접할 때 사용)
漿䊩	무리(물에 불린 쌀을 갈아 가라앉혀 얻는 앙금), 무릿가루로 쑨 풀(배접할 때 사용), (옷에) 풀을 먹이다
打糨子	(옷에) 무리풀을 먹이다
糨衣裳	옷에 무리풀을 먹이다
運衣裳	옷을 다리다
疊衣裳	옷을 개키다
疊藏了	옷을 개켜 감추다
衣服臥了	옷을 구기다
攤開衣裳	옷을 헤치다, 옷을 펼치다, 옷을 열어젖히다
袴子褪了	고의를 벗다
扉裙子	행주치마, 구본(舊本)에는 扉巾(호건)이라고도 쓰였다
裹脚	발싸개, 전족(纏足) 또는 전족하는 데 쓰이는 천
木屐	나막신
脚澁	나막신
梳洗	**머리 빗고 세수하기(梳洗)**
撓頭	머리를 빗다, 梳頭(소두)라고도 한다
洗頭	머리를 씻다, 머리를 감다
刮風屑	비듬을 긁어 빗다
刮麩皮	비듬을 긁어 빗다
梳頭髮	다리머리(머리에 덧대어 드리우던 일종의 가발)를 드리워 빗기다, 머리를 빗다
綰頭髮	머리를 짜다, 머리를 틀어 올리다, 상투를 짜다
纘子	상투
編頭髮	머리를 땋다

辮子	땋은 머리
鬅頭	머리를 쪽 찌다, 북상투를 짜다, 머리를 틀어 얹다, 鬅은 판이라고도 발음한다
雲鬢	머리를 쪽 찐 것, 쪽찐머리
戴冠	관(冠)을 쓰다
戴花兒	꽃을 꽂다
戴䯼髻	적계(䯼髻, 장식용으로 사용하던 가발쪽)를 쓰다
洗臉	낯을 씻다, 세수하다
剔牙	이를 닦다, 양치하다
扣扣牙	이를 쑤시다
漱口	양치물 하다, 물 양치하다
擦粉	분을 바르다
抹胭脂	연지(胭脂)를 바르다
洗澡	목욕하다
皂角	비누
肥皂	비누
洗手	손을 씻다
修手	손톱을 다듬다
洗脚	발을 씻다
修脚	발톱을 다듬다
籠網兒	망건을 쓰십시오
戴網子	망건을 쓰십시오
包網兒	망건을 쓰시오
摩鬍子	수염(鬚髯)을 만지다, 수염을 만지작거리다
弄鬍子	수염(鬚髯)을 만지다, 수염을 만지작거리다
鑷鬍子	수염(鬚髯)을 뽑다
編鬍子	수염(鬚髯)을 땋다
搓鬍子	수염(鬚髯)을 꼬다
抿子抿	살쩍(망건을 쓸 때 귀밑머리를 망건 속으로 밀어 넣는 물건)을 쓰다, 면빗으로 머리카락에 기름을 묻혀 바르다
掏耳朵	귀지를 내다, 귀지를 파다, 귀를 후비다
寒毛	추위나 두려움으로 곤두선 털, 솜털

扣耳朵眼	귓구멍을 후비다
抓抓頭	머리를 긁다
掐掐頭	머리를 톡톡 두드리다
抉抉癢	가려운 데를 긁다
孝椿子	등긁이, 효자손
抉癢子	등긁이, 효자손
食餌	**먹거리(食餌)**
篩米	쌀을 쓿다, 쌀을 도정하다
舂米	쌀을 쓿다, 쌀을 도정하다
搗米	쌀을 쓿다, 쌀을 도정하다
打水	물을 긷다
舀水	물을 뜨다, 물을 푸다
歪水	물을 뜨다, 물을 푸다
潑水	물을 끼뜨리다, 물을 끼얹어 뿌리다
淘米	쌀을 일다
沙米	쌀을 일다
做飯	밥을 짓다
煮飯	밥을 짓다
大米飯	입쌀밥, 멥쌀로 지은 밥
小米飯	좁쌀밥
悶飯	밥에 뜸을 들이다
餿飯	쉰밥
氣飯	쉰밥
爛飯	무른 밥, 진밥
胡飯	눌은 밥
燋飯	눌은 밥
舀飯	밥을 담다, 밥을 푸다
歪飯	밥을 담다, 밥을 푸다, 端飯(단반)이라고도 한다
湯飯	(국이나 물에) 말은 밥, 국밥
撈飯	밥을 건지다
水飯	물에 말은 밥
和和飯	온반

飯粒兒	밥풀
飯葉兒	밥풀
鍋巴水	숭늉, 鍋는 속음으로 거라고도 한다
做下飯	반찬을 만들다
做飯湯	갱을 만들다, 국 끓이다
早飯	아침밥
晌飯	점심밥
晚飯	저녁밥
熬粥	죽을 쑤다
稀粥	묽은 죽, 미음
稠粥	된 죽
起粥皮	죽에 피막이 생기다
粥糗了	죽에 피막이 생기다
酒	통칭 술
麴子	누룩
酒米飯	지에(찹쌀이나 멥쌀을 물에 불려서 시루에 찐 밥)
酒酵	석임(빚어 담근 술이나 식혜 따위가 익을 때, 부글부글 괴면서 방울이 속으로 삭는 것), 酵는 햐라고도 발음한다, 누룩
釀酒	술을 빚어 담그다
做酒漿	술을 빚어 담그다
酒發	술이 괴다, 술이 발효되다
上槽	주조(술 거르는 틀)에 얹다
榨酒	술을 압착하다, 술을 짜내어 거르다
閣酒	술을 거르다
酒糟	재강, 술지게미
水酒	무술(제사 때 술 대신 쓰는 맑은 물), 변변치 못한 술
酒裡龍多	무술(제사 때 술 대신 쓰는 맑은 물)
光水酒	무술(제사 때 술 대신 쓰는 맑은 물)
釅酒	매운 술, 진한 술
酒忤禿	(술맛이) 밍밍하다, 술이 미지근하다
醅酒	전내기(물을 타지 않은 순수한 술), 거르지 않은 술

醲酒	물기 않은 술, 진한 술
臘酒	납월주(臘月酒, 음력 섣달에 빚어 납일에 마시는 술)
五香酒	오향(五香)이 든 술
常行酒	상행주(常行酒), 흔히 마시는 평범한 술
燒酒	소주(燒酒, 증류주)
氣酒	소주(燒酒, 증류주)
渾酒	탁주(濁酒, 거르지 않아 빛깔이 흰 술)
白酒	탁주(濁酒, 거르지 않아 빛깔이 흰 술)
清酒	청주(清酒, 다 익은 술에 용수를 박아 떠낸 맑은 술)
黃酒	청주(清酒, 다 익은 술에 용수를 박아 떠낸 맑은 술)
菊花酒	국화주(菊花酒)
蓮花白酒	빛이 희고 단맛이 나는 청주(清酒), 연화백주(蓮花白酒, 베이징 지역의 오래된 특산 술)
鋼頭酒	고조목술(술주자에서 갓 짜낸 술)
魚	물고기
肉	고기, 肉은 속음으로 식로 발음하고 슈로도 발음한다
鹿肉	사슴 고기
獐子肉	노루 고기
猪肉	돼지고기
兎肉	토끼 고기
牛肉	쇠고기
馬肉	말고기
驢肉	나귀 고기, 당나귀 고기
牛肚兒	소의 양, 식용할 때 소의 첫 번째 위를 가리킴
猪肚子	돼지의 양, 식용할 때 돼지의 위를 가리킴
牛心	소의 염통
百葉	천엽
牛蹄	쇠족
馬板腸	말 큰창자, 말 내창
驢板腸	나귀 큰창자
生肉	날고기
熟肉	삶은 고기, 수육

煮肉	고기를 삶다
燒肉	고기를 굽다
炒肉	고기를 볶다
臘肉	납월(臘月)에 잡은 고기, 음력 섣달에 절여 훈제해 말린 고기
乾肉	말린 고기
硬肉	질긴 고기
軟肉	연한 고기
肉籤	고기로 만든 적(생선이나 고기를 꼬챙이에 꿰어 굽거나 지진 음식)
煎魚	물고기를 지지다
打鱗	생선 비늘을 긁다
打生	(날것으로)회를 치다
餻	통칭 떡
蒸餻	증편
蒸餅	증편
雪餅	설기떡
糖餻	엿
乾餻	미숫가루 떡
[illegible]餻	인절미, 찰떡
芝麻餻	깨인절미
饅頭	상화(밀가루를 누룩이나 막걸리 따위로 반죽하여 부풀려 꿀팥으로 만든 소를 넣고 빚어 시루에 찐 떡), 만두(饅頭)
燒餅	구운 떡
餅[illegible]	빈대떡
麵	국수
餄餎	굵은 국수, 餄는 胡(호)라고도 쓴다
麵飥[illegible]	수제비
粉羹	만둣국
粉湯	분탕(粉湯, 녹말로 만든 국수)
細粉	분탕(粉湯, 녹말로 만든 국수)
掛麵	말린 국수, 걸어서 말린 국수

麨麵	미숫가루
粉漏	면을 내리다
料物	고명, 혹은 大料(대료)라고도 한다, 조미료
起脅	떡을 기주(起酒)하다, 떡에 술을 부어 발효시키다
糖包	설탕소를 넣은 만두
肉包	고기소를 넣은 만두, 속음으로 슈바라고도 한다
菜餡	채소로 만든 소
菜餡	고기소
豆餡	팥소, 콩소
素餡	고기가 들지 않은 소
薄餅	전병(찹쌀가루나 밀가루 따위를 둥글넓적하게 부친 음식), 밀가루로 얇게 부친 전
匾食	편수(밀가루 반죽한 것을 얇게 밀어 여기에 채소로 만든 소를 넣고 네 귀를 서로 붙여 끓는 물에 익혀 장국에 넣어 먹는 음식)
豆腐	두부(豆腐)
笮豆腐	두부를 짜다
豆腐�油	비지(두부를 만들고 남은 찌꺼기)
油果子	과줄
饊子	산자(饊子, 유밀과의 한 가지)
海凍	우무, 한천
粆糖	사탕(粆糖)
蜂蜜	꿀
酪	타락(駝酪), 반응고된 유제품의 일종
酥	말젖을 곤 것, 말젖 등을 끓여 냉각한 식용 유지
摘牛妳子	소젖을 짜다
摘馬妳子	말젖을 짜다
熬酪	타락을 고다
熬妳子	젖을 고다
魚鮓	생선젓, 소금에 절인 생선
醃魚	생선젓, 소금에 절인 생선
醯	식혜

飯醎魚	식혜, 식해(생선에 소금과 쌀밥을 섞어 숙성시킨 것)
香油	참기름
芝麻油	참기름
蘇油	들기름
笮油	기름을 짜다
油�油	깻묵
油骨	깻묵, 麻籸(마신)이라고도 한다
乾鹽	소금
海沙	소금
滷水	간수
乾醬	마른장, 가루로 된 장
麵醬	가루로 된 장, 마른장
醬油	간장
淸醬	간장(진하지 않은 간장)
篩酱	장을 거르다
醬麴	메주
醬瓜子	장에 담은 오이, 오이장아찌
醬蘿蔔	장에 담은 무, 무장아찌
醃瓜	절인 오이
芥末	겨잣가루
醋	초
椒椒	후추(椒椒)
花椒	조피(산초나무 열매), 川椒(천초)라고도 한다
秦椒	고추, 분디
生薑	생강(生薑)
生葱	파
大蒜	마늘
小蒜	달래
燒茶	차를 달이다
湯茶	차를 달이다
頓茶	차를 달이다
肥的	맨 기름 고기, 비계가 많은 고기

瘦的	기름기 없는 고기, 비계 없는 살코기
烙了	굽다
炙炙	굽다
爛煮	무르게 삶다
半生	반만 설다, 설익다
半熟	반만 익다
嘗味	맛보다
鹽點喫	소금 찍어 먹다
蘸醬喫	장을 찍어 먹다
湯翻滾了	국이 부글부글 끓다
湯的慌	끓는 물에 데다, 못 견딜 정도로 뜨겁다
湯了脣	입술을 데다
口湯了	입을 데다
香	고소하다
薰	구수하다
甜	달다
苦	쓰다
酸	시다
腥	비리다
葷	누리다, 누린내 나다
醎	짜다
淡	싱겁다
辣	맵다
澁	떫다
臭	더럽다, 墋髒(참장)이라고도 한다, 냄새가 구리다
氣到	쉬다, 음식이 상하다
臊氣	노린내, 비린내
胡撥氣	누린내
吊塵灰	재를 떨어 버리다, 민지를 떨다
白殕	곰팡이 피다, 長白毛(장백모, 흰털이 자라다)라고도 한다
餿氣上衣鋪	곰팡이 피다
上墥了	장마에 곰팡이 피다

霉了	장마에 곰팡이 피다
生白皮	(김치 등에) 골마지 끼다
下白子	쉬슬다, 파리가 알을 여기저기에 낳다
殲了	썩다
咬	물다
嚼	씹다
齦	넣다, 베물다
抓喫	쥐고 먹다
餂喫	핥아 먹다
吮喫	빨아 먹다
含者	머금다, 噙(금)이라고도 한다
呑下	삼키다
吐	토(吐)하다
中喫	먹음직하다
不中喫	먹음직하지 않다
好喫	즐겨 먹다
愛喫	즐겨 먹다, 맛있다
不肯喫	즐겨 먹지 않다, 먹으려 하지 않다
要喫	먹고자 하다, 먹으려 하다
難喫	먹기 어렵다, 맛없다
胡喫	되는대로 먹다
種火	불을 묻다, 불씨를 묻다
埋火	불을 묻다, 불씨를 묻다
弄火	불을 피우다
熰火	불을 피우다, 불을 때다
轃火	불을 모으다
燒火	불을 때다, 불을 지피다
打火	불을 때다, 불을 지피다
砍柴	나무를 베다, 땔나무를 베다
劈柴	나무를 패다, 장작을 패다
木楂子	(나무를 베고 남은)나무 그루터기
煤炭	숯

石炭	석탄(石炭)
烟頭子	냉과리(덜 구워져서 불을 붙이면 연기와 냄새가 나는 숯)
黑烟子	연기를 따라 날리는 검댕
骨董炭	등걸숯(나무뿌리나 등걸을 구워 만든 숯), 골동탄(骨董炭)
海菜	미역
海帶	다시마
樹果	통칭 과실, 과일
龍眼	용안(龍眼)
荔支	여지(荔支), 리치
橙丁	등정(橙丁), 오렌지를 작게 잘라 설탕으로 절인 것
柿子	감
柿餠	곶감
棗兒	대추
蜜棗	꿀이나 조청에 절인 대추
栗子	밤
蜜栗子	꿀에 조린 밤
白果	은행
松子	잣
核桃	호두
榛子	개암, 헤이즐넛
榧子	비자(榧子, 비자나무 열매)
橄欖	감람(橄欖, 감람나무 열매)
梨兒	배
香水梨	물 많은 배, 향수리(香水梨, 얼고 녹는 과정을 거치며 갈색빛이 되면 식용하는 배의 일종)
棠梨	(크기가) 잔 배, 팥배
抄梨	문배, 山梨(산리)라고도 한다
沙果	사과(沙果), 능금
蘋婆果	굵은 능금, 빈파과
白檎	굵은 능금
小紅	(크기가) 잔 능금
李子	자두

杏子	살구
桃子	복숭아
匾桃	감복숭아(납작감처럼 생긴 복숭아), 납작복숭아
毛桃	모도(毛桃), 야생 복숭아
山桃	버찌, 烏櫻桃(오앵도)라고도 한다, 개복숭아 나무
櫻桃	앵두(櫻桃)
柰子	능금
葡萄多羅	포도 송이
馬乳萄	흑포도(黑葡萄), 타원형의 알이 굵은 포도
白葡萄	청포도(青葡萄)
山葡萄	머루
楰棗	다래, 고욤
圓棗	다래
羊矢棗	고욤(감 비슷한 과일)
石榴	석류(石榴)
柑子	감자(柑子, 홍귤나무 열매), 감귤
柚子	유자(柚子)
金橘	귤, 금귤
洞庭橘	동정귤(洞庭橘)
山裡紅	아가위(산사나무 열매)
虎刺賓	굵은 자두
摘來	따오라
劃松子	잣을 까다
打榛子	개암을 까다
嗑核桃	호두를 까다
剝菱角	마름을 까다, 剝는 보라고도 발음한다
剝梨兒皮	배를 벗기다, 배 껍질을 까다
嗑西瓜子	수박씨(과즈)를 까다
親屬	**일가친척(親屬)**
大大公	고조부(高祖父)
大大婆	고조모(高祖母)
大公	증조부(曾祖父)

大婆	증조모(曾祖母)
祖公	할아버지
祖父	할아버지
老爺爺	할아버지
婆婆	할머니
阿婆	할머니
父親	아비, 아버지
爺爺	아비, 아버지, 할아버지
爹爹	아비, 아버지, 할아버지
老子	아비, 아버지
母親	어미, 어머니
孃孃	어미, 어머니, 할머니
伯伯	동성(同姓)의 큰아버지
伯父	동성(同姓)의 큰아버지
伯娘	동성(同姓)의 큰아버지의 처, 큰어머니, 백모
伯母	동성(同姓)의 큰아버지의 처, 큰어머니, 백모
姆姆	동성(同姓)의 큰아버지의 처, 큰어머니, 백모, 손윗동서
叔叔	동성(同姓)의 작은아버지
叔父	동성(同姓)의 작은아버지
嬸娘	동성(同姓)의 작은아버지의 처, 작은어머니, 숙모
嬸子	동성(同姓)의 작은아버지의 처, 작은어머니, 숙모
嬸嬸	동성(同姓)의 작은아버지의 처, 작은어머니, 숙모
姑姑	아버지의 누이, 고모
姑娘	아버지의 누이, 고모
大姑娘	아버지의 맏누이, 큰 고모
小姑娘	아버지의 손아래 누이, 작은 고모
姑夫	동성(同姓) 숙모 즉 고모의 남편(同姓叔母夫), 고모부
外公	외조부(外祖父), 외할아버지
外婆	외조모(外祖母), 외할머니
舅父	이성(異姓)의 아저씨, 외삼촌, 외숙
舅舅	이성(異姓)의 아저씨, 외삼촌, 외숙
大舅	이성(異姓)의 큰아버지, 큰외삼촌, 큰 외숙

小舅	이성(異姓)의 작은아버지, 작은외삼촌, 작은 외숙
舅母	이성(異姓)의 아저씨의 처, 외삼촌댁, 외숙모
妗母	이성(異姓)의 아저씨의 처, 외삼촌댁, 외숙모
妗子	이성(異姓)의 아저씨의 처, 외삼촌댁, 외숙모
嬸母	이성(異姓)의 작은아버지의 처, 작은 외삼촌댁, 작은 외숙모
姨姨	어머니의 여동생, 이모
姨娘	어머니의 여동생, 이모
大姨娘	어머니의 언니, 큰이모
小姨娘	어머니의 여동생
姨夫	이성(異姓)의 숙모 즉 이모의 남편(異姓叔母夫), 이모부
親哥哥	친형, 동복형
親兄弟	친동생, 동복아우, 친형제
嫂子	형제의 부인(兄弟之妻), 형수, 아주머니
嫂嫂	형제의 부인(兄弟之妻), 형수, 아주머니
姊妹	누이들
姐姐	맏누이, 누나
姐夫	맏누이의 남편, 자형, 자부
妹子	여동생
妹夫	여동생의 남편, 매부
姪兒	형제자매의 아들, 조카, 질자
姪女	형제자매의 딸, 조카딸, 질녀
兒子	아들
媳婦兒	며느리
大媳婦	맏며느리, 大는 長(장)으로도 쓴다
小媳婦	작은 며느리, 小는 弟(제)로도 쓴다
女兒	딸
女壻	사위
孫子	손자(孫子)
外甥	외손(外孫), 외손자, 외손녀, 생질
孫女壻	손서(孫壻), 손녀의 남편
外甥女壻	외손서(外孫壻), 외손녀의 남편, 생질서, 이질서

叔伯哥哥	동성(同姓)의 사촌형(同姓四寸兄)
叔伯兄弟	(동성(同姓)의 사촌) 아우, 동생
姑舅哥哥	고종사촌 형
姑舅兄弟	(고종) 아우, 동생
兩姨哥哥	이종사촌 형
兩姨兄弟	(이종) 아우, 동생
阿嫂	동성(同姓) 사촌형의 부인, 阿는 오라고도 발음한다, 형수
小嫂子	동성(同姓) 사촌아우의 부인
公公	시아버지
婆婆	시어머니
丈夫	사내, 남편
漢子	사내, 남편
當家的	사내, 남편, 주인
丈人	부인의 아버지(妻父), 장인
岳公	부인의 아버지, 장인, 岳父(악부)라고도 한다
丈母	부인의 어머니(妻母), 장모
岳母	부인의 어머니(妻母), 장모
舅子	부인의 오라비, 처남(妻娚)
娘子	아내, 여자를 존칭(尊稱)하는 말
婆子	통칭 아내, 여자, 老婆(노파)라고도 한다
家小	자신의 가족을 스스로 가리키는 말(自稱家屬), 처자식
連妗	남동서, 자매의 남편끼리 서로 부르는 호칭, 남자 사이의 동서
妯娌	여동서, 여동서, 형제의 아내끼리 서로 부르는 호칭
姆姆	남편 형의 아내, 맏동서, 손윗동서
嬸嬸	남편 동생의 아내, 아랫동서
拙婦	자신의 부인을 겸손히 이르는 말(謙稱己妻)
塡房	후처(後妻), 재혼하여 맞은 아내
偏房	첩(妾), 小房(소방)이라고도 한다
婢家	첩(妾), 小房(소방)이라고도 한다
養子	양자(養子), 수양아들
義子	양자(養子), 수양아들

房親	동성(同姓)의 육촌(同姓六村)
重山兄弟	이부가 낳은 형제(二父所生兄弟), 이부동모(異父同母)의 형제
奴家	부녀(婦女), 겸손하게 말하는 표현(謙稱之辭), 奴奴라고도 한다
宴享	**잔치와 손님 접대(宴享)**
請客	손님을 청하다, 客은 속음으로 커라고도 발음한다
客來	손님이 오다
接客	접객(接客), 손님을 맞아들이다
請坐	앉으십시오
陪客	대객(待客)하다, 손님을 대접하다
看茶	차를 준비하다, 차를 올리다
清茶	차를 청하다
接鍾	찻종(茶鍾)을 받다
遞茶	차를 드리다
换茶	주인과 손님의 찻종을 바꾸다
筵宴	잔치
抹卓兒	상을 씻다, 상을 닦다
擺卓儿	상을 벌이다, 상을 차리다, 술자리를 차리다
卓面	잔칫상, 탁자판, 연회석의 술과 요리
遞卓兒	상을 들이다
割肉	고기를 베다
遞肉	고기를 드리다
湯酒	술을 데우다
遞酒	술을 드리다
儧酒	술을 붓다, 술을 따르다
儧滿	술을 가득 붓다, 술을 가득 따르다
灑酒	술이 넘치다
儧淺	술을 적게 붓다, 술을 조금만 따르다
凹面盞	푹 꺼진 잔
酒寒	술이 차다
酒冷	술이 차다

酒熱	술이 따뜻하다
酒大了	술이 너무 뜨겁다
請酒	술을 청하다
請乾	술을 다 드시라 청하다
完酒	건배, 술잔을 다 비우다
通完	모두 건배하다
完三不完四	건배는 세 잔만 하고 네 잔을 하지 않는다, 술은 짝수 잔으로 마시지 홀수 잔으로는 마시지 않는다
喫雙不喫單	쌍배를 먹고 단배는 먹지 않는다, 술은 짝수 잔으로 마시지 홀수 잔으로는 마시지 않는다
量淺	주량이 얕다, 주량이 적다
天戒酒	본디 술을 못 한다, 타고나길 술을 못 마신다
不用酒	술을 안 마시다
量寬	주량이 너르다, 주량이 크다
海量	바다같이 큰 주량
奢量	무량주(無量酒), 무한하게 많은 주량
飮心不飮酒	마음을 마시는 것이지 술을 마시는 것이 아니다
主不喫客不飮	주인이 먹지 않으면 손이 마시지 않는다, 술자리에서 주인이 먼저 먹어야 손님도 마실 수 있다
單鍾	단배(單杯), 단수 잔
串鍾	첨배(添杯), 술이 든 잔에 술을 더 따름
雙鍾	쌍배(雙杯), 짝수 잔
回酒	회배(回杯), 술잔을 서로 주고 받을 때 되받는 잔
底酒	마시다 남은 술
殘酒	마시다 남은 술
酒海	술이 많다, 술 담는 용기의 한 가지
舀湯	탕을 뜨다, 歪湯(왜탕)이라고도 한다
遞湯	탕을 드리다
遞麵	면을 드리다
放料物	고명을 넣다, 고명을 올리다
請湯	탕을 청하다, 탕을 드시라 청하다
請菜	안주를 잡수시오, 음식을 청하다

請饍	안주를 잡수시오, 음식을 청하다
下箸	안주를 잡수시오, 음식을 청하다, 젓가락을 대다
補菜	안주를 더하다, 음식을 더 보태다
動樂	풍류(風流)하다, 음악을 연주하다
歌唱	노래를 부르다
呈把戱	정재(呈才, 대궐 안 잔치에서 벌이는 춤과 노래)놀이하다, 광대놀음을 보이다
打舞	춤추다, 舞蹈(무도)라고도 한다
遞大飯	고기를 드리다
擡卓兒	상을 들다, 탁자를 들다
辞酒	하직할 때 마시는 술, 辭자는 본래 변음(變音)이 없으나 속음으로 츠라고도 발음한다(辭字本無變音, 而俗呼츠)
告辞	하직하다, 작별을 고하다
乏害	성가시게 하다, 폐를 끼치다
送客	손님을 보내다, 손님을 배웅하다
留步	들어가십시오, 나오지 마십시오(주인이 손님을 배웅할 때 손님이 주인에게 하는 말)
請上馬	말을 타십시오, 말에 오르십시오
打攪	폐를 끼치다, 방해하다
疾病	**질병(疾病)**
證候	병, 증후(證候)
害病	병을 앓다, 병에 걸리다
不耐繁	병 들다, 못 견디다
身上欠安	병 들다, 몸이 불편하다
頭疼	머리 아프다
頭眩	머리가 어지럽다
頭暈	머리가 어지럽다
害眼	눈병을 앓다
眼疼	눈이 아프다
瞘風眼	눈이 짓무르다
眼眵	눈곱
眼昏	눈이 어둡다, 눈이 어두침침하다

生眼丹	다래끼
眼生珠	다래끼
雀目眼	밤눈이 어둡다, 야맹증
鷄眼	밤눈이 어둡다, 야맹증, 혹은 발의 티눈을 가리키기도 한다
蘿蔔眼	눈의 알에 (점이) 찍히다, 안구에 점 같은 것이 있다
蘿蔔花	눈의 알에 (점이) 찍히다, 안구에 점 같은 것이 있다
眼花了	눈이 침침하다
耳聾	귀가 먹다, 청각을 잃어 귀가 들리지 않다
鼻淵	고뿔, 코염, 비연(鼻淵), 축농증
嗓子啞了	목쉬다, 목이 잠겨 소리가 잘 나지 않다
喉聾	목쉬다, 목구멍, 인후
喉閉	목젖이 내리다, 咽喉倒了(인후도료, 목이 잠기다)라고도 한다, 목구멍이 부어 통증이 있다
感冒	바람 들다, 감기 걸리다
傷風	바람 들다, 감기 걸리다
風癱了	바람을 맞아 손발을 못 쓰다, 중풍으로 마비가 오다
胷疼	가슴이 아프다
心疼	가슴이 아프다
肚疼	배가 아프다
脚疼	발이 아프다
腿疼	다리가 아프다
害痢疾	이질(痢疾) 앓다, 이질에 걸리다
走痢	설사하다
臥痢	설사하다
水痢	백리(白痢, 이질의 하나. 흰 곱똥이나 고름 섞인 대변이 나온다)
血痢	피똥, 적리(赤痢, 피와 곱이 섞인 대변이 나온다)
行陽	가래톳(넙다리 윗부분의 림프샘이 부어 생긴 멍울), 便毒(변독)이라고도 한다
瘧疾	고금, 학질(瘧疾), 말라리아
半日病	고금, 학질(瘧疾), 말라리아
發午哥子	고금, 학질(瘧疾), 말라리아

癩瘡	피부가 헐어 뜸 뜨는 병, 나병(癩病)
癩頭	대머리, 나두창(癩頭瘡), 기계총 따위로 머리카락이 빠진 머리
禿頭	대머리, 나두창(癩頭瘡), 기계총 따위로 머리카락이 빠지다
出瘡	부스럼이 나다
生瘡癤	부스럼이 나다
癤子	부스럼, 종기
疥瘡	옴
楊梅瘡	당옴(매독, 천연두)
天疱瘡	당옴(매독, 천연두), 천포창(天疱瘡)
疙滓	더뎅이, 부스럼 딱지
瘡痂	더뎅이, 부스럼 딱지
濃水	고름
起泡	부르트다, 물집이 생기다
刺刺疼	쓰라리다
疙疸	뾰루지, 종기
癜疾	어루러기(곰팡이로 인해 생기는 피부병)
生癬	버짐(백선균으로 인해 생기는 피부병), 버짐 피다
癮疹	두드러기
起疿子	땀띠, 땀띠가 나다
出痘兒	두창(痘瘡), 천연두, 천연두에 걸리다
斑子	두창(痘瘡), 천연두, 子는 兒(아)이라고도 쓴다
疹子	마마꽃(천연두를 앓을 때 살갗에 부스럼처럼 불긋불긋하게 돋는 것), 홍역
砂子	마마꽃(천연두를 앓을 때 살갗에 부스럼처럼 불긋불긋하게 돋는 것), 홍역
癇疾	지랄, 간질(癇疾), 警癇(경간), 瘨疾(전질), 發暈風(발훈풍), 羊叫風(양규풍), 牛吼風(우후풍) 등으로 불린다
蠱疾	고독(蠱毒, 뱀, 지네, 두꺼비 따위의 독)으로 생기는 병
下蠱	고독(蠱毒)으로 방자하다, 저주하다
寸白虫	촌백충(寸白蟲), 조충(기생충의 일종)
下蚰蛔	거위, 회충(蛔虫)을 낳다
中暑	더위 들다, 더위 먹다

中惡	중악(中惡, 중풍의 일종)하다, 급병을 얻다, 급병으로 죽다
疣疸	혹, 혹은 瘿瘤(영류)라고도 한다, 쥐부스럼
氣頦子	작은 혹
瘿俗頦子	목에 혹이 돋은 사람
手顫	손을 떨다, 수전증(手顫症)
麻病	(몸이) 저리는 병
手麻	손이 저리다
脚麻	발이 저리다
皸手	손이 트다, 손이 얼어서 살갗이 트다
凍了手	손이 트다, 손이 얼어서 살갗이 트다
皸脚	발이 트다, 발이 얼어서 살갗이 트다
凍了脚	발이 트다, 발이 얼어서 살갗이 트다
疤癩	허물, 살갗에 일어나는 꺼풀
起瘤漲泡	정창(疔瘡) 나다
潮毬	수종(水腫)
氣卵子	수종(水腫), 탈장
生牙疳	감질(疳疾), 아감창(牙疳瘡, 잇몸이 붓고 헐어 썩는 병)
疝氣	산증(疝症, 생식기와 고환이 붓고 아픈 병증), 탈장
痳疾	임질(淋疾)
漏白	임질, 流白(류백)이라고도 하고 盪白(탕백)이라고도 한다
生搔疳	양물(陽物)이 가려워 허는 부스럼(瘡)
痔漏	치질(痔疾), 치루(痔漏)
生漏瘡	치질(痔疾), 치루(痔漏), 치루가 생기다
不得命	죽다
醫藥	**의술과 약품(醫藥)**
藥材	약재(藥材)
剉藥	약을 썰다
碾藥	약을 갈다
磨藥	약을 갈다
合藥	약을 짓다, 配藥(배약), 약을 조제하다
丸藥	약을 환(丸)으로 짓다, 환약(丸藥)
湯藥	약을 달이다, 탕약(湯藥)

煎藥	약을 달이다
服藥	약을 먹다, 약을 복용하다
搽藥	약을 바르다
洗藥	씻는 약
膏藥	고은약, 고약(膏藥)
一貼	약 한 첩(貼)
一服	약 한 복(服, 한 번 복용하는 분량)
一丸	약 한 환(丸), 환약 한 알
引子	대증(對症)하여 약 쓰는 법(法), 주약에 배합하는 보조약
看脉	맥을 보다, 진맥(診脈)하다
把脉	맥을 잡다, 脉는 속음으로 매라고도 한다
診脉	맥을 잡다, 진맥(診脈)하다
醫病	병을 고치다
醫治	병을 고치다
灸了	뜸을 뜨다
虛灸	소뿔뜸(쇠뿔을 잘라 안에 뜸쑥을 채워 뜨는 뜸)
下針	침을 놓다, 하침(下鍼)하다
出汗	땀을 내다, 땀이 나다
盪汗	땀이 흐르다
燥汗	땀이 마르다
好些兒	병이 멎는 듯하다, 병세가 좀 나아지다
將息	몸조리하다, 養病(양병)이라고도 한다
疴了	병을 앓다
卜筮	**점(卜筮)**
算命	팔자(八字)를 헤아려 보다, (운세를)점치다
選命	팔자(八字)를 헤아려 보다, 課命(과명)이라고도 한다, 운수를 점치다
算卦	점치다, 괘로 점치다
破卦	괘사(卦辭)를 새기다, 괘사(卦辭)를 풀이하다
選課	괘사(卦辭)를 새기다, 괘사(卦辭)를 풀이하다
占問	점복(占卜)하다
抽簽	점복 댓가지를 빼다, 점대를 뽑아 길흉을 점치다

賣卜	점을 팔다, 돈을 받고 점을 쳐 주다
賣卦	점을 팔다, 돈을 받고 점을 쳐 주다 또는 그런 사람
揀箇日子	날을 가리다, 택일(擇日)하다
擇箇時候	때를 가리다, 택시(擇時)하다
算数	**산술(算數)**
數數兒	수를 헤아리다, 수를 세다
數數目	수를 헤아리다, 수를 세다
打算	산 놓다, 叩算(고산)이라고도 한다, 셈하다
算數	세다, 수를 헤아리다
算盘	산반(算盤), 주판
一箇	하나, 한 개
一十箇	열 개
一百箇	일백(一百) 개
一千箇	일천(一千) 개
一萬箇	일만(一萬) 개
一坼	한 뼘, 一虎口(일호구)라고도 한다
二尺	두 자
三托	세 발(발은 두 팔을 양옆으로 펴서 벌렸을 때 한쪽 손끝에서 다른 쪽 손끝까지의 길이)
四分	네 푼
五錢	다섯 돈
六兩	여섯 냥
七斤	일곱 근
八升	여덟 되
九斗	아홉 말
十甑	열 섬
一包	한 쌈, 一隻(일척)이라고도 한다
一粒	한 톨, 낱알 하나
一抄	힌 줌
一撮	한 움큼, 한 줌
一帳	적은 것, 적어 놓은 장부
一總幾箇	모두 통틀어 몇인가

争訟	분쟁과 송사(争訟)
喫打	맞다
喫賊	도둑 맞다
喫罵	꾸지람 듣다
喫奪了	앗기다, 빼앗기다
告官	고관(告官)하다, 관아에 알리다
告状	고관(告官)하다, 관아에 알리다, 고소하다
接状	소지(所志, 관청에 내는 청원서)를 받다, 서류를 접수하다
准了状	소지(所志, 관청에 내는 청원서)를 허가하다, 서류를 승인하다
不准了状	소지(所志, 관청에 내는 청원서)를 물리다, 서류를 거절하다
招供	죄상을 기록한 문서, 招認(초인)이라고도 한다, (범죄 사실을 시인하는)진술, 자백
打官司	송사(訟事)하다, 소송을 걸다, 재판을 걸다
告訴	고소(告訴)하다
喫告	참소(讒訴)를 당하다
被告	참소(讒訴)를 당하다
打關節	소청하다, 청탁하다
打告	발괄하다, 억울한 사정을 관아에 하소연하다
接受東西	물건을 받다
承告	수리(受理)하다, 서류를 받아 처리하다
聽理	재판하다, 송사를 자세히 듣고 심사하다
元告	원고(元告, 原告), 소송을 제기한 사람
事主	원고(元告, 原告), (평사 사건의)피해자
正犯人	정범인(正犯人), 주범(主犯)
證見人	증명, 증인(證人)
干連人	간련(干連)한 사람, 남의 범죄에 관련된 사람, 연루자
連累人	범죄에 연루된 사람, 연루자
攀連人	범죄에 연루된 사람, 연루자
指攀的	범죄에 연루된 사람, 연루자
保官	신원을 보증하다, 보석금을 받거나 보증인을 세워 피고인을 풀어주다

保人	신원을 보증하다, 보증인
合口	입씨름, 말다툼
對口	입씨름, 말다툼
刁蹬	값을 매겨 다투다, 간사한 꾀를 부려 물건값을 높게 책정하다
交手	싸우다, 겨루다
反嘴	싸우다, 대들다
失誤	오결(誤決)하다, 잘못 결재하다, 과오를 범하다
弄壞了	희짓다, 남의 일을 방해하다, 망치다, 고장내다
決斷	결단(決斷)하다, 결단을 내리다
勸解	말리다, 중재하다
勸開	말리다, 중재하다
講和	화해를 논의하다, (싸움을 그치고)강화(講和)하다
陪者	물다, (갚아야 할 것을)치르다
追陪	물리다, (갚아야 할 것을)치르게 하다
追他	물리다, 陪他(배타)라고도 한다, (갚아야 할 것을)치르게 하다
枉陪	억울하게 물다, 잘못이 없음에도 억울하게 돈을 치르다
他告着我	그 사람이 나를 고소한다
刑獄	**형벌과 감옥(刑獄)**
强盜	강도(强盜)
竊盜	절도(竊盜)
白眼强盜	낮도적, 대낮에 물건을 훔치는 도둑
正賊	도적, 정범(正犯)
猾賊	도적, 교활한 인간
搶狗的	개를 훔치는 놈
剪紐的	단추를 도적질하는 놈, 단추를 잘라 몰래 훔치는 사람
擰了紐子	단추를 도적질하는 놈, 단추를 비틀어 훔치다
犯罪的人	죄(罪)를 범(犯)한 사람, 범죄자
牢裡監者	(옥에) 가두다, 옥에 가두어 감시하다
膾房子	집을 뒤지다
揬來	꺼들러 오다, 당겨서 추켜들다
揬帽子来	갓을 벗기다

掐领来	멱살 잡아오다
背綁来	뒤로 결박하여 오라
監囚	가두다, (죄수를)가두어 감시하다
監了	가두다, (죄수를)가두었다
鎖了	사슬로 묶다
鐵鎖	사슬, 쇠사슬
枷了	칼(형틀)로 묶다, 칼을 씌우다
枷	칼(형틀)
長枷	긴 칼(형틀)
團枷	둥구레칼, 또는 盤枷(반가)라고도 한다
行枷	행차(行次)칼(죄인을 다른 곳으로 옮길 때 목에 씌우던 형구)
手杻	손에 수갑을 차다, 수갑, 쇠고랑
脚鐐	족쇄, 帶鐐(대료)라고도 한다
攢指	손가락에 끼워 매는 것
索板	손가락에 끼워 매고 치는 널쪽
夾棍	주리 트는 나무, 주릿대
杠子撞	주리를 틀다
竹板子	사람을 치는 죽편(竹鞭, 대나무 손잡이가 있는 채찍)
皮鞭子	가죽 채찍(皮鞭)
笞	태(笞, 대쪽으로 만든 매), 태형(笞刑)
杖	장(杖, 몽둥이), 장형(杖刑)
鞭打背	등을 치다, 등에 채찍질하다
竹板打	대쪽으로 치다
棍打	곤장으로 치다
乱棍打	뭇매로 치다
打臀	볼기를 치다
伏打	죄를 입다, 죄를 인정하다
伏罪	죄를 입다, 죄를 인정하다
栲問	신문(訊問)하다
打栲	신문(訊問)하다
盤問	끝까지 따져 묻다, 캐어묻다

取招	죄상을 기록한 문서를 받다, 문초하여 범죄 사실을 말하게 하다
擊皷叫寃	오늘날의 격쟁(擊錚, 원통한 일을 당한 사람이 임금이 거둥하는 길에서 꽹과리를 쳐서 하문을 기다리던 일)과 같다(猶今擊錚), 북을 두드리며 억울함을 호소하다
檻車	함거(檻車, 죄인을 호송하는 데 쓰는 수레)
囚車	함거(檻車, 죄인을 호송하는 데 쓰는 수레)
決罪	죄를 판결하다
斷罪	죄를 판결하다, 단죄하다
決案	공사(公事)를 마치다, 소송을 마치다
採出去	끌어 내치다
碾出去	밀어 내치다
叉出去	찔러 내치다
赶出去	쫓아 내치다
徒	도년(徒年, 도형 기간)
流	유배(流配, 죄인을 귀양 보내는 일)
貶	유배(流配, 죄인을 귀양 보내는 일)
擺站去	귀양 가다
充軍去	충군(充軍, 범죄자를 군역이나 노역에 종사케하는 형벌)하다
臉上刺字	뺨에 자자(刺字, 얼굴에 죄명을 문신으로 새기는 형벌)하다
絞	목을 조르다, 교수(絞首)하다
斬	목을 베다, 참수(斬首)하다
砍了	목을 베다
監斬官	형관(刑官), 죄인이 참수를 감독하는 관리
劊子手	목 베는 사람, 망나니
剮了	살을 뜯어 죽이다, 능지처참하다
陵遲	능지처참하여 죽이다
枷號	칼을 씌우다, 죄인에게 칼을 씌워 대중에게 보이다, 예전 풀이에는 닙시ᄒᆞ다라고 하였다(舊釋에 닙시ᄒᆞ다)
脫放	놓아주다, 석방하다
賣買	**사고 팔기(賣買)**
買主	사는 임자, 구매자, 매수인

賣主	파는 임자, 판매자, 매도인
夥計	동무, 동업자
牙子	주릅, 거간꾼, 중개인
大市	큰 저자, 큰 시장
街上	저잣거리, 노상(路上)
角頭	거리 모퉁이
東館裡	객상(客商, 객지에서 장사하는 상인)이 묵는 곳
西館裡	객상(客商, 객지에서 장사하는 상인)이 묵는 곳
集	외방각처(外方各處)에 돌아가며 여는 저자
赶集	장 보러 가다, 看場(간장)이라고도 한다
鋪子	물건을 사고파는 곳, 가게, 점포
雜貨鋪	잡화(雜貨) 가게, 잡화전
店房	외방(外方, 외지인)이 거래하러 오는 곳, 상점, 점포, 여관
飯店	밥 파는 곳, 음식점, 밥집
酒店	술 파는 곳, 술집
油房	기름 파는 곳, 기름집
糖房	엿 파는 곳, 사탕 만드는 가게
開鋪	매매를 시작하다, 상점을 열다
肉案	고기를 놓고 파는 곳, 푸줏간
青帘	술 파는 집을 나타내는 깃발, 酒望子(주망자)라고도 한다
幌子	잡은 것을 파는 집에 보람(표시)으로 만들어 단 것, 간판
貨車	물건을 사고파는 수레
利家	장사치, 상인, 鋪家(포가)라고도 한다
老杭家	장사치, 상인
老江湖	상고(商賈, 장사꾼)를 높여 일컫는 말
搖貨郎	자루 달린 북을 흔들며 도는 장사, 방물장수
唱價	호가하다, 물건 값을 부르다
講價	값을 매기다, 값을 깎다, 값을 흥정하다
照時價	시가(時價)대로 하다
照行市	시가(時價)대로 하다
發賣	팔다, 매출하다
收買	거두어 사다, 수매하다

成交	흥정을 마치다, 매매가 성립되다
對換	맞바꾸다
將就	두라고 하다, 아쉬운 대로 그럭저럭 쓰다
一倒兩斷	한 번에 마치다, 단번에 명확히 매듭을 짓다
拖欠	빚을 질질 끌며 갚지 않다
轉錢	이익을 내다, 돈을 벌다
折本	밑지다, 손해보다
虧了	서럽다, 손해보다, 본전을 밑지다
不肯	싫다, 하려고 들지 않다
打倒	흥정을 무르다, 悔交(회교)라고도 한다
退換	흥정을 무르다, 倒裝(도장)이라고도 한다
不濟事	속절없다, 소용없다
地頭的	원산지의 것, 현지의 것
真的	진짜
假的	가짜
絶高	가장 좋다, 가장 좋은 것
常行的	예사 것, 보통의 것
稀罕	귀하다, 보기 드물다
不稀罕	귀하지 않다, 탐탁지 않다
廣	흔하다, 廣多(광다)라고도 한다
稅契	계약서를 베끼다, 관아에 세금을 납부하고 발행받은 공증 증서
稅錢	세전(稅錢), 세금
牙錢	구문, 구선, 중개 수수료, 흥정을 붙여 주고 받는 보수
譯語類解上	譯語類解(역어유해)上(상)

원문	번역 텍스트
譯語類解下	역어유해 하
珍寶	**진귀한 보배(珍寶)**
寶貝	보배(寶貝)
風磨銅	풍마동(風磨銅), 색은 금과 비슷하나 금보다 귀하다(色賽金, 而貴於金)
金子	금
烏金	검은 금, 오금(烏金, 구리에 금을 섞은 검붉은색의 합금)
赤金	붉은 금, 적금(赤金, 금에 구리를 섞은 붉은색을 띤 합금)
黃金	누른 금
銀子	은
官銀	관은(官銀), 관제은(官制銀)
花銀	순도 높은 은(十分銀), 은화
元寶	말굽쇠, 말굽쇠 모양의 은, 말굽은
細絲	순도 높은 은의 일종
青絲	순도 90퍼센트의 은, 둘째 등급의 은(九成銀)
玉	옥
羊脂玉	양의 곱같이 윤택이 있는 흰 옥
真珠	진주(眞珠)
珠子	구슬
珊瑚	산호(珊瑚)
琥珀	호박(琥珀)
明珀	명패
金珀	금패
瑪瑙	마노(瑪瑙)
琉璃	유리(琉璃)
猫睛	야광주(夜光珠)
水晶	수정(水晶)
蜜蠟珠	밀랍주(蜜蠟珠)
刺兒	날, 상감(象嵌)
琿琚	자개
海蚆	자개

珠珂子	자개
玳瑁	대모(玳瑁, 바다거북의 일종으로 껍질을 장식이나 공예품 만드는데 사용한다, 대모갑(玳瑁甲))
鈿螻	나전
犀角	서각(犀角, 무소의 뿔)
通天犀	통천서(通天犀, 무소의 뿔)
烏犀角	오서각(烏犀角, 코뿔소의 뿔)
黃犀角	황서각(黃犀角)
青金石	청금석(青金石)
茅山石	구워서 만든 옥, 번옥(燔玉)
孔雀石	공작석(孔雀石, 초록빛이 나는 보석의 종류)
花斑石	화반석(花斑石, 붉고 흰 무늬가 있는 곱고 무른 돌, 인장용으로 쓰임)
寶石	보석(寶石)
金剛鑽	옥 뚫는 것, 금강찬(金剛鑽, 유리나 쇠붙이를 가공하는 데 쓰이는 석류석 가루)
燻金	피금(皮金, 금을 입힌 양가죽)
金箔	금박(金箔)
銀箔	은박(銀箔)
紫石瑛	자수정(紫水晶)
磁石	지남석(指南石), 자석
象牙	상아(象牙)
紅銅	구리
水銀	수은(水銀)
銀硃	주홍(朱紅, 황과 수은으로 이루어진 붉은 빛 안료), 주사(朱砂)
錫鑞	납
黑鉛	연, 혹은 黑鉛(흑연)이라고도 한다, 함석
石麟	석린(石麟), 석기린(石麒麟, 옥석으로 만든 기린상)
蚕桑	**누에와 뽕나무(蠶桑)**
蚕種	누에씨
蚕子	누에씨
養蚕	누에 치다

掃下	누에를 쓸다
頭眠	(누에의) 첫 잠
二眠	(누에의) 둘째 잠
三眠	(누에의) 셋째 잠
上草	(누에를) 섶(누에가 고치를 짓도록 차려주는 것)에 올리다
上樹	(누에를) 섶(누에가 고치를 짓도록 차려주는 것)에 올리다
結繭	(누에가) 고치를 짓다
摘繭	고치를 따다
繰絲	실을 켜다, 실을 뽑다
扯絲	실을 켜다, 실을 뽑다
絡絲	실을 내리다, 실을 감다
蚕蛹子	누에 번데기
出蛾子	나비가 나다, 누에 나방이 부화하다
成對	나비가 어우르다, 교미하다
下子	누에알이 슬다, 누에알을 낳다
織造	**옷감 짜기(織造)**
絲料	실감
理理絲	실을 가리다, 실을 고르다
旋線	실을 말다, 실을 뭉치다
纒線	실을 말다, 실을 뭉치다
絅線	실을 어우르다
紇絡	실 매듭
籰子	얼레(줄이나 실을 감는데 쓰는 기구), 籰는 속음으로 요라고도 한다
筬	바디(베틀에 달린 기구의 하나, 가늘고 얇은 대오리를 참빗살같이 세워 두 끝을 앞뒤로 대오리를 대고 단단하게 실로 얽어 만든다)
簆	바디(베틀에 달린 기구의 하나, 가늘고 얇은 대오리를 참빗살같이 세워 두 끝을 앞뒤로 대오리를 대고 단단하게 실로 얽어 만든다)
筬筐	바디집, 바디를 끼우는 테
簆匣	바디집, 바디를 끼우는 테
綜線	잉아(베틀의 날실을 한 칸씩 걸러서 끌어 올리도록 맨 실)

掙線	비단 짜는 잉아(베틀의 날실을 한 칸씩 걸러 가며 끌어 올리도록 맨 실)
梭	북(베틀에서 날실 틈을 왔다 갔다 하며 씨실을 푸는 기구)
柚頭	말대(물레질할 때 솜을 말아 내는 막대), 柚는 축라고도 발음한다
捲布棍	말대(물레질할 때 솜을 말아 내는 막대)
三脚	비경이(잉아 뒤와 사침대 앞에 날실을 걸치도록 만든 삼각틀)
攪棍	사침대(베틀의 비경이 앞에 두어 날 사이를 띄어 주는 대)
杓杖	사침대(베틀의 비경이 앞에 두어 날 사이를 띄어 주는 대)
機身	베틀
機頭	도투마리(베틀 앞에 두고 날실을 감아 풀며 사용하는 틀)
鞦頭	쇠꼬리채(베틀 위 가름목에 꽂아 끈을 메어 날실과 씨실을 교차시키는 도구)
織金段子	금선비단, (이하) 초금단자(草金段子)에서 월백단자(月白段子)까지 단자(段子) 두 글자는 쓰지 않겠다(自草金至月白去段子二字), 금선단(錦線緞), 직금(織金, 편금사를 사용하여 짠 비단의 일종)
草金	거칠게 짠 비단
金黃	다갈색 비단
大紅	다홍색 비단
小紅	소홍(小紅)색 비단
桃紅	도홍(桃紅)색 비단
粉紅	분홍색 비단
水紅	엷은 분홍색 비단
礬紅	반홍(礬紅)색 비단
木紅	목홍(木紅)색 비단
肉紅	육홍(肉紅)색 비단
茜紅	꼭두서니 물들인 비단
鵝黃	엷은 다갈색 비난
火炎桃紅	짙은 도홍색 비단
丁香褐	검은빛 도는 다갈색 비단
酒沉茶褐	다갈색 비단

藕絲褐	(갈변한 연뿌리같은) 옅은 자주색 비단
鷹背褐	매 등 빛깔의 비단
串香褐	향초 빛 비단, 침향색 비단
艾褐	쑥 빛 비단
麝香褐	사향(麝香) 빛 비단
蜜褐	꿀빛 비단
葱白	옥색 비단
栢枝綠	짙은 초록색 비단
明綠	명록(明綠) 비단
鸚哥綠	(앵무새깃같은) 연초록색 비단
草綠	초록(草綠) 비단
鴨頭綠	압두록(鴨頭綠, 오리의 머리색 같은 녹색) 비단
油綠	유록(油綠, 반질반질 윤이 나고 짙은 녹색) 비단
柳靑	유청(柳靑) 비단
閃黃	주황 비단
天靑	천청(天靑) 비단
柳黃	유황(柳黃) 비단
鴉靑	아청(鴉靑, 까마귀 깃처럼 검은 빛을 띤 푸른 빛) 비단
黑靑	검은 아청(鴉靑) 비단
黑墨綠	검은 빛을 띤 녹색 비단
月白	연한 남색 비단
膝欄紋	스란무늬(膝欄紋)
界地雲	벽돌 구름 무늬
海馬	해마(海馬) 무늬
嵌八寶	(구름 무늬 사이에) 팔보(八寶)를 낀 무늬
蜂赶梅	벌이 매화(梅花)를 따르는 무늬
四季花	사계화(四季花) 무늬
骨朶雲	떼구름 무늬
穿花鳳	봉(鳳)이 꽃에 나드는 무늬
六花	육화(六花) 무늬
四雲	사운(四雲) 무늬
光素	민무늬 비단

暗花	암화(暗花) 무늬, 드러나지 않게 옅게 놓인 꽃무늬
紫紵絲	자줏빛 비단, 자줏빛 저사(紵絲, 모시와 명주를 섞어 짠 겸직포)
渾金搭子	순금을 사용해 짠 비단
白羅	흰 비단
藍沙	남사(藍紗), 남색 얇은 비단
縐沙	즈우샤(縐紗), 잔주름이 가도록 짠 얇은 비단, 크레이프
帽紗	사모(紗帽)의 겉을 싸는 얇은 비단
綾子	능(綾, 무늬 있는 비단)이라 통칭한다
聖綾	좋은 능(綾)
中綾	중릉(中綾)
水光絹	잿물에 정련해 광을 낸 깁(조금 거칠게 짠 비단)
顏色絹	물들인 깁
碾絹	다듬은 깁
毼子	모직물
潞州紬	노주주(潞州紬, 노주(潞州)에서 생산된 비단)
紡絲紬	방사주(紡絲紬)
花絲紬	화사주(花絲紬)
羽段	깃 비단(羽緞), 벨벳
倭段	깃 비단(羽緞), 벨벳
大細三梭	세삼승, 석새삼베(240올의 날실로 짠 성글고 굵은 베)의 한 가지
中三梭	중삼승, 석새삼베(240올의 날실로 짠 성글고 굵은 베)의 한 가지
小三梭	소삼승, 석새삼베(240올의 날실로 짠 성글고 굵은 베)의 한 가지
大布	대포(大布), 거친 피륙
錦被	금의(錦衣)
扯段子	비단을 끊다
績麻	삼을 삼다, 績은 속음으로 치라고도 한다
撒布	(삼)베를 내다
牽布	(삼)베를 내다
牽經	비단을 내다

糨布	(삼)베에 풀을 먹이다
刷布	(삼)베를 매다
苧麻布	모시 베, 모시 삼베
夏布	베, 얇은 모시
稀糲布	성긴 베
淆布	얇은 베
緊密布	빽빽한 베
洗白布	잿물에 삶아 희고 부드럽게 만든 베
漂白布	잿물에 삶아 희고 부드럽게 만든 베
零布	(베의) 자투리
綿子	풀솜
花絨	씨를 제거한 면화(去核棉花)
壓的綿花	씨를 제거한 면화(去核棉花)
彈的綿花	탄 솜, 씨를 빼고 활줄로 튀겨 퍼지게 한 솜
線繐子	꾸리, 둥글게 감은 실타래
綿繐兒	풀솜 꼬투리
摇搗	다듬이질하다
碾	다듬이질하다
舒扯	(펼쳐서)다듬다
擺一擺	(펼쳐서)다듬다
裁縫	**옷 짓기(裁縫)**
裁帛	옷감
裁兒	옷감
裁衣裳	옷을 마르다
身子	옷 기장
上身	옷의 윗동
下身	옷의 아랫동
顚倒裁	엇마르다, 옷감을 빗나가게 자르다
蹊蹺裁	엇마르다, 옷감을 빗나가게 자르다
前襟	앞자락, 앞섶
底襟	안자락, 옷 아래 들어가는 앞섶
後襟	뒷자락, 뒷섶

衩兒	옷 옆으로 튼 곳
領	깃
護領	동정, 덧깃
袥肩	깃 바대(옷의 잘 해지는 곳에 안으로 덧대는 헝겊)
袖子	소매
大袖	소매 밑동
小袖	소매 중동
袖口	소맷부리
補齦	옷 기운 조각
滚邊	옷단
悶邊	옷단을 두르다
搓線	실을 비비다
水線	시침실
引了	시치다, 시침질하다
一列針	홈질
句針	박음질
綽針	옷자락(가장자리)을 둘러 꿰매다
綽邊	옷자락(가장자리)을 둘러 꿰매다
死縫	(옷솔기가) 막히다
順風褶兒	쓰레주름, 한 방향으로 접은 주름
細褶兒	가는 주름
板褶兒	넓은 주름
吊面	옷깃을 올리다, 가죽에 천을 덧대어 올리다
上表	옷깃을 올리다, 가죽에 친을 덧대어 올리다
樹綿花	솜을 두다
縫連	어우르다, 꿰매어 잇다
行的	성긴 누비
衲的	잔 누비
衣襻	고름, 옷고름
釘帶子	옷고름을 달다
綴帶子	옷고름을 달다
裩襠	중의(中衣, 남자용 여름 홑바지) 밑, 속잠방이

補綻	(떨어지거나 해진 곳에 천을 대어)깁다
惋片	헝겊 끝
針子	바늘
大針	굵은 바늘
小針	잔 바늘
綉針	수 놓을 때 사용하는 바늘
機頭	말코(베를 짤 때 짜 놓은 피륙을 감는 대), 베틀의 베 짜는 부분
布頭	베의 조각, 천 조각
段頭	비단 조각
田農	**농사짓기(田農)**
壯田	좋은 밭
好田	좋은 밭
薄田	척박한 밭
水田	논
旱田	밭
破荒田	처음 일군 밭
開荒田	다시 일군 밭
査過田	세 번째 일군 밭
糞田	밭을 걸우다, 밭에 거름을 주어 기름지게 하다
頃畝	이랑
犂兒	보습(쟁기, 극젱이, 가래 등 농기구의 술바닥에 끼우는 넓적한 삽 모양의 쇳조각)
犂頭	보습 날에 박는 나무
犂底兒	보습 날에 박는 나무
犂鏵兒	보습 날
犂槳	보습의 부출, 보습에 연결하는 막대
犂把	보습의 부출, 보습에 연결하는 막대
鏵子	볏(보습 위에 비스듬하게 덧대는 쇳조각)
犂凹兒	볏(보습 위에 비스듬하게 덧대는 쇳조각)
犂轅	보습에 다는 긴 채
犂柱	보습 허리에 세운 기둥

套鞅子	멍에를 메다
鋤子	호미
钁子	호미
鏠子	서서 김매는 호미, 삽
木杷子	나무로 만든 쇠스랑
鐵杷子	쇠로 만든 쇠스랑
木杴	나무가래(흙이나 눈, 곡식 등을 파헤치거나 떠서 던지는 기구), 넉가래
鐵杴	쇠가래(흙이나 눈, 곡식 등을 파헤치거나 떠서 던지는 기구)
鐵鍬	삽, 쇠가래
鐵鎶	괭이
钁頭	괭이
鎌刀	낫
連耞	도리깨
耕田	밭을 갈다
種田	밭에 (씨를) 심다
種子	씨, 씨앗, 종자
子粒	씨, 씨앗, 종자
撒穀	씨를 뿌리다
秧針	갓 돋아나온 모
插秧	모내기하다
出苗	움트다
包	이삭을 배다
發穗	이삭이 패다
莠子草	김(논밭에 난 잡풀)
豆子結	콩 꼬투리가 맺히다, 열매가 맺힌 것(結實)은 豆角兒(두각아)이라고 한다
小豆結角兒	팥 꼬투리가 맺히다, 녹두(菉豆), 깨(芝麻)가 씨를 맺는 것(結子)도 結角兒(결각아)라고 한다
田壠	밭두둑
鋤田	밭을 매다
鋤地	밭을 매다

鋤草	김매다
收田禾	곡식을 거두다
收成	곡식을 거두다
年成好	수확이 좋다, 작황이 좋다
割穀子	곡식을 베다
打連楷	도리깨질하다
揚穀子	부뚜질하다, 부뚜를 흔들어 곡식의 티를 날리다
簸一簸	까부르다, 키질로 곡식의 티를 날리다
擣碓	방아를 찧다
篩一篩	쌀을 쓿다, 곡식을 찧어 속꺼풀을 벗기고 깨끗하게 하다
佃戶	농인(農人), 농민
禾穀	**벼와 곡식(禾穀)**
稻子	벼
稻米	입쌀
大米	입쌀
水稻米	논에 난 쌀
旱稻米	밭벼의 쌀
桃花米	붉은 쌀
大麥	보리
小麥	밀
蕎麥	메밀
糜子	기장
黍子	기장
黃粘糜子	찰기장
穀子	겉조, 껍질을 벗기지 않은 조
小米	좁쌀
大黃米	기장쌀
黃小米	차좁쌀
黑粘穀米	청량미, 생동쌀(차조의 하나인 생동찰을 찧은 것)
稗子	피
薥薥	수수
高粱	수수

玉薥薥	옥수수
黃豆	누런 콩, 황두
黑豆	검은콩
小豆	팥
綠豆	녹두(菉豆)
莞豆	광저기, 동부
豇豆	광저기, 동부
長豆	광저기, 동부
玉米珠子	율무쌀, 옥아미(玉皃米)
蚕豆	누에콩
芝麻	참깨
蘇子	들깨
零大麥	귀리
粘的	찰, 찰진 것, 찰벼, 찹쌀
秈的	메, 찰지지 않은 것, (秈의) 현재 속음은 산이라고도 한다, 메벼, 멥쌀
麩皮	밀기울
麥麩	밀기울
熟了	익다
成熟	익다
實了	영글다
秕了	(곡식의 속이)비다, 쭉정이가 되다
穀穰	조 부검지(짚의 잔부스러기), 조의 검불
糠	도강(稻糠)은 입쌀의 겨, 곡강(穀糠)은 좁쌀의 겨를 가리킴
穀草	조짚, 이삭 떨어낸 줄기
稻草	잇짚, 볏짚
豆角	콩 꼬투리
豆楷	콩대
薥薥楷	수숫대
芝麻楷	참깻대
蘇子楷	들깻대
麻楷	겨릅대(껍질을 벗긴 삼대)

麻刀	삼거웃(삼 껍질 끝을 다듬을 때 긁혀 떨어지는 검불)
菜蔬	**채소(菜蔬)**
豆芽菜	녹두 기른 것, 숙주나물, 콩나물
蓼芽菜	여뀌 기른 것
葵菜	아욱
萵苣菜	상추
莛子	부룻동, 상추의 줄기
白菜	배추
蘿蔔	무
蔓菁	순무
水蘿蔔	무의 한 가지, 현삼(玄蔘)
胡蘿蔔	노란 무, 당근, 홍당무
芥菜	갓
水芹菜	미나리
葱菜	파
蒜菜	마늘
韭菜	부추
薤菜	부추, 염교
赤根菜	시금치
牛蒡菜	우엉
芋頭	토란
芋妳	토란 알
芫荽	고수풀
荊芥	정가, 형개(荊芥)
薄荷	박하(薄荷), 민트
紫蘇	차조기
冬瓜	동아
黃瓜	외, 오이
瓜瓤	욋속, 오이, 수박 참외 등의 속
三瓣瓜	세골외(오이의 한 가지)
四瓣瓜	네골외(오이의 한 가지)
甜瓜	참외

香瓜	참외
西瓜	수박
稍瓜	소과, 김치참외(참외의 한 변종), 월과(越瓜)
絲瓜	수세미외
天瓜	하눌타리
土瓜	쥐참외
葫蘆	박, 조롱박, 표주박
葫蘆絲	박고지(덜 여문 박의 속을 파내어 길게 오려 말린 반찬거리), 葫蘆條(호로조)라고도 한다, 조롱박으로 만든 악기의 일종
葫蘆旋	박고지(덜 여문 박의 속을 파내어 길게 오려 말린 반찬거리)
茄子	가지
水茄子	물가지(물이 올라 잎이 난 가지)
旱茄子	뫼가지(가지의 한 가지)
曲曲菜	사라부루(차조기와 비슷하게 생긴 쉽싸리의 한 가지, 잎과 뿌리를 식용한다), 샤데풀
田菁	사라부루(차조기와 비슷하게 생긴 쉽싸리의 한 가지, 잎과 뿌리를 식용한다), 삼대풀
苦菜	사라부루, 고채, 씀바귀
洛藜	명아주
莧菜	비름
荏苻	비름
薺菜	냉이
茼蒿	쑥갓
馬蹄菜	곰취
酸蔣	승아, 수영(마디풀과의 여러해살이풀)
羊蹄菜	소루쟁이(마디풀과의 여러해살이풀)
黃花菜	넘나물(원추리의 잎과 꽃으로 무쳐 먹는 나물)
狗脚踵菜	쑻다지
蒼朮菜	삽주(국화과의 여러해살이풀)
紫花菜	까마종(가짓과의 한해살이풀)
龍葵菜	까마종(가짓과의 한해살이풀)

拳頭菜	고사리
山芹菜	참나물
藕菜	연근채, 연근(蓮根, 연꽃의 뿌리줄기)
貫衆菜	관중(貫衆), 쇠고비, 면마
搖頭菜	두릅
莙達菜	근대
青角菜	청각
鹿角菜	청각
黃角菜	황각채(청각의 일종)
筆管菜	멸, 삼백초
龍鬚菜	멸, 삼백초
菌	버섯
蘑果	버섯
木耳	목이(木耳)버섯
香蕈	표고
松蘑果	송이(松耳), 송이버섯
野蒜	달래
苜蓿	거여목, 개자리(콩과의 두해살이풀)
苦蕒	도라지
山蔘	더덕, 산삼(山蔘)
薺苨	계로기(초롱꽃과의 여러해살이풀), 모싯대
山藥	마
蔞蒿	물쑥(국화과 여러해살이풀)
葱筆頭	팟종(다 자란 파의 꽃줄기)
起蘿蔔	무를 캐다
凹葱	파를 솎다
掘芋妳	토란을 캐다
捥菜	나물을 캐다
挖菜	나물을 캐다
挑菜	산나물을 캐다
劈菜葉	나물의 잎을 따다
摘菜	나물을 다듬다, 나물을 따다

齊菜	나물을 다듬다
剝蒜	마늘을 까다
煠菜	나물을 데치다
窯菜	나물을 데치다
器具	**기구(器具)**
大鍋兒	가마, 가마솥, 큰 냄비
小鍋兒	작은 가마
荷葉鍋	헤벌어진 가마, 넓적한 가마
鍋兒	솥
鑼鍋	노구솥(놋쇠나 구리쇠로 만든 작은 솥)
茶鑵	차 탕관, 차 달이는 그릇
銅椀	놋그릇, 유기
銅匙子	놋숟가락
筯子	젓가락
快子	젓가락
銅盆	놋대야
洗臉盆	세수대야
瓦盆	질동이
盂子	대야
鉢盂	바리때, 바리
磁椀	사발
甌子	보시기
鍾子	종자, 종지
木楪子	나무접시
磁楪子	사기접시
酒榼子	술준(罇), 제사 때 술이나 물을 담는 긴 항아리 모양의 그릇, 질그릇으로 된 술잔
酒鼈兒	주별아(酒鼈兒, 자라처럼 생긴 술병의 한 가지)
酒壺	호병, 술주전자
酒甁	호병, 술병
銅銚	주전자, 놋주전자
盞兒	잔

鸚鵡螺	앵무배(앵무새 부리 모양의 자개 술잔)
盤子	반, 쟁반, 盤은 속음으로 판이라고도 한다
茶托	차반, 다기를 담는 쟁반
卓子	상, 탁자
高卓兒	고족상, 다리가 높은 상
低卓兒	낮은 상
甌子	독, 항아리
壜子	항아리
油瓶	소용(길쭉하고 자그마한 병), 기름병
火床	화로
火盆	화로
火筯	화저(火箸), 부젓가락
鏊子	떡 굽는 번철(燔鐵)
炙床	고기 굽는 석쇠
火龍	배롱(焙籠, 화로 위에 씌워 젖은 옷 등을 얹어 말리도록 만든 기구)
鐵撐	석쇠
漏杓	석자(철사를 그물처럼 엮어 바가지 모양으로 만들고 긴 손잡이를 단 조리 기구)
榪杓	나무주걱
銅杓	놋주걱
抹布	행주, 걸레
笊籬	조리
竹篩子	체, 대나무로 만든 체, 篩는 속음으로 새라고도 한다
羅兒	깁으로 쳇불을 메운 눈이 고운 체
馬尾羅兒	말총으로 만든 눈이 고운 체
水桶	물통
吊桶	물통
水斗	두레박
瓦罐	질두레박
柳罐	버들로 엮은 두레박
鐵落	두레박, 원나라 말(元話)이다

洒子	두레박
轆轤	고패(두레박을 끌어 올리기 위한 줄을 걸치는 작은 바퀴, 도르레)
井繩	두레박 줄
篾箍	대테(대나무를 쪼개 엮어 만든 테)로 메우다
鐵箍	쇠테로 메우다
瓢子	쪽박
酒榨	술주자(술을 거르거나 짜는 틀)
油榨	기름을 짜는 틀
酒甑	소줏고리(소주를 내리는 데 쓰는 증류기), 甑은 속음으로 징이라고도 한다
甑兒	시루
甑箅兒	시룻밑(시루 밑동에 까는 기구)
甑簾兒	시룻밑(시루 밑동에 까는 기구)
酒篘子	용수(싸리나 대오리로 만든 둥글고 긴 통, 술이나 장을 거를 때 사용하는 기구), 속음으로 쥐수즈라고도 발음한다
酒帘	술주자 주머니
酒鏇	술대야
盒兒	합(盒, 음식 담는 그릇)
饌盒	찬합(饌盒), 饌은 속음으로 촨이라고도 한다
托盤	쟁반
簸箕	키
簽子	적꼬치
斗子	말(부피 재는 그릇, 한 말은 열 되)
斛子	휘(곡식 분량을 재는 그릇의 하나)
槩子	평목(곡식을 담고 위를 평평하게 고르는 데 쓰는 방망이), 평미레
刷子	쇄자(刷子), 먼지 터는 솔
刷帚	(먼지를 털기 위해) 기구를 쓸어내는 솔
帽刷	(먼지를 털기 위해) 갓을 쓸어내는 솔
糊刷	귀얄(풀이나 옻 칠할 때 쓰는 솔의 한 가지)
掃帚	싸리비, 큰 빗자루
笤帚	잇비(메볏짚으로 만든 비), 작은 빗자루

蠅拂子	파리채
坩堝	도가니
箱籠	상자
荊籠	채롱(싸리나무 등을 이용해 함 모양으로 만든 채그릇의 한 가지)
荊筐	채광주리(싸리나무 등을 이용해 광주리 모양으로 만든 채그릇의 한 가지)
筐兒	광주리
柳箱	설기(싸리채나 버들채로 엮어 만든 네모꼴 상자)
提籃	(손에) 드는 광주리
破落	고리(버들 가지 등으로 엮어 상자같이 만든 물건)
櫃子	궤
匣兒	필갑(붓을 넣어 두는 갑)
拜帖匣兒	명함갑
鏡奩	거울집
鏡臺	경대, 거울이 있는 화장대
搭連	이불잇, 전대, 답련 도복
被套	이불잇
口袋	자루
包袱	보, 보자기
切板	도마
按板	도마
榔頭	메, 쇠망치
磨兒	맷돌
碾子	맷돌
尺板	척판(尺板, 관리들이 상관을 만나 필기할 때 사용하는 홀)
尺頭	자
剪子	가위
裁刀	가위
烙鐵	인두
熨斗	다리미, 熨의 발음은 運(운)과 같다
火斗	다리미

運斗	다리미
棒槌	방망이
赶麵棍	홍두깨, 棍은 杖(장)으로도 쓴다
拗棒	홍두깨
呀石	다듬이돌
槌板石	다듬이돌
被兒	이불
臥單	홑이불, 침대보
被單	홑이불, 침대보
枕頭	베개
涼枕	등나무 가지로 엮은 베개
枕頭頂兒	베갯모(베개 양쪽 마구리에 대는 꾸밈새)
靠墩	안석(案席, 벽에 세워 몸을 기대는 방석)
涼墩	등나무 가지로 엮은 안석(벽에 세워 몸을 기대는 방석)
褥子	요(사람이 앉거나 누울 때 바닥에 까는 침구)
毯子	담(짐승털을 빨아 다듬은 조각, 담요의 재료), 담요, 모포
氈條	담요, 모전(毛氈, 짐승털로 만든 깔개)
薦藁	짚기직, 짚돗자리
席子	돗, 돗자리
涼席	돗, 돗자리
蘆席	삿(갈대를 엮어 만든 자리)
雨傘	우산(雨傘)
老鸛傘	작은 우산
日照子	일산(日傘, 햇볕 가리개), 양산
天平	천평(天平) 저울, 천칭
法馬	천평추(天平錘), 또는 對法子(대법자)라고도 한다, 천칭에 올리는 추
秤子	큰 저울
等子	자은 저울
秤竿	저울대
秤錘	저울추
秤鉤	저울 고리(저울대에 달아 물건을 달 때 쓰는 고리)

毫星	저울눈
碓子	방아
碓床	방아의 틀, 방아채
碓嘴	방앗공이
鐵杵	쇠공이
碓身	방아 몸뚱이, 디딜방아의 디디개
碓程	방아 몸뚱이, 디딜방아의 디디개
碓腰幹	방아허리에 놓이는 가로장
碓腰栓	방아허리에 놓이는 가로장
碓夾柱	방아의 쌀개(방아 허리에 가로 얹어 방아를 걸수 있게 만든 나무 막대기)
碓腰子	방아허리
碓臼	방아확
燭臺	촛대
燈臺	등대(燈臺), 등잔 받침대, 촛대
燈籠	초롱
燈草	(등의) 심, 심지
燈心	(등의) 심, 심지
紙捻兒	(등의) 종이 심지
剪燈	불똥을 집다, 심지를 자르다
剔燈	불똥을 치다, 심지를 발라내다
挑燈	불을 돋우다
挑竿	등잔의 심지를 돋우는 장치
油浸者	기름이 스며들다
添油	기름을 치다, 기름을 끼얹다
明子	관솔, 관솔불
松香	송진
食刀	식칼
厨刀	식칼
擦床	채칼
薄刀	(칼날이) 얇은 칼
月刀	월도(月刀, 십팔기중 검술의 한 가지, 또는 언월도(偃月刀))

鋼刀	좋은 칼, 강(鋼)으로 만든 칼
凹面刀	골진 칼, 오목면이 있는 칼
瓦刀	기와를 이는 칼
剃刀	머리카락 깎는 칼
蘸刀	담근 칼, 담근질한 칼
焠刀	담근 칼, 담근질한 칼
白鐵刀	날칼, 아연도금철로 만든 칼
刀揀子	칼마기(칼자루의 마구리), 刀箍子(도고자)라고도 한다
刀鞘	칼집
刀把	칼자루
鍘刀	작두(斫刀)
鍘釘	고두쇠(작두 등의 머리에 가로 끼워 날과 기둥을 꿰 뚫는 굽은 쇠)
鍘床	작두 받침
錛子	자귀(나무를 깎아 다듬는 연장의 한 가지)
鑿子	끌
推鉋	대패
墨斗	묵두, 먹통
墨簑	먹칼
墨線	먹줄
曲尺	곡척(曲尺, 굽자)
鐵鉗	집게, 펜치
斧子	도끼
鉅子	톱, 鉅은 쥬라고도 발음한다
鐵鏝	쇠로 만든 흙손, 鏝은 속음으로 만이라고도 발음한다
泥鏝	쇠로 만든 흙손, 泥는 속음으로 미라고도 발음한다
泥托	흙받기(흙손질할 때 이긴 흙이나 시멘트를 받쳐드는 연장)
鐵銼子	줄
鐵鑽	비비송곳
牽鑽	활비비(활같이 굽은 나무에 시위를 메우고 송곳 자루를 걸어 당기고 밀며 구멍을 뚫는 송곳)

舞鑽	활비비(활같이 굽은 나무에 시위를 메우고 송곳 자루를 걸어 당기고 밀며 구멍을 뚫는 송곳)
錐子	송곳
鈹針	돗바늘
擂槌	막자(덩어리 약을 가는데 쓰는 작은 방망이)
鐵槌	쇠망치
老鸛槌	장도리
鎊	자귀(나무를 깎아 다듬는 연장의 한 가지)
鐵鉋子	글겅이(목재 등을 평평하게 다듬는 연장의 한 가지)
火鎌	부시, 부싯돌을 쳐서 불이 일어나게 하는 쇳조각
火石	부싯돌
火絨	부싯깃
火繩	부싯깃, 화승(火繩)
坐火	붙는 불(부시를 쳐서 불똥이 박혀 불이 붙은 것)
飛火	안 붙는 불(부시를 쳐서 불똥이 박히지 않고 날아가는 것)
帽架	갓걸이
衣架	옷걸이
鞍架	길마(짐을 싣거나 수레를 끌기 위해 소, 말 등에 얹는 기구)걸이
帽盔	갓모자 골, 갓모자를 만들 때 쓰는 목형
網子盔	망건 골, 망건을 만들 때 쓰는 목형
匾擔	짐 메는 나무
搖車	아이 담아 흔드는 수레
壓車	씨아(목화 씨를 빼는 기구)
躧脚子	씨아에 디디는 것
旋棒	돌꼇(실을 감거나 푸는 데 쓰는 기구)
十字車	돌꼇(실을 감거나 푸는 데 쓰는 기구)
木杻	씨아의 나무 가락(실을 자을 때 실이 감기는 꼬챙이), 목추(木杻)
木軸	씨아의 나무 가락(실을 자을 때 실이 감기는 꼬챙이), 목추(木杻), 軸은 쥐라고도 발음한다
鐵杻	씨아의 쇠가락(실을 자을 때 실이 감기는 쇠꼬챙이), 철추(鐵杻)

鐵軸	씨아의 쇠가락(실을 자을 때 실이 감기는 쇠꼬챙이), 철추(鐵杻)
紡車	물레
釘竿子	물레 가락(물레에 실을 자을 때 실이 감기는 꼬챙이)
線起紐	실이 뭉쳐지다
揄線	실이 성기게 얽히다
麻纓兒	삼 뭉치, 꾸리라고도 한다
線纓兒	실뭉치, 실꾸리
書案	서안(書案), 책상
椅子	교의(交椅), 의자
脚踏	등상, 발판
坐兒	깔개
板凳	발돋움, 등받이 없는 나무 걸상
兀子	등받이 없는 모난 걸상
床	평상, 침대
凉床	평상, 대나무로 만든 시원한 침댄
繩床	승상(繩牀, 직사각형 가죽 조각의 양 끝에 네모진 다리를 대어 접고 펼 수 있게 만든 휴대용 의자)
胡床	승상(繩牀, 직사각형 가죽 조각의 양 끝에 네모진 다리를 대어 접고 펼 수 있게 만든 휴대용 의자)
馬床	교의(交倚), 다리 긴 의자
馬兀子	상마대(上馬臺, 말에 오를 때 발을 디디는 것)
竹簾	발, 葦簾(위렴)이라고도 한다, 죽렴(竹簾, 대나무 발)
草簾	거적
梳子	얼레빗(빗살이 굵고 성긴 큰 빗)
密篦子	(빗살이 촘촘한) 밴 참빗
稀篦子	(빗살이) 성긴 참빗
梳齒子	빗살
畵樑梳	그림 그려진 빗
篦刷子	빗솔(빗살 사이를 청소하는 솔)
硯石	벼루
硯匣兒	벼룻집

硯臺	벼룻집, 벼루
筆	붓
墨	먹
筆帽	붓두껍(붓촉에 끼우는 뚜껑)
硯水瓶	연적(硯滴)
扇子	부채
八根材	부채
扇骨子	부챗살
木猫	쥐덫
反車子	덫
土猫	덫
糞斗	삼태기(흙, 거름 등을 담아 나르는 데 쓰는 기구)
擡把	들것
鞍轡	**안장과 고삐(鞍轡)**
鞍子	길마(짐을 싣거나 수레를 끌기 위해 소, 말 등에 얹는 기구)
鞍橋子	길맛가지(길마의 몸통을 이루는 말굽 모양의 나뭇가지)
鴈翅板	둥우리막대(길마의 궁글막대 아래 수숫잎처럼 틀어막아 댄 나무)
鞍座兒	안좌아(鞍座兒), 예전에 사오리(등상, 발돋움)라 풀이하였다, 안장
軟座兒	연좌아(軟坐兒, 편한 좌석)
屜子	언치(안장이나 길마 밑에 깔아 말이나 소의 등을 덮어주는 방석이나 담요), 屜는 替(체)라고도 쓴다
汗屜	땀을 흡수해주는 언치
皮屜	가죽으로 만든 언치
韂	말다래(말 탄 사람의 옷에 흙이 튀지 않도록 말 안장 양쪽에 드리운 것)
鞦	고들개(말굴레의 턱 밑으로 돌아가는 가죽), 껑거리
鞦皮	고들개, 후걸이
包糞	밀치(말 안장이나 소 길마에 걸어 꼬리 밑에 거는 좁다란 나무 막대)
鞦皮穗頭	고들개 삭모(槊毛, 기(旗)나 창(槍)의 머리에 술이나 이삭 모양으로 만들어 다는 붉은 털)

攀胷	가슴걸이
轡頭	굴레
䪊頭	굴레
兜頦	턱자가미(아래턱과 위턱이 맞물린 곳)
接絡	혁(말안장 양쪽에 장식으로 늘어뜨리는 고삐), 고삐를 매다
編韁	땋은 고삐, 고삐를 매다
水環	마함(馬銜), 재갈
嚼子	마함(馬銜), 재갈
閙口	마함(馬銜), 재갈
牽鞚	길게 단 고삐
韁繩	후릿고삐(말이나 소를 후려 몰기 위하여 길게 단 고삐)
前纓	가슴걸이의 앞쪽
鼻纓	가슴걸이의 앞쪽
坐纓	가슴걸이의 뒤쪽
肚帶	뱃대(안장, 길마를 얹을 때 배에 걸쳐서 졸라매는 줄)
韂甲兒	말다래(말 안장 양쪽에 늘어뜨려 진땅의 흙이 튀는 것을 막는 물건)
鞍塔兒	안갑(안장 위에 덮는 헝겊)
鐙	등자(鐙子, 말 타고 앉아 두 발로 디디는 물건)
鐙靳皮	등피(말 등자에 매는 띠)
纓項	간다개(말머리에서 고삐에 매는 끈)
網盖兒	구슬망
鞍籠	안롱(鞍籠, 수레나 가마 등을 덮는 우비의 한 가지)
鞭子	채찍
鞭竿	채찍
鞭穗	챗열(채찍 끝에 달린 끈), 편수(鞭穗)
䪊着馬	경마 잡다, 남이 탄 말의 고삐를 잡고 몰고 가다
疊騎	어울려 타다, 같이 타다
驏騎	(안장 없이) 맨 등에 타다
馬護衣	말 등에 덮는 포대기
馬脚匙	대갈(편자에 박는 징), 馬釘子(마정자)라고도 한다
馬椿子	말 메는 말뚝

舟舡	선박(舟舡)
海舡	큰 배
擺渡舡	나룻배
槽舡	마상이(거룻배처럼 노 젓는 작은 배)
筏子	뗏목
鐵猫	닻
纜	닻줄
猫繩	닻줄
攤繩	배에 늘이는 줄
柁	(배의 방향을 다루는) 키
櫓	배 밑에서 젓는 나무막대
槳	배 옆에서 젓는 나무막대
撑子	상앗대(배질할 때 쓰는 긴 막대)
篙子	상앗대(배질할 때 쓰는 긴 막대)
划子	배 젓는 가래
桅竿	배의 돛대
桅篷	배의 돛
挂篷	돛을 달다
扯篷	돛을 당기다
卸篷	돛을 늘어뜨리다
馬頭	배를 대는 선창
舡頭	배의 이물(배의 앞부분)
舡梢	배의 고물(배의 뒷부분)
梢工	사공
梢子	사공
舡家	사공
舡夫	사공
使舡的	배 젓는 이
水手	배 젓는 이, 선원
擺舡	배를 벌이다, 배를 배치하다
裝舡	배에 싣다
儘舡装	배 가득 싣다

駕舡	배를 타다, 上舡(상선)이라고도 한다, 배를 몰다
開舡	배를 띄우다, 배를 몰다
開洋	배를 순풍(順風)으로 놓다, 배가 바람을 맞으며 가다
划舡	배를 젓다
搖櫓	노를 젓다
盪槳	배를 끌다, 상앗대를 밀어 배를 움직이다
停泊	정박하다, (배가 부두에) 머물다
舡旱了	배가 육지에 닿다, 정박하다
閣舡	배가 육지에 닿다, 정박하다
閣浅	배가 (수심) 얕은 데 정박하다
舡偏了	배가 기울다
抛猫	닻을 풀다, 감았던 닻을 풀다
拔猫	닻을 걷다
絟舡	배를 매다
艌舡	배의 틈을 메우다, 배를 수리하다
暈舡	뱃멀미 하다
戽斗	파개, 파래박, 배에서 쓰는 두레박
潑水	배에 이슬을 푸다, 潑은 戽(호)로도 쓴다, 배에 물을 뿌리다, 배에 물을 퍼 대다
上岸	배가 뭍에 닿다, 배를 뭍에 올리다
攏岸	배를 뭍에 대다
盤下来	짐을 부리다
卸下来	짐을 부리다
跳板	배다리, 배에 오르내리도록 깐 발판
泅水	헤엄치다, 灑水的(쇄수적)라고도 한다
氽水	무자맥질하다, 물속에서 자맥질하다
扎艋子	무자맥질하는 사람
暗礁	암초, 선박을 운행할 때 꺼리는 것(行舡所忌)이다
暗尖	암초, 선박을 운행할 때 꺼리는 것(行舡所忌)이다
車輛	**수레(車輛)**
大車	큰 수레
小車	작은 수레

室車	집 지은 수레, 방처럼 꾸민 수레
庫車	잡은 것을 넣는 수레, 곳간처럼 쓰는 수레
坐車	타는 수레, 수레에 타다
車轅	수레 나릇(수레의 양쪽에 달린 긴 채)
車軸	굴대통(수레바퀴 한 가운데 굴대를 끼우는 부분)
轠軸	일륜차(一輪車, 바퀴 하나 달린 수레)
推車	일륜차(一輪車, 바퀴 하나 달린 수레)
車頭	수레 앞에 괴는 나무
車釧	수레의 굴대통에 박은 쇠
車鐧	수레의 굴대통 구멍 안에 박은 쇠
車箱	수레 난간
輞子	수레바퀴
輻條	수레 바큇살
轄子	수레 쐐기
大鞅	수레 나릇의 멍에
小鞅	수렛줄의 작은 멍에
羊角椿子	큰 멍에에 소나 말의 끈을 매는 말뚝, 수레의 끌채 앞에 위아래를 관통하게 박은 양뿔처럼 생긴 작은 말뚝
套繩	봇줄(말이나 소에 수레를 메우는 줄)
撒繩	끌줄
拘索	가슴걸이(말이나 소의 가슴에 걸어 안장, 멍에를 매는 끈)
撑兒	수레 뒤에 괴는 나무
梯子	수레 앞에 괴는 나무
挾棒	수레바퀴에 끼워 매는 나무
装車	수레에 짐을 싣다
赶車	수레를 몰다
車碾了	수레에 치이다, 수레가 깔다, 수레에 깔리다
車壓者	수레에 치이다, 수레가 깔다, 수레에 깔리다
膏車	수레줏대(수레바퀴 끝을 덮는 휘갑쇠)에 기름을 바르다
膠車	수레줏대(수레바퀴 끝을 덮는 휘갑쇠)에 기름을 바르다
點車	수레 걸린 데가 뜨다
打棚	수레 위를 (천막으로) 가리다

苫車	수레를 이다, 수레를 이엉이나 거적 등으로 덮다
倒車	수레를 갈다, 갈아타다
換車	수레를 갈다, 갈아타다
卸車	수레에 실린 짐을 부리다
翻車	수레를 뒤집다, 수레가 뒤집히다
把犂	발구(썰매의 한 가지), 수레와 비슷하나 바퀴가 없다(似車而無輪), 말이나 소에 메워 물건을 싣는 큰 썰매
馬躧了	말에게 밟히다, 말이 밟다
技戲	**재주와 놀이(技戲)**
捽跤	씨름하다
迭跤	씨름하다
攛跤	씨름하다
抅欄	놀이하는 곳, 극장
雜戲	놀이, 잡희(雜戲)
雜技	놀이, 잡기(雜技)
打毬	장치기공(겨울철에 어린이들이 하는 공치기 놀이의 하나, 나무를 둥글게 다듬어 사용한다)을 치다
放鶴兒	연 날리다
放蜂箏	연 날리다, 風箏(풍쟁)이라고도 한다
踢毽子	제기 차다
踢毬	장치기공 제기를 차다, 장치기공을 차다
放空中	박팽이(박을 팽이같이 공중에 휘둘러 소리를 내는 장난감)를 치다
碾葫蘆	박팽이(박을 팽이같이 공중에 휘둘러 소리를 내는 장난감)를 치다
拿錢	먹국(주먹 속에 쥔 물건의 수를 알아맞히는 놀이)하다
賭錢	내기하다, 내깃돈을 걸다
耍指	공기놀이를 하다
碾掇落子	팽이를 돌리다, 팽이치기하다
抹骨牌	골패(骨牌) 놀이를 하다
弄把戲	놀이하다, 곡예하다
鼓手	북 치는 사람, 고수(鼓手)

鼇山	산대(산대놀음을 하기 위해 빈터에 마련한 임시무대), 산대놀이(탈놀음)
鼇棚	산대(산대놀음을 하기 위해 빈터에 마련한 임시무대), 산대놀이(탈놀음)
魁山	화산대(불놀이를 하기 위해 만든 대)
彩棚	채붕(彩棚, 나무로 단을 만들고 오색 비단 장막을 늘어뜨린 장식 무대)
鬼臉兒	광대
鬼頭	광대
假面	광대
面魁	꼭두각시
弄棒	나무를 놀리다, 나무막대로 재주 부리다
跟陡	재주 넘기를 하다, 곤두박질하다
躧軟索	줄타기하다
上竿	솟대놀이
弄鈴	방울을 놀리다, 방울로 재주 부리다
滑躧	얼음을 지치다
滑差兒	얼음을 지치다
打雙六	쌍륙(雙六, 주사위로 말을 움직이는 놀이)을 치다
打象棊	장기를 두다
下大棊	바둑을 두다
下鼈棊	주사위 놀이 하다
鞦韆	그네
遊仙戲	그네
好耍子	놀이를 즐기다, 놀이를 좋아하다
飛禽	**날짐승(飛禽)**
家鷄	닭
公鷄	수탉
母鷄	암탉
騲鷄	암탉
羿鷄	연계(健鷄, 병아리), 영계
騸鷄	불깐 수탉, 거세한 수탉

花鷄	구수닭, 얼룩점이 있는 닭
哈八鷄	화왁닭(닭의 한 가지)
蓬頭鷄	쑥대머리 닭
土浴	닭이 보금자리를 치다, 토욕(土浴, 닭이 흙에서 버르적거리는 일)하다
鷄抱窩兒	닭이 보금자리를 치다, 抱는 打라고도 쓴다, 토욕(土浴, 닭이 흙에서 버르적거리는 일)하다
鷄躧	닭을 흘레붙이다, 닭을 교미시키다
鷄鴠	닭의 알, 달걀
下鴠	알을 낳다
抱鴠	알을 안다, 알을 품다
巢鴠	알을 굴리다, 알을 둥지에 놓다
啄鴠	알을 까다, 알을 쪼아서 까다
開鴠	알을 까다, 알을 까고 나오다
頭窩兒	첫배, 동물이 처음으로 새끼를 낳거나 까는 것
鷄冠	닭의 볏, 닭벼슬
鷄脖子	닭의 목
鷄翎	닭의 깃, 닭깃털
鷄腿	닭다리
鷄抓子	닭발
鷄尾把	닭꼬리
鷄翅膀	닭날개
鷄肫	닭똥집, 닭의 모이주머니, 닭근위
鷄肝	닭간
鷄心	닭의 염통
鷄腸	닭의 창자
嗉帒	닭의 소낭(嗉囊, 모이주머니)
撏鷄	닭털을 뽑다
撏毛	닭털을 뽑다
退鷄	닭을 튀하다, 뜨거운 물에 잠깐 넣었다 꺼내서 닭털을 뽑다
退毛	닭을 튀하다, 뜨거운 물에 잠깐 넣었다 꺼내서 닭털을 뽑다
煮鷄	닭을 삶다

燒鷄	닭을 굽다
炒鷄	닭을 볶다
鵝	거위
鵝雛	거위 새끼, 오리와 비둘기 및 곤줄박이 등의 새끼는 모두 雛라는 글자를 사용한다(鴨鴿山雀皆用雛), 새끼 거위
鴨	집오리
鴿	비둘기
鵓鴿	비둘기
班鳩	산비둘기
海靑	해동청(海東靑, 매)
鴉鶻	난추니, 수컷 새매
黃鷹	갈지개, 한 살 된 매
黃鸇	구지내(수릿과 새의 한 가지)
芙闘兒	도롱태(새매의 한 가지)
鵟兒	도롱태(새매의 한 가지)
窩雛鷹	익두매(매의 한 가지)
野鷹	야생매
兎鶻	익더귀(암컷 새매), 토끼 잡는 매
老鷹	솔개, 새매
白黃鷹	튀곤(백황응(白黃鷹), 매의 한 가지)
白角鷹	궉진(백각응(白角鷹), 매의 한 가지)
秋鷹	보라매
花鴇	걸픠여기(화보(花鴇), 새매의 한 가지), 鴇는 속음으로 부라고도 발음한다, 너새
百雄	퍄하(백웅(百雄), 매의 한 가지)
懸扯的	(새가)공중에서 뜨는 것
鷹打潮	매가 똥을 누다
鷹跳	매똥(오물)
鷹戴帽	사냥할 매의 쓰개
撒皮	매 발에 매는 가죽
五皮	매 발에 매는 긴 가죽
鷹銃子	매방울

鷹鈴子	매방울
鷹鋧子	매방울
鷹墊板	매 단장고(사냥매의 몸에 꾸미는 치장), 標兒(표아)라고도 한다
飄翎兒	빼깃(매 꽁지 위에 덧꽂아 표시한 깃)
飄白翎	빼깃(매 꽁지 위에 덧꽂아 표시한 깃)
鷹坐兒	매가 앉는 자리
五指兒	매 버렁(매사냥에서 매를 받을 때 끼는 가죽으로 만든 두꺼운 장갑), 套手(투수)라고도 한다
叫頭	매를 부르는 것
架鷹	매를 받쳐 들다
喂鷹	매를 먹이다
放鷹	매를 놓다
抓了	매(의 다리에 차꼬 등을) 차다, 매를 잡다
擺吞	밥을 되새김질하다
回食	밥을 되새김질하다
皂鷹	수리
皂鵰	수리
黑鷹	수리
鵮子	새매
青鷂	새매
孔雀	공작(孔雀)
鳳凰	봉황(鳳凰)
鸚哥	앵무
仙鶴	학
鴛鴦	원앙(鴛鴦)
鷺鷥	해오라기
老鸛	황새
鵁鶄	두루미
老鴉	까마귀, 老鴚(노가)라고도 한다
寒鴉	까마귀
環鴉	갈까마귀

水老鴉	가마우지
烏鬼	가마우지
鷂鷹	솔개
鵝老翅	솔개
喜鵲	까치
靈鵲	까치
野鷄	꿩
黃鳥	꾀꼬리
黃鸝	꾀꼬리
啄木官	딱따구리
胡鷰	명매기(제빗과 여름 철새)
巧鷰	명매기(제빗과 여름 철새)
拙鷰	제비
鴈	기러기
野鴨子	들오리
梳鴨子	비오리(오릿과 물새)
天鵝	고니
陶河	사다새
麻雀	참새
家雀	참새
鵪鶉	메추리
鶬鶊	꾀꼬리
呌天子	꾀꼬리
翠雀	쇠새(물총샛과의 새)
茶鳥	콩새(되샛과의 새)
紅鶴	따오기
羅甸子	할미새
水札子	도요새
鸨子	너새, 鸨는 속음으로 부라고도 발음한다
鵂鶹	부엉이, 狼呼(흔호)라고도 한다
馬布郎	개고마리(때까치과의 새)
造花	예전 풀이(舊釋)는 종다리이다

銅嘴	수컷 종다리
蠟嘴	암컷 종다리
江鷹	갈매기
海猫兒	갈매기
青鶬	왜가리, 청장(靑鶬)
石錢兒	고지새(되샛과의 새)
鑽木兒	딱따구리
蝙蝠	박쥐, 벼룩라고도 한다
水不剌	할미새
雪姑兒	할미새
杜鵑	두견이
寒火虫	두견이, 火는 虢(호)라고도 쓴다
夜猫	올빼미
禿角	올빼미
鸂鶒	팟다리(뜸부깃과의 여름새), 뜸부기라고도 한다
鷦鷯	뱁새
理毛	깃을 다듬다
勒毛	깃을 다듬다
寡鳴	수탉 없이 나은 알, 무정란
望鳴	수탉 없이 나은 알, 무정란
走獸	**길짐승(走獸)**
黃馬	고라말, 등마루를 따라 검은 털이 난 누런 말
赤馬	절따말, 몸 전체의 털이 밤색이거나 불그스름한 말
白馬	백마, 흰말
銀褐馬	서라말, 흰 바탕에 거뭇한 점이 섞인 말
玉頂馬	소태성, 별박이, 이마에 흰털 점이 박힌 말
黑馬	가라말, 털빛이 검은 말
紅紗馬	부루말, 적부루마, 흰빛과 붉은빛의 털이 섞인 말
豹臀馬	궁둥이가 얼룩무늬인 말
粉嘴馬	거할마, 주둥이가 흰 말
白臉馬	잠불마, 뺨에 흰 줄이 있고 눈이 누런 말
青馬	총이말, 회색 털이 난 말

棗騮馬	자류마, 밤색 털이 난 말
栗色馬	구렁말, 밤색 털의 말
四明馬	사족발이, 네 굽이 흰 말
五明馬	오명마(五明馬, 몸 털은 검고 이마와 네 발은 흰 말)
海騮馬	가리온, 몸은 희고 갈기는 검은 말
黑駿馬	가리온, 몸은 희고 갈기는 검은 말
花馬	워라말, 털빛이 얼룩얼룩한 말
環眼馬	고리눈말, 눈 주위에 흰 테가 있는 말
繡膊馬	발에 문신과 같은 무늬가 있는 말
土黃馬	공골말, 몸 전체가 누렇고 갈기와 꼬리가 흰 말
灰馬	추마말, 흰 바탕에 검정색, 갈색, 적색 등의 털이 섞인 말
青驄馬	철총이, 몸에 검푸른 무늬가 박힌 말
眼生馬	놀라는 말
兒馬	새끼말, 망아지
騸馬	악대말, 거세마
大馬	악대말, 거세마
騍馬	암말
馬駒子	망아지
銀鬃馬	표마(驃馬, 몸이 누런 바탕에 흰털이 섞이고 갈기와 꼬리가 흰 말), 갈기가 흰 말
豁鼻馬	코를 짼 말, 콧구멍이 넓은 말
癩馬	비루먹은 말
疥馬	비루먹은 말
瘸馬	다리를 저는 말
點的馬	가탈거리는 말, 사람이 타거나 짐을 싣기 불편할 정도로 비틀거리는 말
驪馬	걷는 말
細點的	말이 조금 가탈거리며 걷는 걸음
撒瘸的	넘어지는 말, 굽을 저는 말
前失馬	앞으로 넘어지는 말, 앞발을 저는 말
熟瘸馬	들피진 말, 주려서 쇠약해진 말
撒蹄馬	굽을 가리는 말, 발을 저는 말

掠蹶馬	비트적 거리는 말, 掠는 丢(주)라고도 쓴다
�馬	발 차는 말
掠踶	발 차는 말
咬人馬	사람을 무는 말
口硬馬	입아귀 힘이 센 말
口軟馬	입아귀 힘이 무른 말
懶馬	굼뜬 말, 느린 말
鈍馬	굼뜬 말, 느린 말
急性馬	성급한 말
瞎馬	눈먼 말
膘馬	살찐 말
肥馬	살찐 말
瘦馬	여윈 말
瘡馬	(살이) 헐은 말, 부스럼이 있는 말
光當馬	덜렁이는 말
念羣馬	벗을 욕심내는 말, 무리 짓고 싶어하는 말
轡走馬	빨리 달리는 말
馬脊樑	말등
馬肚	말의 배
馬脖子	말의 목
馬嘴	말의 입
馬胷	말의 가슴
前脚	앞다리
後腿	뒷다리
馬蹄子	말굽
馬蹄腕	말 회목, 말 발목의 잘록한 부분
馬蹄寸子	말 회목, 말 발목의 잘록한 부분
馬鬃	말갈기
馬尾子	말의 꼬리
抛糞	말이 똥을 누다
馬潮	말이 오줌을 누다
打滾	(말이)뒹굴다

滚倒	(말이)뒹굴다
馬盖	말을 흘레붙이다, 교미시키다
馬打配	말을 흘레붙이다, 교미시키다
懷駒子	(말)새끼를 배다
帶駒子	(말)새끼를 배다
丢駒子	(말)새끼를 잃다, 유산하다
下駒子	(말)새끼를 낳다
刷馬	말을 빗기다, 말을 솔질하다
澡馬	말을 씻기다
喂馬	말을 먹이다
絟馬	말을 매다
馬驚了	말이 놀라다
馬叫	말이 울다
馬嘶	말이 울다
馬撒了	말을 놓이다, 말을 놓아 주다
馬走	말을 놓아 가다
欄馬	놓은 말을 (울타리를 세워) 막다
馬厮咬	말이 싸우다, 말이 서로 물고 싸우다
馬鬪	말이 싸우다
馬抖身	말이 등을 떨다, 말이 떨다
打顫	말이 등을 떨다, (말이) 떨다
會跑馬	뛰는 말, 달리는 말
會走馬	걷는 말
害骨眼	말의 눈알이 갑자기 붓고 굳는 병을 앓다
流癳	(말이 병에 걸려)코를 흘리다
醫馬	말(의 병)을 고치다, 말을 치료하다
犍牛	큰 소, 황소
大犍	큰 소, 황소
犍牛	악대소, 거세한 소
犍子	악대소, 거세한 소
牡牛	암소
牯牛	암소

乳牛	암소
犢兒	송아지
花牛	얼룩소
牛機角	쇠뿔
牛尾把	쇠꼬리
牛吼	소가 울다
牛放尿	소가 오줌을 누다
牛抛糞	소가 똥을 누다
喂牛	소를 먹이다
倒嚼	소가 여물을 되새김질하다
回食	소가 여물을 되새김질하다
牛走	소를 흘레붙이다, 교미시키다
打欄	소를 흘레붙이다, 교미시키다
跳欄	소를 흘레붙이다
帶犢兒	소가 새끼를 배다
懷犢兒	소가 새끼를 배다
丟犢兒	소가 새끼를 잃다, 유산하다
下犢兒	소가 새끼를 낳다
牛低頭	소가 싸우다, 소가 고개를 숙이고 싸우다
厮頂	소가 싸우다, 소개 머리를 맞대고 싸우다
駕轅子	멍에를 메다, 멍에를 지다
套牛	소에 (수레를) 메우다
赶牛	소를 몰다
牽牛	소를 이끌다, 소를 끌다
飮牛	소에게 물을 먹이다
喝牛	소를 위협하다, 소리 질러 소를 으르다
宰牛	소를 죽이다, 소를 잡다
驢子	나귀
叫驢	수나귀
騲驢	암나귀
驢跳	나귀를 흘레붙이다, 교미시키다
驢打配	나귀를 흘레붙이다, 교미시키다

驢駒子	나귀 새끼, 새끼나귀
快驢	(행동이) 빠른 나귀
懶驢	(행동이) 굼뜬 나귀, 느린 나귀
滚鞦	나귀 껑거리(길마를 얹을 때 나귀 궁둥이에 막대를 가로 대고 양 끝에 줄을 매우 길마를 잡아매게 고정하는 것)
騾子	노새
叫騾	수노새
騍騾	암노새
駒騾子	새끼 노새
牙猪	수퇘지
母猪	암퇘지
猪跳	돼지를 흘레붙이다, 교미시키다
猪走襲	돼지를 흘레붙이다, 교미시키다
猪豬	돼지 새끼, 새끼 돼지
香狗	냄새 맡는 개
獐子狗	동경이(경주에서 주로 키우던 꼬리 짧은 개)
鹿尾狗	동경이(경주에서 주로 키우던 꼬리 짧은 개)
赶獐狗	노루 잡는 개
哈八狗	발발이, 페키니즈
四眼狗	네눈박이
獅子狗	더펄개(긴 털이 더부룩하게 난 개), 사자견
花狗	얼룩개
牙狗	수캐
公狗	수캐
騲狗	암캐
母狗	암캐
風狗	미친개
絡絲狗	삽살개
狗吠	개가 짖다
狗叫	개가 짖다
狗連	개를 흘레붙이다, 교미시키다
狗走襲	개를 흘레붙이다, 교미시키다

狗項圈	개 목에 거는 고리
狗護項	개 목에 거는 고리
狗鎴子	개에게 거는 방울
鈴鐺	개에게 거는 방울
停棍	찌부러뜨리는 나무
刺蝟	고슴도치
羝羊	숫양
騲羊	숫양
母羊	암양
羯羊	악대양, 불깐 숫양
羊羔兒	양의 새끼, 새끼양
綿羊	면양(綿羊)
羖䍽	양과 염소가 흘레붙어 낳은 것, 고력(羖䍽, 털이 길고 색깔이 검은 숫양의 한 가지)
山羊	염소, 산양(山羊)
羔兒	염소의 새끼, 새끼 염소
猫兒	고양이
郎猫	수고양이
兒猫	수고양이
女猫	암고양이
花猫	얼룩무늬 고양이
豹花猫	표화묘(豹花猫, 얼룩무늬가 있는 고양이)
金絲猫	금사묘(金絲猫, 주황빛 털을 가진 고양이)
黑猫	검은 고양이
白猫	흰 고양이
灰猫	잿빛 고양이
猫走仰	고양이 흘레, 고양이가 교미하다
耗子	쥐
老鼠	쥐
鼢鼠	두더지
鼠齩	쥐가 쪼다, 쥐가 쏠다
獅子	사자

象	코끼리
熊	곰
老虎	범, 호랑이
大虫	범, 호랑이
金絲豹	표범
虎走仰	범 흘레, 범이 교미하다
駱駝	약대, 낙타
貂鼠	돈피(獤皮, 노랑담비의 가죽), 초서(貂鼠, 노랑가슴 담비)
狼	이리
角鹿	수사슴
麋鹿	암사슴
麅子	고라니
香獐	사향노루
牙獐	엄노루
騲獐	암노루
獐羔兒	노루의 새끼, 새끼 노루
山獺	너구리
土豹	시라소니
獾子	오소리
土猪	오소리, 남쪽말(南話)로는 豧貉(수학)라고도 한다
狐狸	여우
火狐狸	불여우
沙狐狸	흰털 섞인 여우
水獺	수달(水獺)
海龍	수달(水獺)
野猫	삵
兎兒	토끼
胡猻	원숭이
黃鼠	족제비
山鼠	다람쥐, 松鼠(송서)라고도 하고 花鼠(화서)라고도 한다
蜜狗皮	담비 가죽
臊鼠皮	담비 가죽

灰鼠皮	서피(鼠皮), 청서(靑鼠, 다람쥣과의 한 가지)
囮子	미끼로 삼은 새
看窩	짐승이 자리를 만들다
爪脚	자귀(짐승 발자국)를 밟다, 짐승 발자국을 쫓아가다
鍘草	짚을 썰다
入草	(풀에) 작두를 먹이다, 풀을 작두로 자르다
按草	(풀을) 작두로 누르다
撮草	여물을 담다
上草	여물을 주다
逗草	여물을 옷자락에 담다
拌料	콩을 버무리다
放青	풀에 풀어 놓다, (짐승을) 풀밭에 방목하다
放草	풀에 풀어 놓다, (짐승을) 풀밭에 방목하다
絆了	말의 발을 묶어두다, 얽어매다
昆虫	**곤충(昆虫)**
蝴蝶兒	나비, 蝶은 텨라고도 발음한다
紅蛾兒	붉은 나비, 붉은 나방
白蛾兒	흰 나비, 흰 나방
螗蜋	말똥구리
促織虫	베짱이
織兒	귀뚜라미
蚟蟋	귀뚜라미
蜻蜓子	잠자리
秋凉兒	매미
秋蟬兒	매미
班猫	가뢰(1-3cm의 길쭉하고 광택이 있는 몸체를 가진 해충의 한 가지)
螢火虫	반디, 개똥벌레
明火虫	반디, 개똥벌레
草螺子	달팽이
蝸牛	달팽이
水螺子	고둥

田螺	고둥
蜘蛛	거미
蟢蛛兒	갈거미
蟢母	갈거미, 사람 옷에 붙으면 손님이 도착한다(來着人衣, 當有客至)
壁鏡	납거미 집
蛆虫	구더기
蛆螬	구더기
蜈蚣	지네
蚰蜒	그리마, 유연(蚰蜒)
蜈蟍	노래기
多脚虫	구더기, 그리마
百脚虫	구더기, 그리마
蚯蚓	지렁이
地龍	지렁이
蛐蟮	지렁이
饞虫	거위(회충의 한 가지)
蛔虫	거위(회충의 한 가지)
曲尺虫	자벌레, 曲曲虫(곡곡충)이라고도 한다
土狗	땅강아지
蠟蛄	땅강아지
虱子	이(포유류 몸에 기생하며 흡혈하는 벌레)
蟣子	서캐, 이의 알
跳蚤	벼룩
狗蚤	개벼룩
臭虫	빈대
壁虱	빈대
壁魚	반대좀(집안의 어둡고 습기 있는 곳에 살면서 옷이나 종이 따위를 스는 벌레)
書魚	반대좀(집안의 어둡고 습기 있는 곳에 살면서 옷이나 종이 따위를 스는 벌레)
焦苗虫兒	딱정벌레

蛀虫	좀
虫蛀了	좀먹다
蠹虫	수중충(水中虫), 낭충(囊蟲, 촌충의 유생)
蠐螬	굼벵이, 蠐는 속음으로 츠라고도 발음한다
蝇子	파리
蒼蝇	파리
蚊子	모기
夏䖟	등에
蚊釘	모기가 물다
虻咬	등에가 물다
狗蝇	개이파리(이파릿과 곤충, 개에 기생한다)
蜂子	벌
細腰蜂	나나니벌(날개는 투명하고 누르스름하며 허리가 가늘고 두 마디로 이루어진 구멍벌과의 벌레, 다른 벌레의 유충을 잡아 애벌레의 먹이로 삼는다)
蜣蜋	바퀴벌레
金包虫	바퀴벌레
負盤	쥐며느리
濕生虫	쥐며느리
螞蚱	메뚜기
螞蟻	개미
蝗虫	황충(蝗蟲, 누리, 메뚜깃과 벌레의 한 가지)
馬蝗	거머리
蝌蚪	올챙이
青蛙	청개구리
田鷄	개구리
黑蟆	두꺼비
蟾蜍	두꺼비
癩蝦蟆	옴두꺼비
蠷螋	그리마, 십게벌레
陰生虫	하루살이
草蜱	진드기, 蜱는 속음으로 피라고도 발음한다

釘倒虫	장구벌레
癢瘌子	쐐기
瓮雀兒	쐐기
白蛆	쉬(파리알), 구더기
白蜡	쉬(파리알), 구더기
馬蛇	도마뱀
蠑螈	도마뱀
蝮蛇	독사
土蟠蛇	독사, 蟠은 오늘날 속음으로 판이라고도 발음한다
蝘蜓	도롱뇽
蠍子	전갈
水族	**물속 생물(水族)**
八梢魚	문어
八帶魚	문어
小八梢魚	낙지
大口魚	대구
吴口魚	대구
鯉魚	잉어(鯉魚)
肋魚	준치
鰳刀魚	준치
鰱魚	연어
烏鰂魚	오징어
魴魚	방어
烏魚	가물치
火頭魚	가물치
黑魚	가물치
鮎魚	메기
玉板魚	전어
黃魚	황어, 조기
湘洋魚	가오리
犂子魚	가오리
洪魚	홍어(洪魚)

鯊魚	상어
刀梢魚	위어(멸칫과의 바닷물고기)
蠣子	굴(牡蠣)
蠣蝗	굴(牡蠣)
蠣房	굴(牡蠣)
蟶腸	가리맛조개
鰒魚	전복
石決明	전복
蛤蜊	동죽조개(蛤蜊, 조개의 한 가지), 蜊은 蜊(리)라고도 쓴다
朋蚵	금조개, 朋은 뻥이라고도 발음한다
蚌殼子	금조개 껍질
麵條魚	뱅어, 뱅엇과의 민물고기
民魚	민어(民魚)
拔魚	망어(芒魚, 고등엇과 바닷물고기), 발어(拔魚)
芒魚	망어(芒魚, 고등엇과 바닷물고기)
秀魚	숭어(秀魚)
梭魚	숭어(秀魚)
石首魚	조기
蘇魚	밴댕이
獐口魚	밴댕이
古道魚	고등어 새끼
鯽魚	붕어
鱸魚	농어
重唇魚	누치(잉엇과 민물고기의 한 가지)
狗嘴魚	누치(잉엇과 민물고기의 한 가지)
泥鰍魚	미꾸라지, 泥는 미로도 발음한다
秋生魚	은구어, 은어
鲀魚	복어
河鲀	복어, 河는 호로도 발음한다
裙帶魚	갈치
黃鱔	뱀장어
王八	자라

團魚	자라
烏龜	거북
螃蟹	게
尖臍	수게
團臍	암게
刺古	가재
石螯	가재
倒虿	가재
海鷄	꽃게
蝦兒	새우
蝦米	(말려서 껍질과 머리를) 깐 새우, 작은 새우
昂刺	자가사리
江魨	물아치(물돼짓과의 포유류), 상괭이
鱖魚	쏘가리
錦鱗魚	쏘가리
舡頂魚	상피리(게르칫과 바닷물고기)
鱔魚	드렁허리
沙骨落	모래무지
鏡子魚	가자미
鞋底魚	서대기(몸이 납작하고 왼쪽에 두 눈이 달린 바닷물고기)
家鷄魚	도미
銀魚	은어(銀魚)
海蔘	해삼(海蔘)
淡菜	홍합
螺螄	소라
土螺	우렁이
醢蝦	새우젓
青魚	청어(青魚)
魚秧	고기 새끼, 유어(幼魚)
魚白兒	이리(수컷 물고기 배 속에 있는 흰 정액 덩어리)
魚子子	알
魚鰾	부레

魚刺兒	물고기 가시, 생선 가시
鮝魚	건어(乾魚), 乾石首魚(건석수어, 말린 조기, 굴비)라고도 한다, 말린 물고기
醃魚	간 친 물고기, 소금에 절인 생선
魚閣顋	물고기 아가미
魚膀子	물고기 지느러미
花草	**꽃과 풀(花草)**
牧丹	모란
芍藥	작약, 芍은 속음으로 쇼라고도 발음한다
海棠	해당화
薔薇	장미(薔薇)
藕花	연꽃, 芙蓉(부용)이라고도 한다
紅蓮花	홍련화(紅蓮花), 호칭은 각각의 빛깔에 따라 부른다(呼隨各色)
蓮蓬	연밥이 들어 있는 송이, 연방(蓮房)
蓮房	연밥이 들어 있는 송이, 연방(蓮房)
蓮子	연자(蓮子, 연밥)
菱角	마름, 물밤
水栗	마름, 물밤
葵花	규화(葵花, 아욱과의 여러해살이풀), 葵는 방언음(方音)에 긔라고 발음하기도 한다, 해바라기
菊花	국화(菊花), 菊은 방언음(方音)에 귀라고 발음하기도 한다
梅花	매화(梅花)
山茶花	산다화(山茶花), 동백꽃
金錢花	금전화(金錢花, 금잔화, 벽오동과의 한해살이풀)
金簪花	금전화(金錢花, 금잔화, 벽오동과의 한해살이풀), 簪은 속음으로 잔이라고도 한다
寶相花	보상화(寶相花), 월계꽃
紫薇	자미(紫薇), 백일홍
杜鵑花	진달래
香氣花	진달래, 氣는 치라고도 발음한다
鷄冠花	맨드라미
蘡粟花	양귀비꽃

金鳳花	봉선화
鳳仙花	봉선화
捲丹花	개나리꽃
水葒花	요화(蓼花), 여뀌
水蓼	요화(蓼花), 여뀌
冬花	동백, 관동, 머위
木槿花	무궁화
木蓮花	목련화(木蓮花), 목련꽃
映山紅	철쭉, 紅은 花라고도 쓴다, 영산홍(映山紅)
僧帽花	도라지꽃
月季花	월계화
四季花	사계화(四季花)
白米花	말여뀌(마디풀과의 한해살이풀)
紅米花	말여뀌(마디풀과의 한해살이풀)
石榴花	석류꽃
綠梅花	달기씨깨비의 꽃(닭의장풀과의 한해살이풀)
野紅花	엉겅퀴
花脖根	꽃 밑의 줄기
花絨兒	꽃술
花鬚	꽃술
花心	꽃술
馬藺草	마린초(馬藺草), 일명 假蘭(가란)이라고도 한다, 꽃창포
黃皮草	노란 속새(양치식물 속샛과의 상록 여러해살이풀)
罷王根草	억새
茅草	띠
回軍草	잔디
葦子草	갈대
荻子草	달, 달풀(볏과의 여러해살이풀)
莞草	골풀
水葱	골풀
勒草	그령(볏과의 여러해살이풀), 여뀌, 강아지풀
狗尾把草	그령(볏과의 여러해살이풀), 여뀌, 강아지풀

三稜草	매자기(사초과의 여러해살이풀), 삼릉초(三稜草)
蒿草	다북쑥
蓬蒿	다북쑥
菖蒲	창포(菖蒲)
蒲草	부들
青蒿	개똥쑥, 개사철쑥
艾草	쑥
艾毬	다북쑥의 한 가지
艾花絨	다북쑥의 한 가지
水蒿草	물쑥(국화과의 여러해살이풀)
水葱草	요향(사초과의 한해살이풀, 왕골과 비슷하나 조금 작다)
野穀草	가라지(볏과의 한해살이풀, 이삭이 강아지풀과 비슷하다)
馬菲草	잔디
牛毛草	잔디
料豆草	새콩
蒼耳	도꼬마리
野麻藤草	한삼(뽕나뭇과의 한해살이 덩굴풀)
野蘇子草	암눈비앗, 익모초(益母草)
獐羔草	큰기름새(볏과의 여러해살이풀)
八根草	바랭이(볏과의 여러해살이풀)
熱草	바랭이(볏과의 여러해살이풀)
茛子草	줄(볏과의 여러해살이풀)
茜草	꼭두서니
馬蒨	꼭두서니
葎草蔓	한삼덩굴
冬青子	겨우살이, 寄生草(기생초)라고도 한다
白鮮	검화(운향과의 여러해살이풀)
落藜草	명아주
馬藍	청대(青黛, 쪽에서 얻는 짙푸른 물감), 大藍(대람)이라고도 한다, 마람(馬藍, 쪽의 일종)
蓼藍	쪽, 小藍이라고도 한다
狗尾草	애기풀(원지과의 여러해살이풀)

灰菜	명아주
蓖麻	피마자, 大麻(대마)라고도 한다
毛草	띠(볏과의 여러해살이풀)
八散葫	담쟁이, 巴山虎(파산호)라고도 한다
天茄子	까마종이(가짓과의 한해살이풀)
覆盆子	딸기, 복분자딸기
紅姑娘	꽈리
蒲梆	부들의 이삭이나 숫꽃
葛藤	칡
藤子	까끄러기가 나와 기대어 덩굴지는 것(出鬚倚蔓之物), 등자(藤子), 등나무 줄기
蒿麻	삼
線麻	조라기, 삼 껍질이 부스러진 오라기
綄麻	어저귀, 白麻(백마)라고도 한다
野麻	돌삼, 야생 삼
樹木	**수목(樹木)**
茶條樹	신나무(단풍나뭇과의 낙엽 소교목)
色木	신나무(단풍나뭇과의 낙엽 소교목)
撥欏樹	떡갈나무
柞木	떡갈나무
鐵櫟樹	소리나무(참나뭇과의 낙엽 활엽 교목)
青杠樹	소리나무(참나뭇과의 낙엽 활엽 교목)
槲木	소리나무(참나뭇과의 낙엽 활엽 교목)
櫟實	도토리
皂斗	도토리
皂角樹	쥐엄나무
果松樹	잣나무
油松	잣나무
松樹	소나무
松塔子	솔방울
刺松	노가자, 노간주나무
栢松	측백(側柏)나무

匾松	측백(側柏)나무
檜松	젓나무(소나뭇과의 상록 교목), 전나무
榆理木	오리나무(자작나뭇과의 낙엽 활엽 교목)
蒺藜木	질려목(蒺藜木), 아직 알려지지 않음(未詳)
椴木	피나무
牛筋木	박달나무
曲理木	박달나무, 들메나무(물푸레나뭇과의 낙엽 활엽 교목)라고도 한다
苦理木	물푸레나무
桑樹	뽕나무
桑椹	오디
槐樹	회화나무, 青槐樹(청괴수)라고도 한다, 홰나무
椿樹	참죽나무
梧桐樹	머귀, 오동(梧桐) 나무
青楊樹	청양목
白楊樹	백양목
黃楊木	황양목(黃楊木)
醜橙樹	탱자나무
山椒樹	분디나무(운향과의 낙엽 활엽 관목), 제피낭
郁李樹	산이스랏 나무, 산앵두 나무
鬼箭樹	회나무
炮火木	다릅나무
水苦梨木	다래나무(다랫과의 낙엽 활엽 덩굴나무)
刺榆樹	스무나무(느릅나뭇과의 낙엽 교목)
刺楸樹	엄나무
沙木	자작나무
鴨脚樹	은행나무
白果樹	은행나무
暖木	황벽(黃蘗)나무
黃蘗木	황벽(黃蘗)나무
臭椿樹	가죽나무(소탯나무과의 낙엽 활엽 교목)

虎目樹	가죽나무(소탯나무과의 낙엽 활엽 교목), 강동 사람(江東人)은 虎目樹(호목수)라고 한다
山椿	가죽나무(소탯나무과의 낙엽 활엽 교목), 북쪽 사람(北方人)은 山椿(산춘)이라고 한다
杉木	삼목(杉木), 우리는 속칭 이깔나무(소나뭇과의 낙엽 교목)라고 부른다
樺皮木	벚나무(樺皮木)
蘇木	다목(콩과의 작은 상록 교목)
荊條	싸리나무
桂樹	계수(桂樹), 계수나무
秋景	단풍(丹楓), 단풍나무
白楡樹	느릅나무
黃槐樹	느티나무
黃楡樹	느티나무
花梨木	화리목(花梨木, 화류, 자단이라고도 하며 결이 곱고 단단해 가구, 미술품 등에 쓰인다)
柳樹	버드나무
木根老	나무 등걸
瑣說	**기타(瑣說)**
二字類	두 글자 모둠(二字類)
喜歡	기쁘다, 좋아하다
欠恭	보지 못하겠구나, 공손하지 못하구나
泒宆	해야 할 책임을 정해 보내다
程儀	길 가는데 부조하다, 송별할 때 전별금을 주다
照例	전례대로 하다
澆手	대장일을 마친 후에 손씻이
可憐	가련(可憐)하다, 가엽다
躊躇	머뭇거리다, 주저하다
攔當	막다, 저지하다
特故	부러, 일부러
向他	그 사람을 편들다, 역성들다
幫助	그 사람을 편들다, 돕다
口穩	잡말을 하지 않다, 입이 무겁다

哄他	그 사람을 속이다, 남을 어르다
嗊誘	달래어 속이다, 嗊은 哄(홍)으로도 쓰며, 상성(上聲)으로 읽는다
啜賺	달래어 속이다
喫哄	속임을 당하다, 속아 넘어가다
喫虧	설움을 당하다, 손해를 입다
懊悔	뉘우치다
反悔	뉘우치다, 後悔(후회)라고도 한다
賴誣	애매하게 보채다, 확실하지 않은데도 생떼를 쓰다
賴我	나를 조르다, 折倒我(절도아)라고도 한다, 내게 생떼 쓰다
賴你	너를 조르다, 네게 조르다
嚇我	나를 위협하다
細作	간첩질하는 사람(間諜之人), 속칭 조이(간첩의 옛말)라고 한다
刁譎	야기부리다, 불만을 품고 야단을 치다
蹊蹺	야기부리다, 불만을 품고 야단을 치다, 수상쩍다
跳槽	이리저리 떠들썩하게 소문을 퍼트리고자 야단스럽게 굴다, 시끄럽게 떠들다, 가축이 자기 구유에서 안 먹고 다른 구유로 가서 먹이를 다투다
唆調	사주하다, 꼬드기다
教唆	사주하다, 교사하다
争嘴	투정하다
廝殺	싸우다, 廝打(시타)라고도 한다
央及	빌다, 간청하다, 애원하다
粧假	조장하다, 부추기다
假别	조장하다, 부추기다
快活	즐기다, 쾌활하다
過活	좋게 지내다, 잘 지내다
巧奇	괴이하다
古怪	괴이하다, 怪奇(괴기)라고도 한다
勞苦	수고하다, 고생하다
生受	수고하다, 고생하다
久違	오랫동안 만나지 못하다, 오랜만이다

小會	오랫동안 만나지 못하다
面生	낯설다
面熟	낯익다
面善	낯익다
和動	주선(周旋)하다, 일이 잘 되도록 여러 가지로 힘쓰다
方便	주선(周旋)하다, 그때그때 일을 쉽고 편하게 치르는 수단과 방법
轉便	살활을 잇다, 전편(轉便)하다, 이 사람 저 사람을 거쳐 보내다
受氣	욕먹다, 모욕을 당하다
晦氣	애꿎다, 운수 사납다
忌會	애꿎다, 꺼리다
閑講	한담을 나누다, 잡담하다, 講說(강설)이라고도 한다
談說	잡말하다, 이야기하다
記認	표를 해두다, (기억할 수 있도록) 표시를 하다
記號	표를 해두다, (기억할 수 있도록) 표시를 하다
照覷	보살피다, 照管(조관)이라고도 한다, 돌보다
瞧瞧	보다, 한 번 봐보다
分明	분명(分明)하다
仔細	자세(仔細)하다
可意	뜻에 맞다
可口	입에 맞다
可喜	곱다, 기쁘다, 만족스럽다
生得	얼굴, 생긴 모습, 타고나다
生的	얼굴, 생것, 날것을 말하기도 한다,
誇獎	자랑하다, 칭찬하다
過獎	지나치게 칭찬하다, 과찬하다
剗新	지나치게 칭찬하다, 과찬하다, 새롭다
斬新	지나치게 칭찬하다, 과찬하다, 새롭다
又新	지나치게 칭찬하다, 과찬하다, 새롭다
從新	다시 하다, 새로, 다시
越發	더욱, 할수록 더욱

越好	더욱 좋다
恰好	마침 좋다, 딱 적당하다, 마침, 잘
計較	헤아리다, 따지다
理會	알다, 알게 되다
認得	알다
偌多	너무 많다, 이처럼 많다
偌大	너무 크다, 이처럼 크다
扮做	꾸미다, 가장하다
裝扮	꾸미다, 가장하다
盟誓	맹세(盟誓), 맹세하다
起誓	맹세하다, 發誓(발서)라고도 한다
收拾	수습(收拾)하다
竪放	세워 놓다
長放	길이로 놓다, 길게 놓다
橫放	가로로 놓다
匾放	평평하게 놓다
疊放	포개 놓다
擺放	벌여 놓다
支者	괴다, 지탱하다
搘者	괴다, 괴어서 평평하게 놓다
撑者	괴다, 지탱하다
批者	버티다
穩者	편히 하다, 가라앉히다, 진정시키다
當者	담당하다
迎者	맞다, 맞이하다
藏者	감추다
等者	기다리다
等候	기다리다
專等	전위(專爲, 오로지 한 가지 일만 하다)하여 기다리다, 기다리기만 하다
撞着	만나다, 맞닥뜨리다
撞見	만나 보다, (뜻밖에) 마주치다

接風	맞이하다, 멀리서 온 손님에게 식사를 대접하다
洗塵	맞이하다, 자리를 마련하여 멀리서 온 손님을 대접하다
送行	길가는 이를 보내다, 배웅하다
餞行	전송(餞送)하다, 배웅하다
愛疼	생각하다, 아끼다
愛殺	생각하다, 사랑하다
胡惱	쉽사리 괴로워하다
該惱	뇌(惱)함직하다, 괴로워할 만하다
貌莊	교만하다, 대담하다, 무례하게 굴다
拈抽	물건(物件)을 나누는데 제비를 잡다, 추첨하다
拈鬮	잡기(雜技)하는데 제비를 잡다, 추첨하다
拍手	손뼉을 치다, 박수치다
拍拍	등을 두드리다, 툭툭 두드리다
白住	부질없이 머무르다, 머무른 보람이 없다, 괜히 머물렀다
白來	부질없이 오다, 온 보람이 없다, 괜히 왔다
白看	부질없이 보다, 본 보람이 없다, 괜히 봤다
白問	부질없이 묻다, 물어본 보람이 없다, 괜히 물어봤다
白煮	맹물에 삶다
活絟	다시 풀 수 있도록 살살 매다
死絟	막 매다, 다시 풀 수 없도록 꼭 매다
活鎖	다시 열 수 있도록 잠그다
死鎖	막 잠그다, 다시 열 수 없도록 잠그다
儘教	무던하다, 마음대로 하도록 내버려두다
由他	그 사람 마음대로, 그 사람이 하는 대로
從他	무던히 여기다, 그 사람이 하는 대로 따르다
随你	너대로, 네 마음대로, 네가 하고 싶은대로
花使	함부로 쓰다, 함부로 사용하다
花費	함부로 허비하다, (돈을) 쓰다
擺佈	명령하다, 조종하다, 좌지우지하다
抖抖	떠죽거리다, 잘난 체하고 되지 못한 소리를 자꾸 지껄이다, 떨어흔들다

擻擻	떠죽거리다, 잘난 체하고 되지 못한 소리를 자꾸 지껄이다, 떨쳐버리다
摩摩	만지다
剛剛	겨우 막, 방금
撞頭	머리를 부딪치다
朋頭	머리를 부딪치다
搖頭	머리를 흔들다, 고개를 젓다
篩頭	체머리(중풍 등으로 머리를 자꾸 흔드는 병적인 현상)를 흔들다, 어떤 일에 머리가 흔들릴만큼 질리다
矬矬	짐을 벗다, 몸을 숙이다
打點	점치다, 점을 찍다, 꾸리다
陰了	수묵(水墨) 얼룩이 지다, 음각으로 새기다
沾筆	붓에 먹을 묻히다
陰字	영자(影字), 음각으로 새긴 글자
扭了	비틀다
擰擰	비틀다
俏語	문자(文字)로 가감(加減)하여 하는 준말, 듣기 좋은 말
謎話	수수께끼, 外話(외화)라고도 한다
租來	세(貰)내다
租錢	세(貰) 갚는 값, 임대료
就去	즉시 가다, 바로 가다
就來	즉시 오다, 바로 오다
多擾	폐를 끼치다
吊死	목을 매어 죽다
氣死	분해 죽다, 화가 나서 죽다
捲了	찌부러지다, 돌돌 말리다
退泥	때를 밀다, 泥 는 미라고도 발음한다, 더러운 것을 물리다
泥吊	때가 지다, 더러운 것이 떨어지다
晒乾	햇볕에 말리다
利害	모질다, 굉장하다
了得	모질다, 굉장하다
踢跳	뛰놀다, (발로) 치고 뛰다

踢者	(발로)차다
靠者	의지하다, 기대다
跐者	밟다
踏空	헛발을 디디다, 허공을 딛다
擠人	사람을 밀어내다
推人	사람을 밀다
搡人	사람을 밀치다
破人	사람을 해치다
搶了	겁탈(劫奪)하다, 빼앗다
擺擁	두루 끼다, 두루 안다
樓抱	(품에) 안다
寒家	겸칭(謙稱)으로 자기 자신, 자신의 집을 가리키는 말(自家之辭), 오(吳)와 초(楚) 지역 사람은 농(儂)이라고 한다(吳楚人曰儂), 누추한 집, 저의 집, 저
寒居	겸칭(謙稱)으로 자기 자신, 자신의 집을 가리키는 말(自家之辭), 산동 사람은 洒家(쇄가)라고 한다(山東人曰洒家), 누추한 집, 저의 집, 저
瞧喫	눈 흘긴 음식을 먹다
撕開	찢다
絣開	줄을 팽팽하게 버티다
窨冰	장빙(藏氷)하다, (겨울에) 얼음을 떠서 보관하다
拔冰	얼음에 차게 식히다, 얼음을 채워 차게 하다
壽誕	생일(生日)의 존칭
挪席	자리를 옮기다
赶上	미치다, 따라잡다
醫了	그릇이 우그러지다
璺了	그릇에 금이 가다
可惡	괘씸하다
對頭	상합(相合)하지 못하다, 서로 어울리지 못하다, 앙숙
羅羅	체질하다, 체로 치다
小羅	잠깐 (체를) 치다
重羅	이중망의 체를 치다
效他	(그 사람을) 흉내 내다

輳成	한데 모으다
輳輳	한데 모으다, 한데 모아보다
補乏	흉정에 모자란 것을 채우다
争風	계집을 두고 다투는 샘, (남자끼리) 여자를 두고 다투다, 질투
喫醋	사내를 두고 다투는 샘, 질투
比併	겨루다
厮罣	힘을 겨루다
不彎	휘지 않다, 구부러지지 않다
懼內	내정(內政)을 저어하다, 아내를 두려워하다
専来	일부러 오다, 特來(특래)라고도 한다
痲藥	사람에게 먹여 마비시키는 약, 마취제
知他	(그 사람을) 모르겠느냐, 知는 남쪽 발음(南音)으로 즈라고도 발음한다
抽簽	추첨하다
好歹	모름지기, 어쨌든
頭口	여섯 가지 가축을 통칭 頭口(두구)라 한다, 관내(산해관(山海關) 서쪽 또는 가욕관(嘉峪關) 동쪽 일대)의 말이다(關內之話), 가축, 집짐승
牲口	여섯 가지 가축을 통칭 牲口(생구)라 한다, (산해관(山海關) 동쪽 일대)의 말이다(關東之話), 가축, 집짐승
共通	모두, 통틀어
通該	모두, 통틀어
抽豊	구궁(救窮)하다, 빈곤한 사람을 구제하다, 돈 있는 사람에게서 재물을 빼앗아 내다, 온갖 구실로 재물을 갈취하다
盤纏	노잣돈(路費), 盤은 판으로도 발음한다, 여비
了了	마치다, 完了라고도 한다, 끝내다, 완료하다
撇了	버리다, 던지다
昏了	어지럽다
蘇醒	되살아나다, 소생(甦生)하다
囑咐	당부하다, 囑은 주라고도 한다
牢壯	굳다, 단단하다
糴米	쌀 팔아드리다, 쌀을 사드리다

糶米	쌀을 내어 팔다
好生	가장, 자못, 매우
難保	보장하기 어렵다, 장담하기 어렵다
着落	두다, 행방, 기댈 곳, 생길 곳
多謝	다사(多謝), 깊이 감사하다
忘了	잊다, 잊어버리다
貼錢	돈을 거슬러주다, 돈을 보조해 주다
搬去	옮겨 가다
搬来	옮겨 오다
打聽	듣고 보며 알아보다, 수소문하다
剛纔	갓, 방금, 지금 막
兌付	장만하다, (돈을) 지불하고 물건을 장만하다
打開	펴다, 열다
駁彈	헐뜯어 나무라다, 타박하다
忒細	너무 가늘다, 매우 가늘다
忒麤	너무 굵다
忒窄	너무 좁다
不勾	넉넉하지 않다, 충분하지 않다
妙高	가장 높다
聒噪	지저귀다
操馬	말을 조련하다
任誰	아무도, 그 누구도
急且	갑자기, 별안간
休强	고집하지 말라, 고집부리지 말아라
跳墻	담을 넘다
償命	대살(代殺)하다, 살인자를 사형에 처하다, 목숨으로 대가를 치르다
數落	사람의 죄를 들어 책망하다, 남의 잘못을 열거하며 꾸짖다
守寡	수과(守寡)하다, 과부로 수절을 하다
單傳	독자(獨子, 외아들)가 전승(傳承)하는 것을 單傳(단전)이라고 한다(獨子傳承曰單傳), 한 사람에게만 전하다, 몇 대에 걸쳐 외아들만 이어지다

撒嬌	응석 부리다, 애교 부리다
樣子	견양(見樣), 본보기, 모습, 모양, 표본
争差	적이 따다, 어지간히 따다, 뜻밖의 손실, 착오
結果	죽다, 멎다라고도 한다, 결과, 결과적으로, 죽이다, 해치우다
胡討	되는대로 꾀다, 멋대로 꾀다
咬牙	절치(切齒)하다, 哏齒(흔치)라고도 한다, 분하여 이를 갈다
嚼氷	얼음을 깨물다
三停	삼분(三分)하다, 세 부분으로 나눈 것
三字類	세 글자 모둠(三字類)
擺負人	사람을 쳐 말하다, 사람을 곤란하게 하다, 남을 좌지우지하다
奈何人	사람을 보채다, 사람을 어떻게 하다(다루다)
心應有	짐짓
驕傲人	사람을 업신여기다
欺負人	사람을 업신여기다
不要争	고집을 세우지 말라, 속음은 벼증이라고도 발음한다, 다투지 말라
別揭短	남의 허물을 들추지 말라
不怯氣	무서워하지 않다, 안 무서워하다
使黑心	심술궂게 굴다, 고약한 심보를 부리다
打背公	뒤통수치다, 공익을 해치는 일을 하다
駝垛子	짐을 싣다
撒垛子	짐을 싣다
輕垛子	가벼운 짐
沉垛子	무거운 짐
捱墨稠	먹을 되게 갈다
捱墨稀	먹을 묽게 갈다
手不停	손이 놀지 않다, 끊임없이 일을 하다
幹勾當	일을 이루다, (좋지 못한) 행동을 하다
能幹事	일을 잘 하다
歇後語	헐후어(歇後語, 숙어의 한 가지, 수수께끼 문제처럼 비유하는 말로 뒤에 이어지는 말을 암시함)

典當來	전당(典當, 물품을 담보로 돈을 빌리고 빌려줌)하러 오다, 전당 잡히러 오다
賒者來	외상하다, 외상하러 오다
稍將去	부치러 가다, 겸사겸사 들고 가다
撈出来	건져내다
淹死了	물에 빠져 죽다
撈救人	사람을 (물에서) 건져 구하다
找不得	얻지 못하다, 찾지 못하다
尋不着	얻지 못하다, 찾지 못하다
了不得	감당하지 못하다, 대단하다, 보통이 아니다
罷不得	마지못하다, 부득이하다, 간절히 바라다
定不得	정하지 못하다
保不得	믿지 못하다, 보장하지 못하다
捨不得	아까워하다, 아쉬워하다
使不得	쓰지 못하다
壞不得	무너지지 않다, 그르치지 않다
大造化	재수가 있다, (있을 것 같지 않은 일이 일어나는 걸 보니)복이 있다, 운이 좋다, 큰 행운이 있다
造化底	재수가 없다, 행운이 없다, 운이 나쁘다
照顧我	나를 돌보다
磨刀子	칼을 갈다
光脚走	맨발로 가다
急縮頭	급히 움츠러 들다, 급히 목을 움츠리다
俊窠兒	미녀(美女)
老鴇子	갈보 어미, 기생 어미
院裡走	홍등가에 가다
花裡走	홍등가에 가다
撚釘者	책에 깨끗하게 심을 박다
紙殼兒	책에 (껍데기를) 입히다, 殼은 커라고도 발음한다
抄書来	글을 베껴 오다, 책을 베끼다
租馬来	말을 세내어 오다, 말을 세내다
久住戶	해당 지역에 오래전부터 사는 사람(元居人)

土居的	해당 지역에 오래전부터 사는 사람(元居人)
移居的	이거(移居)하는 사람, 移는 寄(기)로도 쓴다, (다른 곳으로) 이주하는 사람
跐房子	집을 잡다
跐店房	점방(店房)을 잡다, 가게를 잡다
兩下看	양쪽으로 보다
四下看	사방으로 보다
車輪會	도르리(여럿이 모여서 돌아가며 음식 따위를 내는 일)
打壺瓶	도르리(여럿이 모여서 돌아가며 음식 따위를 내는 일)
穿皮襖	술 먹다, 모피로 안을 댄 웃옷을 입다
擡石頭	술 먹다, 돌을 들다
順領盃	순서대로 마시다(順次飮), 순서대로 술잔을 받다
揣領盃	역순으로 마시다(逆次飮), 역순으로 술잔을 받다
懷裡揣	역순으로 마시다(逆次飮), 품 안에 감추다
做東道	한턱내다, 주인 노릇하다, 손님 대접하다
讓了我	나에게 사양하다, 나에게 양보하다
油黵了	기름 묻다
浠泥濺	진흙을 띠다, 진흙이 묻어 더러워지다
暖壽宴	생일잔치(生日宴)
那一那	나이(挪移)하다, 돈이나 물건을 잠시 둘러대다, (물건 등을) 옮겨보다
打夥兒	함께, 무리를 짓다
險些兒	하마터면, 자칫하면
争些兒	하마터면, 자칫하면
好些兒	좀 낫다
赶不上	미치지 못하다, 따라붙지 못하다
火星子	불똥
失了火	(실수로)불 내다, 실화(失火)하다
蹉者茨	그루터기에 박히다
走了風	말을 누설(漏泄)하다, 비밀이 새다, 소문이 나다
該堪的	무던히 적당한 것(可合者), 감당할만한 것
裂了縫	틈이 터지다

控一控	그릇을 씻어 뒤집어 말리다(滌器倒乾)
儘一儘	지겹도록 하다, 실컷 하다, 될 수 있는 대로 하다
猫喫齋	고양이소, 고양이가 잿밥을 먹고 말지(욕심꾸러기가 짐짓 청렴한 체하는 등, 겉모습을 유순하게 꾸미는 것을 이르는 말)
耍過的	사람을 겪어본 여성(經人女), 놀아본 사람
對不着	상합(相合)하지 못하다, 서로 맞지 않다
根子大	세족(世族)의 사람, 뒷배경이 든든한 사람
大模樣	대담하다, 교만하다
找東西	연장이나 도구를 얻다, 물건을 찾다
現世報	앙얼(殃孽, 지은 죄에 대한 앙갚음으로 받는 재앙)을 입다, (전생에 지은 죄에 따른)현세의 업보
老骨董	완고하고 진부한 사람
兩面刀	말을 바꿔가며 부추기는 말을 하다(反覆唆說), 겉과 속이 다르다
看景致	구경하다, 경치를 구경하다
補錢數	금액을 채우다
這簷子	이편
那簷子	저편
東塊子	동편, 東巴剌(동파자)라고도 한다, 동쪽 지역
西塊子	서편, 西巴剌(잡파자)라고도 한다, 서쪽 지역
打嘴吧	부리를 치다, 따귀를 때리다
打手掌	손바닥을 치다
夜叉精	도깨비, 야차(夜叉, 두억시니)
狐狸精	도깨비, 여우 귀신(오래 묵은 교활한 여우)
柳樹精	도깨비, 버드나무 귀신(오래 묵은 버드나무 귀신)
不動憚	움직이지 못하다, 꼼짝달싹 못하다
長出来	자라나다
厮打脚	닿는 데 발을 내놓다, 서로 드잡이하며 발로 차다
敢喫了	먹은 듯하다, 용기 내어 먹다
喫了乾	다 먹다, 먹어서 다 비우다
真箇麽	진실로, 정말로
走了氣	김 나다, (공기나 가스 등이) 새다

特的来	부러 오다, 일부러 오다, 특별히 오다
不妨事	무던하다, 방해되지 않는다, 괜찮다
不打緊	관계치 않다, 괜찮다, 상관없다
見成的	지금 있는 것, 기성(旣成)의 것
錯拿去	잘못 가져가다
錯記了	잘못 기록하다
尅減了	덜어내다, 줄이다
趲短些	적이 줄이다, 급하게 꽤 줄이다
多大少	얼마나 큰가? 얼마나 되는가?
争甚麼	얼마나 땄느냐? 얼마나 벌었느냐?
一道兒	같이, 함께
抽分了	물건(物件) 수(數)대로 세(稅)를 받다, 상업세(영업세)를 떼다
出分資	놀음하려 분담한 몫을 내다, 부조금이나 축의금을 내다
不走作	흘기지 아니하다, 본래의 규범에서 벗어나지 않다, 원래 모양을 바꾸지 않다
緊勾當	급한 일
屈死了	섧게 죽다, 억울하게 죽다
断送了	명(命)을 끊다, (희망을) 내버리다
莫惹他	그를 집적거리지 말아라, 그의 기분을 건드리지 말아라
扶助他	그를 돌보다, 그를 부조(扶助)하다
雜巴剌	잡것, 雜巴剌東西(잡파자동서)라고도 한다
這站箇	이번, 여기서라고도 한다
那站箇	그 번, 거기서라고도 한다
幾塘走	몇 번 다녔는가?
行的說	자세히 이르다
猛可裡	불의에, 猛箇定(맹개정)이라고도 한다, 미처 생각지 않았던 판국에
不理他	그 사람과 상종하지 않다, 그를 아는체하지 않는다
四字類	네 글자 모둠(四字類)
擺着擁来	두루 끼우다, 두루두루 몰려오다
替身㝎者	구실에 대신(代身) 보내다, 노역 등에 남을 세워 대신 보내다

不接還璧	받지 않고 다시 돌려주다
燒布烟氣	헝겊 탄 냄새
差不多兒	큰 차이가 없다, 거의 비슷하다
敢是下雨	비가 올 듯하다
山高水低	사람이 죽었을 때 쓰는 말, 의외로 발생한 불행한 일을 가리킴
街市鬼市	시가가 일정하지 않은 것(市價不定), 街는 亥(해)라고도 쓰며 개로도 발음한다
被人看破	도모(圖謀)하는 일을 사람에게 들키다
順風打旗	남이 하는 대로 봐가며 따라 하다, 바람을 따라 깃발을 내걸다
小心必勝	조심하면 반드시 이긴다
貌隨福轉	얼굴은 복을 좇아 옮겨 간다
仰面唾天	우러러 하늘에 침을 뱉다, 하늘에 침 뱉기
黑裡薹薹	흐리멍텅하다, 胡裡麻裡(호리마리)라고도 한다
你管他麽	네가 아랑곳할 일이냐? 네가 그에게 간섭하느냐?
誰贏誰輸	누가 이기고 누가 지는가?
旋買旋喫	가끔 사서 가끔 먹다
正缺着裡	마침 없다, 마침 모자라다
省睡些箇	잠을 조금 덜 자다
不曉事的	일을 모르는 사람, 세상 물정을 모르는 사람
在下具慶	자신의 부모가 모두 살아 계시다는 것을 겸손하게 표현하는 말이다(謙言自己父母具存)
影影知道	어렴풋이 알다
應應知道	반드시 알 것이다, 틀림없이 알 것이다
遊賞一遭	한 번 놀며 보다, 한참 다니며 감상하다
壞了家門	가문을 패괴(敗壞)하다, 가문을 망쳤다
門館先生	집에 두고 글 배우는 스승, 가숙(家塾)의 교사
越讀越生	읽을수록 더욱 설다, 공부할수록 생소하다
敢不承命	감히 명을 따르지 않다, 감히 명령을 받들지 못하다
免致錯了	그름을 면케 하다, 잘못을 저지르는 것을 면하다
自作自受	내가 저질러서 내가 받다, 자업자득(自業自得)

一遭跌挫	한 번 굴러서 좌기(挫氣, 기세가 꺾임)하다, 한 차례 좌절하다
這箇去處	이 곳, 이 행선지
沒油水的	기름기 없는 것
喋子閣剌	목에 가시가 걸리다
着氷拨者	얼음을 채우다
朶子偏了	짐이 (한쪽으로) 기울다
朶子歪了	짐이 (한쪽으로) 기울다
些罷些兒	약간, 조금
譯語類解下終	역어유해(譯語類解) 하(下) 끝.
今代文章自有時	오늘날의 문장은 스스로 때가 있으니
月中丹桂誰先折	달의 붉은 계수나무를 누가 먼저 꺾을 것인가

2. 『역어유해보(譯語類解補)』

중국어 단어	현대어 번역
譯語類解補	역어유해보(譯語類解補)
天文補	**천문(天文) 보충 어휘**
天清亮	날씨가 청명하다
天暗昏	날씨가 흐리다
天道變了	날씨가 변하다
日光	햇빛
日晃眼	햇빛이 눈부시다
日珥	햇귀고리
日頭中天	해가 중천에 있다
日頭矬	해가 기울다
日頭落了	해가 지다
日曛	해 어스름, 해질 무렵, 황혼
回光返照	햇빛 쏘이다, 햇빛이 되비치다
影兒	그림자
月芽	초승달
月華	달빛
月盈	달이 둥글다
月虧	달 한쪽이 차지 않다, 달이 이지러지다
月淡	달빛이 옅다
月黑了	달이 어둡다
亮星	새벽의 밝은 별
箒星	혜성, 꼬리별
星稠	별이 조밀하다, 별이 촘촘하다, 星密
星稀	별이 드물다, 별이 적다
星落了	별이 지다
天弓	무지개
雙杠	쌍무지개
虹現	무지개가 뜨다

虹消	무지개가 희미해지며 없어지다
風刮了	바람이 불다, 刮風
黃風	모래와 돌이 날리는 바람
冷風	찬바람
朔風	북풍(北風)
頂風	마주 부는 바람, 맞바람
背風	뒤쪽에서 불어오는 바람, 順風
迎風	바람을 맞다, 바람을 안다
倒捲風	회오리바람
一陣風	한바탕의 바람
暴風	모진 바람
風乏	바람이 잠잠해지다, 風息
彩雲	오색 구름, 채색 구름, 꽃구름
魚鱗雲	물고기 비늘 같은 구름
雲布開	구름이 퍼지다
雲遮蔽	구름이 가려지다
雲淡	구름이 옅어지다
一朶雲	한 덩이의 구름, 한 송이의 구름
雲散了	구름이 흩어지다
雷鳴	우레가 치다
轟雷	큰 우레
灌耳雷	귀에 쨍하는 우레, 귀를 뚫는 것 같은 우레
雲磨响	구름에 숨어 있는 번개
焦雷	우렁찬 우레, 우렁찬 천둥
電光閃爍	번개가 번쩍번쩍하다
打閃	번개가 치다
火雲	노을
傾盆雨	퍼붓는 비
時雨	때맞춰 오는 비
土雨	흙비
雨點	빗방울
淫雨	장맛비

下雨起泡	비가 와서 방울지다
雨大了	비가 많이 오다
雨濕了	비에 젖다
雨透了	비가 마구 오다
淋透	비에 흠뻑 젖다
被雨	비를 맞다, 冒雨
雨少停	비가 조금 멈추다
露珠	이슬이 맺힌 것
露滴	이슬이 떨어지다, 이슬방울
黃霧	짙게 낀 안개
霧濃	안개가 자욱하다
霧捲了	안개가 걷히다
米霰	잔 우박
霜早	서리가 빨리 오다
霜晚	서리가 늦게 내리다
樹稼	상고대, (나뭇가지에 얼어붙은) 성에, 수빙(水氷)
米雪	쌀눈
鵝毛雪	(거위털처럼 흩날리며 내리는)함박눈
雪花飄揚	눈이 날리다
雪大	눈이 많이 오다
時令補	**절기(時令) 보충 어휘**
正朝	새해 아침
伏天	복날
除夕	제석(除夕), 제야(除夜), 섣달그믐날 밤
新年	신년(新年), 새해
當年	그 해, 本年
整年家	온 해, 온 한 해, 일년 내내
大前年	재작년
本命年	본명년(本命年), 환갑 해, 본인의 띠인 해, 자기 띠와 같은 해
那一年	어느 해, '그 해'라고도 한다
這箇年	이번 해, 올해

豐年	풍년
饑荒年	흉년
澇年	물 범람한 해, 비가 많은 해
去月	지난달
出月	내월, 다음 달, 下月
閏月	윤달
按月	달마다, 다달이
月將盡	달이 사그러져 가다
上半月	선보름
下半月	후보름
本日	그 날
次日	이튿날
幾日	어느 날 혹은 몇 날, 多站
十剌天	열 아무날
整日家	하루 종일, 온종일
亮鐘	새벽에 치는 종, 晨鐘
東開了	동트다
曉頭	새벽
晨光現	먼동 트다, 아침 햇살이 나타나다
黎明	샐녘, 여명, 새벽, 동틀 무렵, 갓밝이
天大亮	가득히 밝다, 날이 환하게 밝다
咳早	아직 이르다
飯時	밥 때, 식사할 때, 끼니 때
傍午	정오 무렵
晚晌	저녁
傍早	일찍이, 아침 일찍
傍晚	저녁 무렵
黃昏	황혼(해가 지고 어스름해질 때)
初昏	초혼(해가 지고 어슴푸레 땅거미가 지기 시작할 무렵)
晚鐘	인정, 저녁 때를 알리는 종소리, 定更
點燈時	불을 켤 때
初更天	초경, 저녁 7시에서 9시 사이

起更	경점 치다, 초경(初更)을 치다
竟夜	밤새도록, 通宵
整夜	온밤
片時	짧은 시간, 片向
立刻	즉시
好一會	한참, 오래
氣候補	**기후(氣候) 보충 어휘**
天氣刺叉	쓰라리게 춥다
陰冷	음냉(陰冷)하다, (날씨가) 음침하고 춥다
凍了	얼다, '살이 얼어 터지다'라고도 한다
冷阿	춥다
熱阿	덥다
焦熱	타는 듯이 덥다
地理補	**지리(地理) 보충 어휘**
發祥地	임금이 난 땅
光敞地	비고 넓은 땅
乾透地	속까지 마른 땅
背陰地	음달
水涸地	물이 쉽게 마르는 땅
坎坷地	얽고 험한 땅, 울퉁불퉁한 땅, 평탄하지 않은 땅
滷地	짠 땅
地動	지진, 地震
地潮	땅이 축축하다
地硬	땅이 굳다, 땅이 딱딱하다
地酥	땅이 무르다, 地鬆
地坼	땅이 갈라지다, 地裂
地軟顫動	땅이 쉽게 움직이다
地濶	땅이 넓다
山峯	산봉, 산꼭대기, 정상
山脊	산등
山嶺	산고개
山坡	산비탈

山根	산 밑
山陽	산 앞
山背	산 뒤
山窟	산굴
山縫	산 틈
懸崕	가파른 언덕, 陡壁
禿山	민 산
岸頭	언덕
對岸	마주보는 언덕
山崩	산이 무너지다
響應聲	메아리
砐石	자갈, 조약돌
轉彎處	모퉁이
山蹊	산길
旱路	뭍길, 육로
水路	물길
平路	평평한 길
背路	뒷길
三岔路	세 갈래 길
盤路	에돌이길, 구불구불한 산길, 盤道
直道	바른 길
險路	험한 길
羊腸路	구비진 길
路滑	길이 미끄럽다
路濃	길이 쉽다, 路軟
路塌了	길이 무너지다
填路	길을 메우다
外路走	외진 길로 가다
路窄	길이 좁다
修路	길을 닦다, 修道
陰溝	도랑, 암거(暗渠), 水溝
坑子	구렁, 구덩이, 웅덩이

海溢	해일, 해저의 지각 변동이나 해상의 기상 변화에 의하여 갑자기 바닷물이 크게 일어나서 육지로 넘쳐 들어오는 것
海笑	바닷물이 솟아오르다
海市	대기 속에 굴절 현상에 의해 공중이나 땅에 무엇이 있는 것처럼 보이는 것, 蜃樓
白頭浪	높이 오르는 물결
河決	강둑이 터지다
開河	물길을 열다
河岔	내가 갈라진 곳, 지류
河灣	물굽이, 강굽이
水宗	수종(水宗), 바다와 하늘이 맞닿은 것처럼 멀리 보이는 수평선의 두두룩한 부분
盪水過	물을 건너다, 盪渡
水面	수면(水面), 물의 겉면
練水	폭포, 瀑布
汙池	웅덩이
溫泉	온천
不枯泉	마르지 않는 샘
湍水	급한 물, 거센 물결, 급류
混水	흐린 물
苦水	쓴 물
甜水	단 물
水泒	물갈래
水澇	물이 범람하다
水動	물 튀기다
水底	물밑
水衝	물이 솟구치다
水落了	물이 빠지다, 水消
挑水	물을 긷다, 물통을 지다
撒水	물을 끼얹다
灌水	물을 흘리다
傾水	물을 쏟다

灑水	물을 뿌리다
瀝水	물을 거르다
決水	물길을 트다
流淩	성에
氷縷	살얼음
結澌	성에가 지다
合氷	합빙(合氷), 강물이 양쪽 끝까지 얼어붙다, 또는 그런 얼음
氷堅	얼음이 굳다
凍到底	밑까지 얼다, 꽁꽁 얼다
簷垂氷	고드름, 氷錐
氷酥了	얼음이 가볍게 부스러질 정도로 부드럽다
氷綻	얼음이 터지다
地上結氷	너테(얼음 위에 덧얼어 붙은 얼음) 지다
地皮硝起	들뜨다
跑氷	얼음을 타다, 얼음을 지치다
滑了	미끄럽다
土塊	흙덩이
游泥	개흙, 진흙
草坯子	볏짚더미
糞土	두엄 흙
灰塵	먼지, 灰土
浮灰	먼지가 일어나다
塌灰	먼지가 앉다
宮闕補	**궁궐(宮闕) 보충 어휘**
乾淸宮	황제가 계신 곳
坤寧宮	황후가 계신 곳
保和殿	공사하는 전, 연회를 베출거나 책시(策試)나 조고(朝考)를 시행하는 전
文華殿	경연(慶筵)하는 전
太和殿	조회(朝會)받는 전, 사신이 하례를 올리는 전
團殿	둥근 전

寶座	어탑
坐殿	전좌하다, 임금 등이 정사를 보거나 조하를 받으려고 정전(正殿)이나 편전(便殿)에 나와 앉다
御門	문에 전좌하시다
動駕	거동하시다
上朝	조회에 가다
面聖	임금을 뵙다, 面君
丹墀	전폐(殿陛, 궁전으로 오르는 계단의 섬돌)
紫禁城	대궐 성, 자금성
皇帑	내탕(內帑, 왕실의 재물을 넣어 두던 창고)
簷網	처마 밑 철망
官府補	**관부(官府) 보충 어휘**
內閣	중서성(中書省, 옛 중앙 관청명)
六部	육부(六部, 옛 6개 행정 부서의 총칭), 우리나라의 육조와 비슷하다(猶我國六曺)
宗人府	종인부(宗人府, 옛 관리 감독 부서), 종친부(宗親府)
國子監	국자감, 중앙 교육 관리 기관, 태학(太學), 국도에 설립한 최고 학부
太常寺	봉상시(奉常寺, 국가의 제사와 시호를 담당하는 기관)
都察院	도찰원(都察院, 옛 政務 감찰 기관)
大理寺	대리시(大理寺, 죄수 관장 기관)
通政司	승정원(承政院, 공문서 처리 담당 기관)
侍衛府	시위부(侍衛府, 왕궁을 호위한 무관청)
翰林院	한림원(翰林院, 옛 詔書 작성 및 자문 담당 기관)
詹事府	춘방(春坊, 동궁의 살림 및 사무 담당 기관)
理藩院	장외이아문(掌外夷衙門), 이번원(理藩院, 옛 국경 관리 및 감독 기관, 理藩部의 舊稱)
六科衙門	급사중아문(給事中衙門, 간쟁 담당 기관)
欽天監	관상감(觀象監, 천문, 지리, 역수, 기후 관측, 각루 등 담당 기관)
觀星臺	별 보는 곳
太醫院	태의원(太醫院, 궁중의 의약 담당 기관)
太僕寺	외사복(外司僕, 궁중의 가마나 말 담당 기관)

上駟院	내사복(內司僕, 임금의 말과 수레를 담당하는 기관)
光祿寺	외빈의 접대 담당 기관
內務府	내무부(內務府, 옛 국고 관리 및 감독 기관), 장외이아문(掌外夷衙門), 理藩部의 舊稱
養心殿	황제가 휴식을 취하거나 식사 등을 하는 장소
鴻臚寺	홍려시(鴻臚寺, 조회 의식, 외빈 접대 담당 기관)
鑾儀衛	임금의 행차를 담당하는 부서
順天府	북경(北京)
奉天府	성경(盛京), 지금의 심양(瀋陽)
應天府	남경(南京)
兒房	낭관이 휴식을 취하는 장소, 耳房
月臺	월대(月臺, 궁궐의 정전(正殿), 묘단, 향교 등 주요 건물 앞에 설치하는 넓은 기단 형식의 대)
接官廳	고급 관원이나 외부에서 온 관원을 접대하는 장소
下馬樁	말 내릴 때의 말뚝
公式補	**공적 의식(公式) 보충 어휘**
徽號	존호(尊號), 남을 높여 부르는 말
誥贈	추증(追贈), 종이품 이상 벼슬아치의 죽은 아버지, 할아버지에게 죽은 뒤 벼슬을 주다
承旨	임금의 명(命)을 받들다, 취지를 받들다
啓奏	계주(啓奏)하다, 신하가 글로 임금에게 아뢰다, 奏聞
御覽	임금이 보다
駁送	공사 백문으로 보내다, 소송 문서를 보내다
遞呈子	정문(呈文)하다, 옛날 백성이 관청에, 또는 하급기관에서 상급 기관에 문서를 제출하다
早堂	일찍 관아에 출근하다
晚堂	늦게 관아에 출근하다
案卷	공사(公事)의 글
申發	공사(公事)하여 보내다
勘過	마감(磨勘)하다, 관리의 행적을 조사하여 성적을 매기다
領狀	공무를 맡다

批回	제기거나(소장이나 원서에 제사를 적다) 파고들다, (하급 기관의 공문에 대해) 의견을 적어 돌려보내다
過堂	공사를 모든 벼슬아치에게 돌려보게 하다
稟帖	(관청에 내는) 상신서(上申書), 청원서, 신고서
行會	지위(知委)하다, 통시나 고시로 명령을 알려주다
布告	반포하다
綠頭牌	급히 아뢰는 패
綠頭籤	사람을 잡아 오는 사슬
循環報	척후(斥候) 임무를 띤 군사가 높은 곳에서 적의 정세를 살펴 아군에게 기(旗)로 알리다, 塘報
先聲牌	선문(先文), 중앙의 벼슬아치가 지방에 출장할 때 도착하면 날짜를 알리던 공문
跑報	파발
火牌	급히 알리는 패
作班	번(차례로 숙직이나 당직을 하는 일)을 짜다
上夜	야간 당직을 하러 가다
下夜	야간 당직이 끝나다
告暇	휴가를 달라고 하다
官職補	**관직(官職) 보충 어휘**
尙書	상서(尙書, 六部 장관), 正堂
侍郎	시랑(侍郎, 六部의 차관)
郎中	낭중(郎中, 정오품 벼슬, 승상, 상서, 시랑에 버금가는 고위 관직 중 하나)
員外郎	원외랑(員外郎, 상서성에 속한 정육품 벼슬, 낭중에 버금가는 관직 중 하나)
主事	주사(主事, 여러 관아에 둔 판임 벼슬)
都統	종일품총병관(武一品捴兵官, 군대 통솔 업무를 맡아보던 벼슬)
捴督	총독(捴督, 省의 장관)
提督	제독(提督, 무관 관직명)
巡撫	순무(巡撫, 지방 대신, 지방 행정장관)
按察使	안찰사(按察使, 각 성(省)의 사법 장관)

布政司	포정사(布政司, 지방의 재정, 세금, 민사를 맡아보던 벼슬)
知府	지부(知府, 府의 장관)
知州	지주(知州, 州의 장관)
知縣	지현(知縣, 縣의 지사)
鳴贊	우리나라의 인의(引儀, 통례원에 속하여 의식에서 식순에 따라 구령을 외치는 일을 맡아보던 종육품 문관 벼슬)와 유사하다
筆帖式	문서주관인(文書主管人), 상주서와 문서 번역을 맡아보던 하급 문관
驛承	역승(驛承, 전국에 설치한 역을 관장하던 벼슬)
筭手	산 두는 이, 계산하는 사람
除做官	벼슬에서 제하다
補蔭	조상의 벼슬을 잇다
陞任	벼슬 오르다, 陞了
上任	도임(到任)하다, 지방의 관리가 근무지에 도착하다
原職	본직
革職	혁직(革職)하다, 면직하다, 해직하다, 파면하다
優任	좋은 소임(직무)
擬正	벼슬아치를 임명하기 위해 첫 번째로 추천 받은 사람 안에 들다
擬陪	벼슬아치 임명에서 두 번째로 추천 받다
頂缺	결원이 생겼을 때 그 빈자리를 채우다, 補缺
還缺	인임(仍任)하다, 기한이 다 된 관리를 그 자리에 두다
候缺	벼슬의 빈자리가 나기를 기다리다
裁缺	관리가 그 자리 보궐을 기다리다
泒出	임무를 시키다
壓泒	억지로 시키다
甜差	좋은 임무
苦差	괴로운 임무
叅官	상관을 뵙다
俸祿	봉록(俸祿), 녹, 관리의 급료
罰俸	감봉 처분하다, 봉급을 정지하다, 停俸

祭祀補	제사(祭祀) 보충 어휘
諭祭	신하(臣下)에게 하는 제(祭)
灌酒	술을 붓다
奠酒	제사 술을 올리다
供飯	음식을 차려놓고 제사를 지내다
供獻	제물(祭物)을 올리다
家堂神	신주(神主), 죽은 사람의 위패
願堂	원당(願堂), 명복을 비는 법당
齋戒	재계(齋戒)하다, 종교의식을 치르기 위하여 몸과 마음을 깨끗하게 하고 부정한 일을 멀리하다
長齋	긴 재계
短齋	짧은 재계
福物	옛날 제사에 쓰이는 술과 고기 따위의 음식물
紙錠	지정(紙錠), 종이돈, 지전
紙錢	지전(紙錢), 종이돈, 剪紙
利市紙	종이로 새긴 덕담
祈禱	기도(祈禱)하다
禳灾	액풀이하다, 가정이나 개인에게 닥칠 액을 미리 막다
送祟	액땜하다, 술과 음식을 올려 액막이를 하다
還愿	발원(發愿)한 일이 이루어져 감사의 예참을 하다
城郭補	**성곽(城廓) 보충 어휘**
譙樓	문루(門樓), 성문 바깥문 위의 다락
城圈	성곽 주위
砲眼	성벽이나 요새의 성가퀴에서 '凹'형으로 되어 있는 총안(銃眼) 구멍, 垛口眼
雲梯	사다리
旗竿	문루의 깃대
護城河	성호, 성 주위에 둘러 판 못
界限	경계
界牌	지경 패
隘口	좁은 어귀

部落	부락(部落), 시골에서 여러 민가가 모여 이룬 마을, 혹은 그 마을을 이룬 곳
鄉村	시골, 郕裡
土地老兒	장승
號烟	불을 올려 긴급 경보를 보내다
號火	봉화(烽火), 나라에 병란이나 사변이 있을 때 신호로 올리던 불
橋梁補	**교량(橋梁) 보충 어휘**
橋梁	교량(橋梁), 다리보
橋柱	다리 기둥
橋廂	다리 난간
橋洞	다리 구멍
搭的橋	쌓은 다리
圻橋	다리를 헐다
學校補	**학교(學校) 보충 어휘**
教授他	가르치다
學了	배우다
討論	토론(討論)하다
背念	글을 외우다
念過了	읽었다
打草藁	초고를 쓰다
潤色	글을 필삭(筆削)하다, 써 놓은 글에서 보충하거나 지우다
飜譯	번역(飜譯)하다
平行寫	평행(平行)하게 쓰다
擡頭寫	올려서 쓰다
壓寫	눌러 쓰다
扣寫	긁어서 쓰다
楷書	정자(正字), 해서(楷書)
謄真	정서(正書)하다, 초 잡았던 글을 정식으로 베껴쓰다
刮貼	긁고 붙이다
塗抹	발라서 드러나지 않게 하다, 抹了

打圈	에우다, 동그라미를 그리다
圈了	둥글리다, 동그라미를 그리다
抄寫	글을 베끼다
印出	책판(冊板)에 박아 내다
裁紙	종이를 자르다, 종이 마름질하다
影隔兒	영자(影子, 그림자)
劃了	획을 긋다
打沿道	가장자리 획을 긋다
鎮紙	서진(書鎭, 종이가 바람에 날리지 않도록 누르는 물건으로 종이를 누르는 물건)
筆禿	붓이 닳다, 붓이 무디다
筆尖	붓 끝
筆管	붓대
筆架	필산(筆山, 붓을 걸쳐 놓아 두는 도구)
筆筒	필통(筆筒)
膏筆	붓에 먹 묻히다
揩筆	붓 씻다
香墨	방묵(芳墨, 향내 나는 좋은 먹)
磨墨	먹을 갈다, 硏墨
墨淡	먹이 묽다
墨透	먹이 스미다
硯水城	벼루 연적
書架	책꽂이
書面子	책의(冊衣), 책을 덮어씌우는 물건
榻子	편람
畫畫	그림 그리다
學課錢	강미(講米), 조선 시대에 서당 선생에게 보수로 주던 곡식
科學補	**과거(科擧) 보충 어휘**
貢院	시소(試所, 과거시험장)
頭一場	초장(初場, 첫날의 시험장)
大主考	상시관(上試官, 과거시험의 시관 중 우두머리)

副主考	부시관(副試官, 과거시험의 시관 중 둘째 우두머리)
座主	은문선생(恩門先生, 과거 급제자가 시관을 이르는 말)
巡視官	금란관(禁亂官, 과장이 혼란스러워지는 것을 막기 위해 둔 벼슬)
會魁	회시장원(會試壯元, 과거 이차 시험의 장원)
報喜	급제한 소식을 전하다
屋宅補	**가옥과 주택(屋宅) 보충 어휘**
上屋	몸채, 여러 채로 된 살림집에서 주가 되는 집채, 정방(正房), 中堂
亭子	중당(中堂), 정자(亭子), 경치가 좋은 곳에 놀거나 쉬기 위하여 지은 집
牌樓	패루(牌樓), 큰 거리에 길을 가로질러 세우던 시설물이나 무덤, 공원 따위의 어귀에 세우던 문
書房	글방
倉房	곡식 넣는 집
照房	뒷집
門面房	문간방
遊廊	긴 복도, 회랑
棚子	막, 우리
地窨	움
歪房子	기운 집
飛簷	추녀
匾額	현판, 牌匾子
對子	마주 붙인 연구(聯句)
正樑	마루, 대들보
架樑	들보, 칸과 칸 사이의 두 기둥을 가로질러 도리와는 'ㄴ'자 모양, 마룻대와는 '十'자 모양을 이루는 나무
彎樑	굽은 보
隨樑	굴대
上樑	마루 얹다
屋山	대공, 들보 위에 세워서 마룻보를 받치는 짧은 기둥
望板	널판지

排山柱	동자기둥, 짧은 기둥, 벽이 넘어지지 않도록 어긋물린 기둥, 瓜柱
山柁	중방, 벽의 중간 높이에 가로지르는 인방
瓦頭	기와
盖瓦	기와를 대다
瓦壠溝	기와 고랑, 지붕의 낙수홈통, 天溝
盖瓦壠	기와 마루, 天壠
穩獸	줏개, 대궐 지붕에 세운 짐승 모양의 기와
花頭瓦	막새, 처마 끝에 놓는 수막새와 암막새
房頂	옥상, 지붕
坯瓦	굽지 않은 기와
苫盖	초가를 이다
風面	박공(牔栱), 박공지붕 옆면 지붕 끝머리에 시옷 모양으로 붙여 놓은 두꺼운 널빤지
花窓	무늬 새긴 창
月窓	원창(圓窓), 틀을 둥글게 짜서 만든 창
瞓窓	살 없는 창
斜眼窓	비스듬한 창
死窓	붙박이 창
窓臺	창지방
窓眼	창 구멍, 窓孔
支窓	버팀식 창문
梐門	아문 밖에 인마 통행을 막기 위해 놓은 나무
重門	겹문
柵欄	울짱, 울타리, 架欄子
門鸛嘴	문 배목, 문고리에 꽂는 쇠
門礅	문돌
綽邊框	문 반자 판을 받치거나 양판문의 양판을 고정하기 위하여 대는 가는 나무오리
門限	문지방
門簾子	문발, 문염자(門簾子)
門神	정월 초하룻날에 악귀를 쫓는 뜻으로 대문에 붙이는 신장(神將)의 그림

櫰門	문빗장을 걸다, 上櫰
呌門	문을 열라고 부르다
拷門	문을 두드리다, 扣門
炕洞	구들고래, 방의 구들장 밑으로 나 있는 불길과 연기가 통하여 나가는 길
炕頭	구들 아랫목
炕沿	구들 가장자리
彎字炕	삼면으로 들인 구들
煤火炕	숯 피우는 구들
炕塌	구들이 꺼지다
竈嗓	부넘기, 방고래가 시작되는 어귀에 조금 높게 쌓아 불길이 아궁이로부터 골고루 방고래로 넘어가게 만든 언덕
竈門	아궁이
竈臺	부뚜막, 鍋臺
房山墻	화방(火防), 땅에서부터 중방 밑까지 돌을 섞은 흙으로 쌓아 올린 벽
抹墁	흙을 벽에 칠하다, 墁土
院子	뜰
院圈子	터 둘레
衚衕口	골목 어귀
墻根兒	담 밑
墻水眼	수챗구멍
磚墻	벽돌로 싼 담
砌磚	벽돌을 쌓다
墁墻	담장 흙을 바르다, 바닥에 흙을 깔다
打墻	담을 쌓다
打地脚	지정(地釘, 집터 따위의 바닥을 단단히 하려고 박는 기둥)을 다지다
夯打	달구질하다
砍磚	벽돌 다듬다
煮灰	석회에 열을 가하다, 회죽을 만들다
藩籬	울타리
板壁	판벽, 판자 벽

牌权子	차면(遮面), 겉으로 드러나지 않게 앞을 가리는 물건
冶鐵爐	풀무, 불을 피울 때 바람을 일으키는 기구
水筧	(처마 밑·밭도랑에 설치하여 물을 빼거나 대는) 대나무 홈통
塗褙	마르다, (천이나 종이를) 바르고 붙이다
打合褙	배접하다, 종이, 헝겊 또는 널조각 따위를 여러 겹 포개어 붙이다
教閱補	**교련과 열병(教閱) 보충 어휘**
護內軍	금군(禁軍, 임금을 호위하는 친병)
調兵	군대(병력)를 이동시키다, 군대(병력)를 파견하다
營盤	군영, 병영
一起兵	한 무리의 군사
塘報兵	탐지꾼
排陣	진 치다, 下營
操兵	습진(習陣)하다, 진법을 연습하다, 군대(병사)를 훈련시키다
前鋒	선봉(先鋒, 부대의 맨 앞에 나서서 작전을 수행하는 군대)
斷後軍	후군(後軍, 부대의 편성에서 뒤에 있는 군대)
捍後	뒤를 막다, 뒤를 방어하다
圍着	에워싸다, 사방을 둘러싸다
吶喊	납함(吶喊), 적진을 향하여 돌진할 때 군사가 일제히 고함을 지르다
歸順	항복하다
勦滅	초멸(勦滅)하다, 적군을 무찔러 없애다, 掃滅
擄掠	노략하다, 물건을 빼앗다, 搶東西
班師	반사(班師)하다, 군사를 이끌고 돌아오다
頭號	품질이 가장 좋은 것
砲手	포수(砲手)
裝藥	장약(裝藥)하다, 총포에 화약이나 탄알을 재다
放鳥銃	조총을 놓다
拉弓	활을 당기다
满拉	끝까지 당기다

搭箭	화살을 채워 넣다
弓式好	활 쏘는 자세가 좋다
較射	겨루어 쏘다
騎射	기추(騎芻), 말 달리면서 활을 쏘다, 馬上箭
失手放	뒤 빠지다, 활을 쏘지 못하고 놓치다
硼落	화살이 과녁에 닿았다가 꽂히지 아니하고 튀어서 떨어지다, 倒縮
撞回	물리쳐 쫓다
槍手	창수(槍手, 창을 주 무기로 삼는 군사)
軍器補	**무기(軍器) 보충 어휘**
戴盔	투구를 쓰다
盔帽	투구 감투
耳鏡	(귀를 보호하는)갑옷의 일종
腦包	머리카락을 덮은 수건, 盔尾
圍頦鐵	목을 에워싸는 쇠
甲身	갑옷 윗동아리
甲裙	갑옷 아랫동아리
護心鐵	호심경(護心鏡), 갑옷 가슴 쪽에 호신용으로 붙이던 구리 조각
穿甲	갑옷 입다, 披甲
弩弓	쇠뇌활, 여러 개의 화살을 연달아 쏠 수 있는 활
彈弓	탄자활, 탄자를 넣어서 쏘던 활
纏筋	활을 휘감다
上樺	봇(자작나무, 자작나무 껍질)을 올리다
彈弓紘	활을 튕기다
弓硬	활이 세다
弓軟	활이 무르다
弓隨手	활의 힘이 맞다
弓半欺	활이 몰리다
弓反身	활이 뒤쳐지다
飛魚帒	활동개, 활과 화살을 꽂아 넣어 등에 지도록 만든 물건
雨弓套	활우비, 활을 덮는 우비

弓套子	활집
火箭	신기전, 불화살, 화약을 장치하거나 불을 달아 쏘던 화살, 火燎箭
骨鈚箭	촉이 뼈로 된 살
繫絲箭	주살, 오늬와 시위를 잡아매고 쏘는 화살
齊頭箭	서로 평행한 화살
令箭	영전(令箭, 군령을 전하던 화살)
剪翎	살깃 다듬다
箭梯	통
走獸壺	화살집
雨箭罩	살우비, 살이 비에 젖지 아니하도록 전동을 덮어씌우는 덮개
箭把子	과녁
弓胎	활의 뼈대
遮箭牌	방패
刀尖	칼 끝
刀刃	칼날
刀背	칼등
刀隔手	칼날과 칼자루 사이에 끼워서 칼자루를 쥐는 한계를 삼으며 손을 보호하는 테
信子	칼의 슴베(뾰족한 부분), 맷중쇠라고도 한다
刀快	칼이 들다
刀鈍	칼이 무디다
兩刃刀	창포검
有鋒的	날 있는 것
刀刃捲	칼날 접히다
刀吐鞘	칼집에 빠지다, 칼집을 힘차게 털어 칼을 빼어내다
吐信	슴베 빠지다, 칼을 앞으로 찌르다
鋼叉	삼지창(三枝鎗, 끝이 세 갈래로 갈라진 창)
鉤槍	요구창, 갈고리로 끌어내리는 창
火藥	화약
號砲	방포, 군대에서 신호로 쏘는 총이나 대포

西洋砲	대완구(大碗口), 대형 화포, 紅衣砲
鉛子	철환, 탄알, 鉛丸
鐵蒺藜	마름쇠, 끝이 송곳처럼 뾰족한 네 개의 발을 가진 쇠
木棒	나무 막대, 곤봉, 木棍
號旗	표기(標旗, 신호로 쓰는 깃발)
旗幅	깃발
鞔鼓	북을 메우다
鼓槌	북채
幔子	막, 휘장, 장막, 천막
打帳房	장막을 치다
穹帳房	몽골식의 장막, 穹棚
欄擋木	거마창, 전쟁에 쓰던 방어용 무기, 鹿角
佃漁補	**사냥과 고기잡이(佃漁) 보충 어휘**
打捕戶	산쟁이, 사냥꾼
搜獸	짐승을 찾다, 수색하다
凹進	주위에서 중심 쪽으로 모여들다
打牲	짐승을 잡다
帶箭走	화살 맞고 도주하다
鷹把勢	매 잡는 사람
蹲鷹	매를 앉히다
臂鷹	매를 받치다
叫鷹	매를 부르다
鷹鐺	매 방울
挾子	창애, 짐승을 꾀어서 잡는 틀
挾子嘴	창애 고동, 짐승을 꾀어서 잡는 장치
鳥套子	새 잡는 올가미
咳網	버므레(새 그물의 한 가지)
袖網	통그물
魚梁	어살, 물고기를 잡는 장치
魚筌	통바리, 가는 댓조각이나 싸리를 엮어서 통같이 만든 고기잡이 기구
編網	그물을 엮다

圍網	후릿그물, 강이나 바다에 넓게 둘러치고 여러 사람이 두 끝을 끌어당겨 물고기를 잡는 큰 그물
撈網	양쪽 끝에 가늘고 긴 막대로 손잡이를 만든 그물
撒網子	그물 치다, 張網
掛住	걸리다
釣竿	낚싯대
釣線	낚싯줄
魚餌	낚싯밥
釣瓢子	낚시찌
釣了	고기를 낚다
魚不餌	고기가 (낚싯밥을) 물지 않다
館驛補	**객관과 역참(館驛) 보충 어휘**
察院	(봉명) 사신이 들어오는 곳
腰站	중간에서 쉬는 지점, 打點地方
打過站	월참(越站)하다, 역마를 갈아타는 곳을 들르지 아니하고 그냥 지나가다, 역참을 지나가다
探馬	탐마(探馬, 적의 동정을 살피는 기병)
管草的	마초(馬草)를 관리하는 사람
登鐙	등자 디디다
退轡頭	굴레를 벗다
帶轡頭	굴레를 씌우다
退水環	마함(말을 부리기 위하여 아가리에 가로 물리는 가느다란 막대)을 벗다
馬糊塗	말죽
倉庫補	**창고(倉庫) 보충 어휘**
倉厫	창
垜頂子	노적(露積, 수북이 쌓아 둔 곡식 더미)
管粮的	양식을 관장하는 사람
管料的	요(料)를 관장하는 사람
挑脚的	삯짐(삯을 받고 나르는 짐) 지는 사람
尖量	(쌓인 모양이) 수북이 되다
平量	(쌓인 모양이) 평평하게 되다

凹量	(쌓인 모양이) 오목하게 되다
寺觀補	**사원과 도관(寺觀) 보충 어휘**
廟堂	묘당(廟堂), 종묘, 사당, 가묘
塑像	소상(塑像, 찰흙으로 만든 형상)
當方神	토지신, 土地
城隍神	성황신(城隍神, 토지와 마을을 지켜주는 신)
道姑	여도사
合掌	합장(合掌)하다
念呪	진언하다, 음 그대로 염불하다
上醮	초제(醮祭, 무속신앙이나 도교에서 별을 향하여 지내는 제사)를 지내다
忌門	기휘(忌諱)하다, 꺼리거나 싫어하다, 꺼리거나 두려워 피하다
鐃鈸	바라, 동발(銅鈸), 요발(鐃鈸), 불교 법회 때 쓰는 악기
神鏡	명도(明圖, 무당이 자신의 수호신으로 삼고 위하는 거울)
風鈴	풍경, 鐵馬兒
摇鈴	방울을 흔들다
木魚	목어(木魚), 나무를 잉어 모양으로 만들어 매달고 불사(佛事)를 할 때 두드리는 기구, 목탁(木鐸)
錫杖	중의 막대
方丈	중이 자는 방
尊卑補	**신분의 높고 낮음(尊卑) 보충 어휘**
皇后	황후(皇后)
親王	일등종실(一等宗室), 최상급 직위
郡王	이등종실(二等宗室), 친왕(최상급 직위) 다음 직위
太太	마님
安童	수청(守廳, 시중드는 사람)
管家	가복(家僕, 양반이 집에서 부리던 사내종)
挐子	종
民家	백성
披甲的	군사
看墳的	묘지기

人品補	인품(人品) 보충 어휘
年老的	늙은이
忠厚的	충후(忠厚)한 사람, 충직하며 인정이 두터운 사람
肯羞人	부끄럼 타는 사람
有記性的	총기 있는 사람, 기억력 좋은 사람
忘魂大的	잘 잊어버리는 사람
年青的	젊은이, 젊은 사람
精細人	세심한 사람
執拗人	고집스러운 사람
小筭人	잘 따지는 사람
慣貼的	영(靈)한 사람
魯蠢人	노둔한 사람
村俗人	촌스러운 사람
賴皮	능글맞은 사람, 뻔뻔한 사람, 파렴치한 사람
酒鬼	술주정이 심한 사람, 술고래, 주망(酒妄)
衙蠹的	폐 많은 아전
癡厮	어리석은 사람
嘴碎的	잔말 많은 사람, 잔소리하는 사람, 말이 많은 사람
庄頭	마름, 지주를 대리하여 소작권을 관리하는 사람
多口的	말 많은 사람
鸚哥嘴	말 잘하는 사람
矜勢人	자기 위세를 뽐내는 사람
打柴的	나무하는 사람
外科	침의, 외과의, 침술로 병을 다스리는 의원
內科	약의, 내과의
木匠	목수
泥水匠	미장이
絛匠	띠 만드는 장인, 띠장이
看相的	관상 보는 사람
有靈的	영(靈)한 사람
鐵匠	야장(冶匠, 대장일을 하는 기술직 노동자)
麻子	곰보

天不高	난쟁이
望天子	천상바라기, 하늘 바라보는 것처럼 늘 얼굴을 쳐들고 있는 사람
羅圈腿	밭장다리
鱉脚	밭장 종아리
鴨脚	안짱 종아리
嘴僵子	반벙어리
瘸手	손가락을 펴지 못하는 사람
瘸肐膊	팔을 펴지 못하는 사람
鷹嘴鼻	메부리코
背鼊	등이 굽은 사람, 弓腰
橛嘴	부리 내밀다, 입이 나온 사람
老公	고자
耍子	광대
待詔	장인을 높여 부르는 말
扎瞎的	눈이 찔려서 눈이 먼 사람
敬重補	**공경과 존중(敬重) 보충 어휘**
祖貫	성본(姓本), 본관, 原籍
倍倍	대대(代代), 대대로
尊府	남의 집을 높이는 말, 府上
喬梓	남의 부자(父子)를 높이는 말
令郎	남의 자식을 높이는 말, 公子
令正	남의 처를 높여 부르는 말
令翠	남의 첩을 높여 부르는 말
貴造	남의 팔자
賤造	자기 팔자
有壽	나이가 많다
賤日	자신의 생일을 칭하는 말
賤名	자신의 이름을 칭하는 말
小名	아명(兒名), 아이 때의 이름
這一位	이 분
想念	그리워하다, 想慕

趔想	반갑다
請安	평안하십니까
失陪	먼저 실례하겠습니다
罵辱補	**꾸짖음과 모욕(罵辱) 보충 어휘**
記恨	원한을 품다, 앙심을 품다
惡他	미워하다
喝退	호통쳐 물리치다
厭物	미워하는 것, 싫은 것
作賤	천히 여기다
不成器	사람 못될 것, 장래성이 없는 인간, 쓸모없는 인간
趔願	마음에 맞다, 만족하다
罵話	욕하다, 辱罵
沒良心	양심이 없다
撒潑	악쓰다, 撒惡
破落戶	패가자제(敗家子弟, 집안의 재산을 다 써 없앤 자제)
業障	원수 같은 놈, 귀찮은 사람, 나쁜 인연
身體補	**신체(身體) 보충 어휘**
腦盖子	정수리
顖門	숫구멍, 갓난아이의 정수리가 굳지 않아서 숨 쉴 때마다 발딱발딱 뛰는 곳, 정문(頂門)
分道子	가르마
前奔	앞짱구, 머리 앞이 튀어 나온 것
後奔	뒷짱구, 머리 뒤가 튀어 나온 것
捲螺髮	양 같이 구불구불한 머리
印堂	인당(印堂), 양 미간
密縫眼	가는 눈, 가느다란 눈
暴眼	튀어나온 눈
眼珠	눈망울
嘴唇	입술
口吻	구문(口吻), 입아귀, 입의 양쪽 구석, 입 주변
稀涎	맑은 침
粘痰	가래침

唾津	침
月牙	송곳니
重牙	덧니
腮牙	어금니
齙牙	뻐드렁니, 虎牙
妳牙	젖니
牙縫	잇새
牙床	잇몸
氣衝	숨통
膀子	어깨
眼挾毛	속눈썹
凹眼	오목한 눈
耳孔	귓구멍
耳輪反	귓바퀴가 뒤로 접혀지다
鼻翅	콧방울
笑印	보조개
面皺	살이 쪄서 주름진 얼굴, 面有紋
面麻稠	몹시 우묵우묵한 자국이 많다
稀麻	우묵우묵한 자국이 적다
手丫	손샅, 손가락과 손가락 사이
贅指	육손이의 덧붙은 손가락, 枝指
奶頭嘴	젖꼭지
腰眼	진구리, 허리 양쪽으로 잘록하게 들어간 부분
軟腰	잔허리, 잘록 들어간 허리의 뒷부분
胷岔骨	명치뼈
小肚	아랫배
卵觧	고환
股鴠	볼기짝
糞門	항문
外胯	엉덩이
內胯	두 다리의 사이
接膝盖	장기뼈

攢筋	종아리
脚印	발자국, 脚蹤
脚繭	발 부르트다
脚底板	발바닥
雀瘢	주근깨
白瘢	백반(白瘢), 흰백 반점
身分	몸씨, 몸을 보기 좋게 매만진 모양
身子高	키가 크다
身子矮	키가 작다
好身量	몸씨(몸을 보기 좋게 매만진 모양)가 좋다
孕産補	**임신과 출산(孕産) 보충 어휘**
害喜	입덧하다, 자식이 서다, 임신하다, 雙身
害口	입덧하다
臨月	임삭하다, 임부가 해산달을 맞이하다, 坐月子
過了月	달을 넘기다
胎胞	태
轉胎	해산하려 할 때 아이가 태반에서 떨어져 배 밖으로 나오려고 움직이다
收小的	산파, 조산원
褥草	솜 거적, 巢草
兒枕痛	훗배앓이를 하다
尿褯子	기저귀, 尿布
圍肚	배두렁이, 아이가 입는 배만 가리는 좁고 짧은 두렁이
洋妳	젖을 토하다
把尿	오줌을 뉘다
爬走	기다
会挪步	걸음마를 할 줄 알다
懦兒	잔병치레가 많아 잘 자라지 못하는 아이
潑養	응석받이로 키우지 않다
養活	기르다, 키우다
氣息補	**생리 현상(氣息) 보충 어휘**
聲響	소리

出氣	숨쉬다
打嗝	딸꾹질
嗄咽了	사레들다
喘急	숨차다
打呵	하품하다
喀痰	담을 뱉다, 가래를 뱉다
喀吐	침을 뱉다
顚倒笑	크게 웃다, 포복절도하다
鬧的慌	덤벙대다, 鬨動
喧嚷	시끄럽게 떠들다
樂了	즐기다, 心樂
心悶	답답하다
心靈	마음이 영(靈)하다, 영리하다
躁心	걱정하다
啞謎	은어(隱語), 어떤 집단의 사람들끼리 사용하는 말
頑話	희롱하는 말
古話	이야기
打市話	도언(徒言), 헛된 말
白話	부질없는 말
正經話	응당 할 말
小米子話	잔말, 쓸데없이 자질구레하게 늘어놓는 말
瘋話	말도 안되는 말, 전혀 이치에 맞지 않는 말
說過	말했다
悄悄說	가만히 말하다, 조용히 말하다
口傳信	전갈하다, 사람을 시켜 말을 전하다
攔話	남의 말을 막다
揷話	말에 끼어들다, 揷口說
話窮	말이 막히다
強嘴	말대꾸하다, 말대답히다
儘着問	마음껏 묻다
失口	말을 그릇되게 하다, 말을 잘못하다
絮叨	중얼거리다

改嘴	말을 바꾸다
心裡焦	마음이 타는 듯하다
心鬆	마음이 놓이다
心甜	마음에 들게 여기다, 흡족하다, 기쁘다
埋怨	원망하다, 抱怨
皺眉	눈살 찌푸리다
驚跳	깜짝 놀라다, 嚇一跳
皮氣	낯빛이 변하다, 성나다, 화나다, 성질
惱了	성내다
魂吊	정신이 나가다, 魂丟了
賭氣	삐치다, 욱하다, 토라지다
受愧	수줍고 창피하여 볼 낯이 없다
息怒	성질을 죽이다, 氣平
遍尋	두루 찾다
錯認	잘못 알다
覺得	깨닫다, 생각하다, 느끼다
作難	어려워하다
眼瞇	눈에 티가 들어가서 일시적으로 눈을 뜰 수 없다, 실눈 뜨다
眼拙	눈이 무디다, 눈이 어둡다, 알아보지 못하다
眼亮	눈이 번쩍하다
含淚	눈물을 머금다
耳聰	귀가 밝다
耳軟	귀가 얇다
耳眩	귀가 멍멍하다, 震耳
打呼鼾	코 골다
動靜補	**사람의 움직임과 낌새(動靜) 보충 어휘**
身子虛飄	몸이 흐늘흐늘하다
歪着頭	머리를 기울이다, 고개를 삐딱하게 하다
托腮	턱을 치다
翻白眼	눈을 희번뜩하다
定睛看	물끄러미 보다, 釘看

瞥看	얼핏 보다
窺探	엿보다
斜看	흘겨보다
看過	보았다, 瞧過
瞭望	멀리 바라보다
張看	살펴보다
張口	입을 벌리다
默口	잠잠하다
嘴遲鈍	말하는 것이 굼뜨다, 말을 느리게 하다
學舌	말을 전하다, 입이 싸다, 말을 잘 옮기다
抿嘴	입을 약간 오므리다, �嘴
流涎	침 흘리다
擲手叫	손 쳐서 부르다
两手掬	두 손으로 움켜쥐다
揉摩	비비다
拍背	등을 두드리다
打腿	다리를 두드리다
伸腿坐	다리를 펴고 앉다
圍坐	둘러 앉다, 둥그렇게 앉다, 籠圓坐
盤腿坐	책상다리하고 앉다
坐溜下	앉아서 설사하다
坐不住	앉아있지 못하다
岔腿	다리를 벌리다
跑了	달리다
阧起來	벌떡 일어나다
步行走	걸어가다
溜邊走	가장자리로 가다, 옆으로 비켜가다
走踉蹌	비틀거리다, 비뚝거리다
遶遠走	둘러가다
頭裡走	앞서가다
單腿跳	한 다리로 뛰다
歇脚	잠시 걸음을 멈추고 쉬다

跳上	뛰어오르다
跳過去	뛰어넘다, 건너뛰다
磞見了	마주치다
撒酒風	주정하다
放刀	불만을 품고 야단 부리는 체하다
老悖回	노망들다
納凉	서늘한 곳에서 쉬다
来回	왕반(往返)하다, 갔다가 돌아오다
摇動	요동(搖動)하다
探聲息	소식을 알아보거나 살피다
被拿住	잡히다
自脱落	저절로 벗겨지다
挾着	끼다
揣着	품다
背着	지다
抱着	안다
担着	메다, 扛着
對擡	마주 들다
扯斷了	당겨서 끊다
拾起	줍다
收了	거두다
推了	밀치다
廻避	피하다
搬移	옮기다
逢着	만나다
被跐	밟히다, 被踏
留着	머무르다, 남겨두다, 存着
攔住	가로막다
倒了	엎어지다
困了	피곤하다, 힘겹다
歪靠	시지르다, 졸다
睡頭	졸음

濃睡	깊게 자다
甜睡	달게 자다
長醒了	잠이 없다
睡聰	잠귀가 밝다
夢壓	몽압(夢壓), 자다가 가위에 눌림
夢話	잠꼬대
做夢	꿈꾸다
禮度補	**예절과 법도(禮度) 보충 어휘**
禮行	예, 예식의 통칭
演禮	습의(襲衣)하다, 옷을 갖추어 입다
賀喜	하례하다, 축하의 말을 하다, 경사를 축하하다
作謝	사례하다, 고마운 뜻을 나타내다
面幣	인정(人情)
慶賀	경하(慶賀), 경사스러운 일을 치하하다
打恭	허리 굽혀 읍하다
回敬	회사(回謝)하다, 사례하는 뜻을 표하다
婚娶補	**결혼(婚娶) 보충 어휘**
婚姻	혼인(婚姻)
割襟	옷자락 베어 혼인 정하다
納幣	납폐(納幣)하다, 혼인할 때에 사주단자의 교환이 끝난 후 정혼이 이루어진 증거로 신랑 집에서 신부 집으로 예물을 보내다(보통 밤에 푸른 비단과 붉은 비단을 혼서와 함께 함에 넣어 신부 집으로 보냄)
合庚	궁합을 맞추다
婚宴	혼인 잔치
婚家	사돈
歸寧	본가에 가다
再醮	개가(改嫁)하다, 添羞臉
保山	중매인, 중매쟁이, 撮合山
喜錢	중매값
喪葬補	**상례와 장례(喪葬) 보충 어휘**
壽終	고종(考終)하다, 제 명대로 살다가 편안히 죽다

叫魂	초혼(招魂)하다, 은 사람의 혼을 저 세상에서 이 세상으로 불러 맞이하다
擧哀	발상(發喪)하다, 상례에서, 죽은 사람의 혼을 부르고 나서 상제가 머리를 풀고 슬피 울어 초상난 것을 알리다
熱孝	초상
煩惱	조상(남의 죽음에 대하여 슬퍼하는 뜻을 드러내어 상주를 위로)하는 말
慰孝	조문하다, 상주를 위문하다
殯殮	염습하다, 시신을 씻긴 뒤 수의를 갈아입히고 염포로 묶다
屍身	시신(屍身), 주검
魂幡	명정, 죽은 사람의 관직과 성씨 따위를 적은 기
長命釘	입관 후 뚜껑에 박는 못
出殯	발인하다, 장례를 지내러 가기 위하여 상여 따위가 집에서 떠나다
棺罩	관에 씌우는 것
千秋幡	주검을 덮는 것
孝巾	두건, 孝帽
麻條	삼띠
哭喪棒	상장, 거상(居喪)이나 조상(弔喪)의 뜻을 나타내기 위하여 옷깃이나 소매 따위에 다는 표
孝幃	소장, 사 지내기 전에 궤연(几筵) 앞에 치는 하얀 포장
有孝	상복을 입다
悲哭	슬퍼 울다
埋着	(통칭하여) 묻다, 下了
靈轎	장례 때, 죽은 이가 생전에 입던 옷을 싣는 수레
回靈	소생하다, 부활하다, 반혼(返魂) 보다, 장례 지낸 뒤 신주를 집으로 모셔오다, 죽은 사람을 화장하고 혼을 도로 부르다
接靈	반혼(返魂) 보다, 장례 지낸 뒤 신주를 집으로 모셔오다, 죽은 사람을 화장하고 혼을 도로 부르다
報喪	부음 전하다, 사람이 죽었다는 것을 알리다
孝滿	상복 입는 기간이 끝나다

裝死	거짓 죽은 체하다
自裁	자살하다
上吊	목매어 죽다
仵作	매장꾼
扛擡軍	상두꾼, 상여를 메는 사람
服飾補	**복식(服飾) 보충 어휘**
凉帽子	여름갓
油帽	갈모, 비에 젖지 않도록 기름종이로 만든 갓, 사모(紗帽), 관모
冠纓	관 끈
戴帽子	갓을 쓰다
摘帽子	갓을 벗다
圍領子	목에 두르다
串子	동곳, 상투를 튼 뒤에 그것이 다시 풀어지지 아니하도록 꽂는 물건
遮臉皮	볼끼, 겨울에 얼굴에 쓰는 방한구
釧子	팔쇠, 팔목에 끼는 금, 은, 옥, 백금, 구리 따위로 만든 고리 모양의 장식품
耳環	귀걸이
風領	털 두른 옷깃, 추운 곳에서 입는 외투의 넓은 깃
補子	보자(補子), 흉배, 왕이나 그 권속이 다는 용보·봉황보·수보(壽補) 따위의 흉배
袍衫	큰 옷의 통칭, 두루마기
袍子	윗 옷, (앞섶이 있고 소매가 길며 발목까지 내려오는)긴 두루마기
掛子	긴 저고리
開岐袍	뒤트기, 뒤트임이 있는 옷
齊肩掛	등지게, 砍肩
夾的	조끼
皮掛	가죽옷
汗塌兒	땀받기, 땀을 받아 내려고 입는 속옷, 땀을 받아 내려고 옷 속에 받친 헝겊
臉罩	면사(面紗), 베일

套手	토시
香帒	향낭(香囊, 향을 넣어 몸에 차는 주머니)
繐子	술
帶版子	허리띠 버클, 帶銙
褲帶子	허리띠
束帶子	띠를 두르다
腿帶	대님 끈
開袴子	바지춤을 빼다
兆袴子	바지춤을 꽂다
窮袴	밑을 막은 바지
腿套	행전, 바지나 고의를 입을 때 정강이에 감아 무릎 아래 매는 물
套袴	다리에 씌우는 것, 덧바지(바지 위에 입는 바짓가랑이만 있는 바지)
圍裙	휘건, 행주치마, 앞치마, 음식 먹을 때 무릎 위에 두르는 수건
背心	배자, 추울 때 저고리 위에 덧입는 주머니나 소매가 없는 옷
雨衣	유삼, 비를 막기 위해 입는 기름에 결은 옷
紐口	암단추, 수단추가 들어가 걸리는 단추
扣上	단추 끼우다, 扣紐
荷包	주머니
打結子	매듭 맺다, 매듭짓다
暖襪子	가죽청, (가죽) 덧신
皮靴	가죽신
綉鞋	수(繡)신, 수 놓은 신
麻鞋	삼신, 생삼으로 거칠게 삼은 신
鞋底	신창, 신의 바닥을 이루는 고무나 가죽
衣寬	옷이 넓다
衣窄	옷이 좁다
撩衣	옷을 걷어 올리다
層穿	껴입다, 重穿
反穿	뒤집어 입다

壓衣	옷을 누르다
衣裳縐了	옷을 구기다
底衣	속옷
灰泥水	잿물, 짚이나 나무를 태운 재를 우려낸 물 (예전에 주로 빨래할 때 씀)
擠水	물을 짜다
粉子	무리, 무릿가루로 쑨 풀
退垢	때를 지우다, 얼룩을 지우다
漿洗了	세답하다, 더러운 옷이나 피륙 따위를 물에 빨다
弸曬	널어 놓고 햇볕 쬐다
烘衣裳	옷을 말리다
疊起來	(옷을) 개다, 折疊
汗巾	수건, 手巾
梳洗補	**머리 빗고 세수하기(梳洗) 보충 어휘**
扎頭髮	머리를 묶다, 約髮
散頭髮	머리를 풀다
花翠	머리에 꽂는 장식품
假髮	다리, 여자들이 머리 숱 많이 보이라고 덧넣었던 딴머리
篦了	참빗질하다
百齒霜	빗의 때
描眉	눈썹을 그리다
剃頭	머리를 깎다
插簪	비녀를 꽂다
刷牙	이 닦는 솔, 牙刷子
牙叉兒	이쑤시개
牙簽筒	이쑤시개 통
鑷子	족집게
空耳	귀지를 파다, 取耳失
胰壺	비누통, 膩子盒
粧奩	성적함(成赤函, 혼인날 신부를 단장할 때 쓰는 물품을 넣어 두는 그릇), 화장갑

鏡子架	거울걸이
臉髒	얼굴이 더럽다
梳粧	단장, 단장하다
絟脚	발을 동여매다
食餌補	**먹거리(食餌) 보충 어휘**
蒸飯	찐 밥
盛飯	밥을 담다
空飯	맨밥
空湯	고깃물
看飯来	밥을 차려 오다
用飯	밥 먹다, 喫飯
飯菜	반찬, 下飯
舀湯	탕을 뜨다, 歪湯
哈湯	국을 먹다
乾燒酒	된 소주
酒菜	안주
磨麵	가루를 만들다
和麵	반죽하다
壓麵	국수를 누르다
打餻	친 떡
粘餻	찰떡
撒餻	설기, 멥쌀가루에 고물 없이 물, 설탕을 내려서 시루에 쪄 낸 시루떡의 일종
鷄鳴餻	달걀떡
葉子餑餑	송편
印子餑餑	살박은 떡, 떡살로 무늬를 박은 떡
元宵餅	원소병(元宵餅), 음력 정월 보름날 밤에 먹는 떡
村餅	전병
鄧沙餡	붉은 팥 소
白糖	백당(白糖), 흰 사탕, 백설탕, 엿
糖芽子	엿기름
凝血	선지, 짐승을 잡아서 받은 피

野味	들짐승 고기, 야생 고기
妳子茶	요거트, 酥茶
肉塊	고깃덩이
菉豆腐	묵
割肉	고기를 베다
湯炸肉	고기를 데치다
攤蛋	흩어진 상태로 달걀을 볶다, 炒鷄鴠
刮鱗	비늘을 긁다
鱠鮓	회
盤醬	된장
醃菜	절인 요리, 김치, 鹹菜
鹵鰕	곤쟁이, 곤쟁잇과의 털곤쟁이, 까막곤쟁이, 민곤쟁이 따위를 통틀어 이르는 말
佛手	불수(佛手), 불수감나무의 열매
香圓	유자
甜梨	배
酸梨	문배, 문배나무의 열매
梅子	매실
地葚	딸기
五味子	오미자
木瓜	모과(木瓜)
臭李子	머루
藕粉	연근 가루
葛粉	칡가루
空殼子	빈 쭉정이
并蔕子	쌍 꽃받침
殼裡皮	보늬, 밤이나 도토리 따위의 속껍질
用塩	절이다, 加塩
釃酒	술을 거르다
攪混	섞다, 拌了
燎了	그슬리다
熬了	달이다

湯滾	끓다
滾溢了	끓어 넘다
滾過水	끓인 물
泔水	살뜨물
走氣	김이 나다
凝了	얼리다, 凝乏
浮漚	거품
湃了	채우다
凊了	식다
冷了	차다
温些	따스하다
饞	먹는 것이 모자라지 않다, 식욕이 많다, 게걸스럽다
草氣	풀내음, 풀냄새
墋氣	악취
起衣	(간장, 된장, 술, 초, 김치 따위 물기가 많은 음식물에) 곰팡이가 끼다
下蚱子	파리가 알을 여기저기 낳다
哈了	마시다
囫圇吞	통째로 삼키다
到口	맛보다
懶待喫	천천히 먹다
貪嘴	음식을 탐하다
食廉	입이 짧다
油辣	절어 알짝지근하다
偏過	먼저 먹었다
飽喘	배불러 숨차다
餓了	굶주리다
牙齼	이가 시리다
盪寒	어한(禦寒)하다, 추위를 녹여 주다
火着了	불 댕기다, 불이 옮아 붙다
點火	불 붙이다
火絨草	불쏘시개, 穰草

火苗	불꽃, 火焰
火灰了	불이 사그라져서 재가 되다
竈煤	그을음
鍋煤	그을음이나 연기가 엉겨 생기는 검은 물질
烟罩	연기를 모으는 덮개
掛烟	줄지어 달린 그을음
親屬補	**일가친척(親屬) 보충 어휘**
祖宗	조종(祖宗, 시조가 되는 조상)
大伯	큰아버지
小叔	작은아버지
母舅	외숙부
大姑	큰시누이, 맏시누이, 손윗시누이
小姑	작은시누이, 손아래시누이
乾爺	수양아버지, 자기를 낳지는 않았으나 길러준 아버지
乾娘	수양어머니, 자기를 낳지는 않았으나 길러준 어머니
正娘子	아내
荊婦	처(妻)로 통칭함, 拙荊
先頭娘子	전실, 전처(前妻)를 높여 이르는 말
大舅子	큰처남
小舅子	작은처남
大姨	처형(妻兄)
小姨	처제(妻弟)
偏房兒子	첩의 아들
晚生子	막내, 老生的
雙生子	쌍둥이
遺腹子	유복자, 태어나기 전에 아버지를 여읜 자식
乾兒子	수양아들, 제 자식처럼 기른 남의 아들
私孩子	사생아, 법적으로 부부가 아닌 남녀 사이에서 태어난 아이
中表	이성사촌(異姓四寸), 성이 다른 사촌 형제
贅婿	데릴사위, 처가에서 데리고 사는 사위
親眷	권당, 친족과 외척, 戶中

奶公	유모의 남편
奶娘	유모
娘家	처가(妻家)
堂客	안손님, 여자 손님, 처, 아내
家口	식구, 가족
慣家	친구
老婆	(통칭하여) 계집, 아내
女伴	계집의 동무
宴享補	**잔치와 손님 접대(宴享) 보충 어휘**
作東家	주인 노릇하다
迎客	손님을 맞다
引導	인도(引導)하다
會齊了	모두 모이다
開宴	잔치하다
酒流沿	술잔을 넘치게 붓다
讓酒	술을 사양하다
沒醉	취하지 아니하다
有酒氣	취한 듯하다
爛醉	많이 취하다
酒醒了	술이 깨다
添菜	안주를 보태다, 안주를 더하다
疾病補	**질병(疾病) 보충 어휘**
身子不快	병들다
慣病	병쟁이, 오래 앓는 사람
瘟病	전염병
重勞	다시 한기로 인한 병이 들다
害暑	더위 들다, 더위 때문에 몸에 이상 증세가 생기다, 受暑
瘋了	미치다
發昏	어지럽다
發熱	열이 나다, 潮熱
癆喘	천만(喘滿, 숨이 차서 가슴이 몹시 벌떡거림)
肉跳	살 떨리다

寒粟子	소름
嘔氣	구기(嘔氣, 메스꺼운 기분)
痞灪	가슴이 답답하다, 만성 위장병(위염)
乾嗽	밭은기침
黃瘦	병들어 야위다
瘦乾	척골(瘠骨)하다, 너무 슬퍼하여 몸이 바싹 마르고 뼈가 앙상하게 드러나다
病纏綿	오랜 병, 久病
病落炕	몸져눕다
鬼魂	사람을 몹시 앓게 한다는 귀신
馬牙子	이똥, 치태
惡指	생손, 손가락 끝에 종기가 나서 곪는 병
紅爛眼	눈이 진무르다
繭唇	견순(繭唇), 입술이 조여들어 입을 벌리지도 다물지도 못하는 것
生耳底	귀젖(귀나 그 언저리에 젖꼭지 모양으로 볼록 나온 군살) 나다
蛔虫	회충(蛔虫)
遍瘡	두루 헐다
紅點瘡	종다래끼 같은 것
瘰癧	연주창(連珠瘡), 림프샘 결핵성 부종인 갑상샘종이 헐어서 터진 부스럼
發背	등창, 등에 나는 큰 부스럼, 背疽
搔癢	가려운 곳을 긁다
瘡出頭	부스럼이 돋다
跳膿疼	곪은 것이 터져 아프다
瘡破	부스럼 터지다
破腫	파종(破腫)하다, 종기를 터뜨리다
擠腫	부스럼을 짜다, 종기를 짜다
黃水	진물
瘡根	창근(瘡根), 종기
瘡坐痂	더뎅이 지다, 부스럼 딱지가 더덕더덕 엉겨붙다
硬痂	쇠딱지, 눌러붙은 때

瘡口平	상처가 아물다
瘡疤	허물
成疤	허물이 지다
水痘	수두(手痘)
見苗	역질(천연두)의 싹이 보이다, 出花兒
灌漿	화농(化膿)하다, 외상을 입은 피부나 장기에 고름이 생기다
落痂	낙가(落痂)하다, 헌데가 다 나아서 딱지가 떨어지다
痘回了	역질이 도지다
送痘	마마가 나은지 12일 만에 짚으로 만든 말 모양의 두신(痘神)을 강남으로 보내다
鬼飯疙疸	두드러기
閃腰	허리를 삐다
傷青	다쳐서 멍들다, 青腫
血瘀住	멍이 들다, 어혈(瘀血)이 되다
燎炮	데여서 부풀다
狐臊氣	암내
戳刺	가시가 박히다
鞭根痕	매 맞은 자국
擦破油皮	피부가 벗겨지다
起糨子	굳은 살이 박히다
痔瘡	치질
胎裡病	배냇병
醫藥補	**의술과 약품(醫藥) 보충 어휘**
艾焙	쑥찜하다
艾灸	뜸을 뜨다
拔火罐	뜸 항아리
得了汗	땀을 내다
病小間	병에 의연하다
救療	치료를 청하다
甦醒	깨어나다
病痊	병이 낫다

鷄頭	검인, 감인, 가시연밥
香臍子	사향(麝香, 사향노루의 사향샘을 건조하여 얻은 향료)
卜筮補	**점(卜筮) 보충 어휘**
打卦的	점보는 사람
談星的	팔자 보는 사람
命金	사주보는 곳
卦肆	팔자 보는 저자
命定	정해진 팔자
索日	택일
筭數補	**산술(算數) 보충 어휘**
筭筭	셈을 세다, 계산하다
量量	되다 또는 재다, 분량을 헤아리다
臂量	두 팔을 편 길이 단위로 하여 길이를 재다
用手筭	손꼽아 세다
一點子	조금
一半	반(半)
一札	한 뼘, 한 통
二綑	두 묶음
三掬	세 움큼
四摟	네 아름
五瓣	다섯 쪽
六對	여섯 쌍
七件	일곱 벌
八條	여덟 오리(가늘고 긴 조각을 세는 단위)
九斛	아홉 휘(곡식의 분량을 세는데 쓰는 그릇이자 단위)
十把	열 자루
大模兒筭	대강 세다
赶帳筭	모조리 세다
爭訟補	**분쟁과 송사(爭訟) 보충 어휘**
偸姦	남의 여자를 빼앗다
寃屈	원통하다, 寃枉
寃家	원수

相爭	다투다
拳打	주먹으로 치다
厮打	서로 치다
打他	치다
攘臂	팔 뽐내다, 팔을 드러내다, 싸울 태세를 취하다, 揎拳
偷去	빼앗아 가다, 빼앗다
搶去	빼앗아 가다, 빼앗다
被搶了	빼앗기다
干證人	간증인(干證人)
口供	봉초(捧招)하다, 죄인을 문초하여 구두로 진술을 받다
打線索	증거를 찾다
暗笑	가만히 세다
抵賴	버티다
撒賴	악써 버티다
報寃	원수를 갚다
伸枉	신원(伸寃)하다, 가슴에 맺힌 원한을 풀어 버리다
饒他	용서하다
刑獄補	**형벌과 감옥(刑獄) 보충 어휘**
見贓	잡힌 장물
死囚	죽을 죄인, 사형수
訊囚	죄인을 신문하다, 죄인에게 알고 있는 사실을 캐어 묻다
拷訊	고문하여 신문하다, 고문하여 알고 있는 사실을 캐어 묻다
綁着	결박하다, 몸이나 손 따위를 움직이지 못하도록 동이어 묶다
穿枷	칼을 씌우다
鎖連子	쇠사슬
收禁	잡아 가두다
揬回	끌어내다
惹事	일을 저지르다, 일을 내다
誣害	모함하다, 陷害

對面	면질(面質)하다, 바로 맞대놓고 꾸짖다
自首	자현(自現)하다, 자기 범죄 사실을 관아에 고백하다
屈認	못이겨 자백하다, 屈招
認罪	승복하다, 죄를 인정하다, 承認
招状	다짐하는 글
扳人	사람을 잡아당기다
板子	곤장
動刑	형벌하다, 형벌을 가하다
法場	사람을 죽이는 터
抄家	적몰(籍沒)하다, 중죄인의 재산을 몰수하고 가족까지 처벌하다, 가산(家産)을 차압하다
赦前	사면 전
赦後	사면 후
脱罪	죄를 벗다
買賣補	**사고 팔기(買賣) 보충 어휘**
買賣人	흥정하는 사람, 매매인(買賣人), 물건을 사고 파는 사람
做買賣	흥정하다, 매매하다, 물건을 사고 팔다
喛喓賣	외쳐 팔다, 소리쳐 부르며 팔다
開帳	값을 정하다, 계산서를 작성하다
平常的	좀것(물건이나 사람을 얕잡아 부르는 말), 평상시 쓸 것, 일상적인 것, 假估的
上眼的	눈에 찬 것, 마음에 드는 것
上用的	나라에서 쓸 것
直不直	싸냐 싸지 않으냐, 값어치를 하는가
價直	값이 알맞다, 價相等
對半分開	분반(分半)하다, 반으로 나누다
添上	더하다
討添	투정하다
一併	모두
換換	바꾸다
狠好	가장 좋다, 아주 좋다
剩的	남은 것

欠的	모자란 것
一倍	갑절, 배
大發財	횡재하다
湊斂	추렴하다, 모임이나 놀이 또는 잔치 따위의 비용으로 여럿이 각각 얼마씩의 돈을 내어 거두다
兊銀子	은을 달다
改兊	고쳐 달다
補秤	저울축을 채우다
賒帳	외상 장부, 欠帳
流水帳	금전 출납장
虧本	밑지다
完帳	계산을 마치다, 清帳
另補	따로 채우다
吮喫	빨아먹다
財主	재주(財主), 재물의 임자
本錢	밑천
挣錢	돈을 벌다
文契	문서
借契	빚 문서
債樁	빚꾸러기, 빚을 많이 진 사람
討債	빚을 재촉하다
還當	전당에 물리다
子母債	이자 있는 빚
月利錢	매월의 이자
當舖	전당, 전포
稅上	세를 매기는 곳
收稅	수세(收稅)하다, 세금을 거두어들이다
上稅	세를 바치다
雇了	삯을 내다, 賃了
珎寶補	**진귀한 보배(珎寶) 보충 어휘**
葉子金	엽자금(葉子金, 잘 제련한 최상품의 금)
潮銀	순도가 낮은 은, 草銀

飛金	금박
錠子	금은덩이
玻瓈	유리
携鐵石	자석
雲母	운모(雲母), 석린(石麟)
組母綠	야명주(夜明珠, 어두운 데서 빛을 내는 구슬)
東珠	왜진주(倭眞珠, 빛이 고운 아름다운 구슬)
火樹	산호수(珊瑚樹, 나뭇가지 모양으로 생긴 산호)
法琅	파란, 광물을 원료로 하여 만든 유약(釉藥)
白銅	백동(白銅), 백통, 양은 (구리, 아연, 니켈의 합금)
黃銅	유석(鍮石), 황동(黃銅), 놋쇠
鍮	놋
鋼鐵	좋은 쇠
熟鐵	익힌 쇠
生鐵梢	쇠똥, 쇠를 불에 달구어 불릴 때 달아오른 쇠에서 떨어지는 부스러기
沉香	침향(沈香), 침향목
白檀	백단(白檀), 검노린재나무
紫檀	자단(紫檀)
黃蠟	황랍, 밀랍
硼砂	붕사(硼砂)
紫膠	셸락(shellac)
白礬	백반(硼砂)
黑礬	겅금, 황산 철을 물감으로 이르는 말
皮硝	박초, 질산칼륨을 한 번 구워 만든 약재
硫黃	석황(硫黃)
砒礵	비상(砒礵)
蠶桒補	**누에와 뽕나무(蠶桑) 보충 어휘**
大起	누에의 셋째 잠
蠶繭	고치
絲	단(單)을 絲라 이른다(單曰絲), 실 한 오라기
線	합(合)을 線이라 이른다(合曰線), 실을 꼬은 것

抽絲	실을 뽑다
捻線	실을 꼬다, 績線
紡線	실을 잣다, 실을 뽑다
練絲	실을 익히다
織造補	**옷감 짜기(織造) 보충 어휘**
絨線	융선(絨線), 융사, 융을 짠 실, 털실, 수실
線軸	실 꾸러미
絲亂	실이 얽히다
苧麻	태모시, 겉껍질을 벗긴 모시의 속껍질
線板	실감개, 실을 감아두는 물건
絲團子	실뭉치
線一縷	실 한가닥
線縯	실테, 실패에 감긴 실의 한 테
整縯	실의 모든 테
交擰	비틀다
打經	씨줄 넣다
打緯	날줄 넣다
織密	승새(피륙의 올)가 가늘다, 촘촘하게 짜다
粗疎	승새(피륙의 올)가 굵다
紬子	비단을 통칭하는 말
彭緞	팽단(彭緞, 비단의 한 가지)
粧緞	장단(粧緞, 곱고 아름답게 짠 비단)
閃緞	섬단(閃緞, 빛깔이 서로 다른 날씰과 씨실을 써서 짠 번쩍번쩍 빛이 나는 비단)
片金	금 섬단
湖縐	주사(走紗, 절강성 호주(湖洲)에서 나는 주름 비단)
絹子	깁, 명주실로 바탕을 조금 거칠게 짠 비단
紫色	자줏빛
真紅	진홍(眞紅)색
淡紅	연한 붉은색
寶藍	천청(天靑), 선명한 남색
魚白	옥색(玉色)

雪白	눈처럼 하얀색
官綠	짙은 초록
嫩綠	연초록
秋香色	송화색, 소나무의 꽃가루 빛깔과 같이 옅은 노란색
沉香色	침향색(沈香色, 누런빛을 띤 갈색)
南松	연한 송화색
北松	짙은 송화색
灰色	회색(灰色)
醬色	장색(醬色, 진한 홍갈색)
打染	물들이다
倒靑	검튼 빛을 띤 짙은 남색으로 물을 다시 들이다
染記	물들이는 표지
素的	무늬가 없는 것
有花的	무늬가 있는 것
毛靑布	청삼승(靑三升, 몽골지역에서 생산되는 푸른색 무명)
印花布	화포(花布, 반물빛의 바탕에 흰 빛깔로 꽃무늬를 박은 무명)
碁子布	반포(斑布, 물빛의 실과 흰 실을 섞어 짠 띠나 수건 감의 폭이 좁은 무명)
葛布	갈포(葛布, 칡 섬유로 짠 베)
繭紬	야견사, 산누에고치로 켠 실
編絛	실을 사선 여러 방향으로 교차하여 짜다
湖綿	좋은 풀솜
彈花	탄화(彈花, 활로 탄 솜)
裁縫補	**옷 짓기(裁縫) 보충 어휘**
衣料	옷감
衣面	옷가죽
衣邊	옷자락
大襟	옷의 단추로 채우게 되어있는 오른쪽 앞섶
護肩	등바대, 깃바대, 홑옷의 깃고대 안쪽으로 길고 넓게 덧붙여서 등까지 대는 헝겊
袖根	소매 밑동 또는 진동

貼儌	접은 단
對縫	천 두 장을 함께 꿰메다
草縫	시치다, 바느질을 할 때 여러 겹을 맞대어 듬성듬성 호다
縫起	어우르다
鑲邊	단을 두르다, 테를 두르다
齊邊兒	단을 가지런히 하다
吊裡	옷 안을 올리다
鋪凉花	솜을 두다, 솜을 넣다
衲行	'누비'라 통칭함
分行	잔 누비
寸行	드문 누비
倒扣針	박음질
針脚兒	바느질 땀
頂針子	골무
紉針	바늘귀를 꿰다
針扎子	바늘겨레, 부녀자들이 바늘을 꽂아 둘 목적으로 헝겊 속에 솜이나 머리카락을 넣어 만든 수공예품
烙板	인두판
棍子	자
破透了	비뚤어지다
緞邊子	식서(飾緖, 올이 풀리지 않게 짠 천의 가장자리 부분)
裁縫的	바느질하는 사람
裁縫錢	바느질 값
田農補	**농사짓기(田農) 보충 어휘**
庄地	장지(庄地), 농소(農所), 농지, 庄土
菜田	나물 밭, 菜園
盪地	김매다, '북돋우다'라고도 한다
一晌田	한나절(동알 갈 수 있는) 갈이
翻田	밭을 뒤집다
開墾	땅을 일구다
點葫蘆	씨 뿌리는 자루박

栽了	'심다'라고 통칭한다, 種了
發芽	싹이 나다, 發苗
穗長	이삭이 자라다
穗垂	고개를 숙이다
穗含漿	이삭이 맺히다
嚇禽草人	허수아비
結粒	곡식의 알이 맺히다
刈了	베다
打穀	곡식을 두들기다, 打粮
颺颺	부뚜질하다, 곡식에 섞인 티끌이나 쭉정이, 검부러기 따위를 날려 없애려고 부뚜를 흔들어서 바람을 일으키다
虫損了	벌레 먹다
早穀	이른 곡식
晚穀	늦은 곡식
穀楂子	곡식 그루터기
荒蕪	밭 묵다, 밭이 사용되지 않은 채 그대로 남다
打麥場	마당
收半	병작하다, 지주가 소작인에게 소작료를 수확량의 절반으로 매기다
碾了	곡식을 갈다, 곡식을 찧다, 곡식을 정미하다
舂擣	찧다, 臼擣

禾穀補	**벼와 곡식(禾穀) 보충 어휘**
粘米	찹쌀
粳米	좋은 쌀
粘黃米	찰기장
烏麥	메밀
鈴鐺麥	귀리
麩子	밀기울, 밀을 빻아 체로 쳐서 남은 찌꺼기
稗草	핏짚, 낟알을 떨고 난 피의 대와 잎
麥稈	보릿짚, 보리의 낟알을 떨어낸 뒤에 남은 짚
碎米	싸라기

曬穀子	곡식을 볕에 말리다
菜蔬補	**채소(菜蔬) 보충 어휘**
菉豆芽	숙주나물
枕頭瓜	선동화, 동아의 하나, 박과의 한해살이 덩굴성 식물
倭瓜	호박, 南瓜
再生草	움, 풀이나 나무에 새로 돋아나는 싹
小根菜	달래, 野蔥
葶藶菜	평지, 십자화과의 두해살이풀
葱筆管	팟종, 다 자란 파의 꽃줄기
培本	북돋우다, 식물의 뿌리를 흙 속으로 들어가게 흙으로 덮어 주다
挑菜	산나물을 캐다
柴了	채소가 너무 자라서 줄기나 잎이 뻣뻣하고 억세게 되다
器具補	**기구(器具) 보충 어휘**
澡盆	목욕하는 대야
鍋撑子	삼발이
銅鍋	퉁노구, 품질이 낮은 놋쇠로 만든 작은 솥
磁盆	사기
盆架	대야
手把子	손잡이
八仙卓子	여덟 명이 먹는 탁자
春櫈	큰 탁자
酒漏子	병에 대고 붓는 것, 깔때기
鍾托	잔대
滌器	그릇을 씻다, 洗滌
茶壺子	주전자
長頸瓶	목이 긴 병
小口瓶	소용, 길쭉하고 자그마한 병
噴壷	화초에 물 주는 병
執壷	손잡이가 있는 병

撥火棍	부지깽이, 아궁이 따위에 불을 땔 때 불을 헤치거나 끌어내거나 거두어 넣거나 하는데 쓰는 가느스름한 막대기
提子	뜨는 국자
湯匙子	국 먹는 수저
木瓢子	나무 주걱, 柳杓
整木桶	목통
桶樑	통의 가로대
碓窩	방아
杵臼	절구
米杵	절구공이
蒸籠	시루, 찜통
撣箒	먼지 떠는 것
脚籮	발로 치는 체
糊箒	귀얄(풀이나 옻을 칠할 때에 쓰는 솔의 하나)
板斗	큰 말
柴把子	갈퀴
搜杋	긋다
鍋刷	솔, 炊箒
席籠子	갈대 광주리
夾剪	쇠 베는 협도(끝이 조금 뒤로 젖혀져서 눈썹 모양을 하고 칼등에 상모가 달려있는 무기)
磨盤	매판, 맷돌의 아래 받침대
磨臍	맷중쇠, 맷돌의 위짝과 아래짝 한가운데 박는 쇠
圍屏	병풍
吊屏	족자, 그림이나 글씨 등을 벽에 걸거나 말아둘 수 있도록 양 끝에 가름대를 대고 표구한 물건
支竿	버티는 대
夜壺	요강
圞子	딮로 짠 담요
梯櫈	발돋움, 발 밑에 괴는 물건
被搭子	이불 전대, 이불 자루
錢搭子	돈 전대

坐褥	방석
櫃隔子	칸막이
打傘	일산(日傘)을 받들다, 양산을 받들다
枴杖	지팡이
取燈	고대의 성냥, 나무 끝에 석유황을 묻혀서 불을 켤 때 쓴 도구
豎櫃	장, 물건을 넣어두는 가구
開披	행담, 길 가는 데에 가지고 다니는 싸리나 버들 따위로 만든 작은 상자
竹簍子	대광주리, 참대를 엮어서 만든 광주리
抽替	서랍
千眼厨	각께수리, 가께수리, 각기소리, 장사꾼들이 귀중품이라 귀중한 문서를 보관하는 곳, (일본어의 kakesuzuri)
唾沫盒子	타구(唾具/唾口), 가래나 침을 뱉는 그릇
蠟臺	촛대
燈豎子	광명등, 나무나 무쇠, 놋쇠 따위로 만든 등잔걸이
滿堂紅	경사스러운 날에 집 앞에 장식한 색견(色絹)·각등(角燈)·대촉대(大燭臺) 등
亮子	용지, 솜이나 헝겊을 나무에 감아 기름을 묻혀 초 대신 불을 켜는 물건
糠燈	겨 묻힌 용지
松明	관솔, 송진이 많이 엉긴 소나무의 가지나 옹이, 불이 잘 붙으므로 예전에는 여기에 불을 붙여 등불 대신 이용하였음
痒撓	등긁개
羅經	대륜도, 방위를 가리키는 윤도
杠秤	메는 큰 저울
花弓	면화 활
曬繩	빨랫줄
背挾子	지게
糞叉子	말똥 줍는 것
地弩	덫
拉風廂	골풀무, 불을 피우기 위해 바람을 일으키는 기구

火罐子	쇠 녹이는 도가니(그릇)
鰾罐子	부레 도가니(그릇)
鰾貼	부레풀로 부치다
上鰾	부레풀칠하다
皮膠	아교, 짐승의 가죽, 힘줄, 뼈 따위를 진하게 고아서 굳힌 끈끈한 것, 阿膠
鍚	대패
木銼	나무 대패, 뿔이나 뼈 따위를 가는 데 쓰는 나무로 만든 줄
鉅齒	톱니
鉅末	톱밥
鉅澁住	톱이 끼다
繳繩	노끈을 꼬다
繩絡子	노 망태
鉋花	대팻밥
準線	다림줄, 다림을 볼 때 쓴 줄, 準繩
彈墨線	먹줄 치다, 먹실로 줄을 치다
模板子	탈판, 거푸집, 틀
楦子	'골'로 통칭함, 모자형 틀
砣落	빠지다, 떨어지다
千斤子	지렛대
蒲包	부들 꾸러미
皮鍬子	무둣대, 가죽을 무두질할 때 쓰는, 가죽을 훑어 기름을 빼는 칼
泡釘	광두정(廣頭釘, 대가리를 둥글넓적하게 만들어 장식 겸용으로 쓰는 못)
鎖穿條	자물쇠 앞다리
巴鋦子	거멀못, 나무 그릇 따위의 터지거나 벌어진 곳이나 벌어질 염려가 있는 곳에 거멀장처럼 겹쳐서 박는 못
工程	수공예
剜刀	완도(剜刀), 후비는 칼, 구멍을 넓히거나 뚫는 기구
空摳	후비다
鑽開	뚫다

鏟了	깎다
活鑽	활비비, 활같이 굽은 나무에 시위를 메우고, 그 시위에 송곳 자루를 건 다음 당기고 밀고 하여 구멍을 뚫는 송곳
透鑽	꿰뚫다
鑽弓	송곳활
鏇了	갈리다
鍍金	도금하다
鎔化	녹이다
鑲嵌	전 메우다, 끼워 넣다, 상감하다
鍊鐵	쇠를 익히다
拔鐵絲	철사 뽑다
起花	양각하다, 鏨花
鑄了	주조하다, 지어붓다
炸白	쇠를 달구다, 燒紅
貼金	금을 붙이다
銲了	땜질하다, 납땜하다, 용접하다
磨光	마광(磨光), 갈아서 빛을 내다, 研光
銹了	녹슬다
煨彎	불을 쬐어 휘게 하다
團起来	둥글게 하다
撅彎	휘게 하다
重油	기름칠하다
鞍轡補	**안장과 고삐(鞍轡) 보충 어휘**
緹胷	주락(珠絡, 임금이나 벼슬아치가 타는 말에 붉은 줄과 붉은 털로 꾸민 치레)
搭腦	의자 윗부분의 대들보
鼻花	가슴걸이의 앞쪽
兜嘴	말 입에 씌운 망, 부리망
折舌	재갈
飾件	장식품
扯手	고삐, 혁

馱鞍	짐 길마(짐을 싣거나 수레를 끌기 위하여 소나 말 따위의 등에 얹는 기구)
鞭稍	채 끝
打馬釘	재갈 박다
護屁股	안장
鞍罩	길마의 덮개
舟船補	**선박(舟舡) 보충 어휘**
全木船	마상이, 통나무를 파서 만든 작은 배
撑船	배를 젓다
折搶	역풍에 맞바람에 돛이 비끼게 하며 나아가게 하다
艣来	저어오다
竪桅	돛대를 세우다
眠桅	돛대를 눕히다
飄風	표풍(飄風)하다, 바람에 날려 흔들리다, 遭風
戽船	배에 물을 푸다
舵工	사공
擺渡錢	선가(船價), 뱃삯
車輛補	**수레(車輛) 보충 어휘**
爬山篼	남여, 의자와 비슷하고 뚜껑이 없는 작은 가마
車輗	멍에, 수레를 끌기 위해 마소의 목에 얹는 구부러진 막대
套車	(마소에) 수레를 메우다
車夥子	수레의 동무, 수레 같이 탄 이
梢頭	윗짐
搬運	수운(輸運)하다, 강이나 바다를 이용하여 사람이나 물건을 배로 실어 나르다
技戲補	**재주와 놀이(技戲) 보충 어휘**
場戲	광대
戲筵	광대가 연기하는 잔치
戲本	광대의 책
點戲	광대를 가리켜 연기하게 하다
跳擺索	줄을 넘다

舞絙	줄을 타다, 走索
緣竿	솟대(솟대쟁이가 탈을 쓰고 올라가 재주를 부리는 장대) 타다
撇石	팔매, 작고 단단한 돌 따위를 손에 쥐고 힘껏 흔들어 멀리 내던지다
行頭	무대 의상과 소도구, 연극의 무대 장치나 분장에 쓰이는 작은 도구류
碁眼	바둑 구멍
讓子	바둑 접다, 수를 양보하다, 饒子
打刼	패를 치다
碁醜	바둑의 수가 낮다
睹賽	내기하다
骰子	주사위
耍紙牌	투전하다, 쇠붙이로 만든 돈을 땅바닥에 던져 놓고 그것을 맞히면서 내기를 하는 놀이를 하다
對手	적수
爭短長	우열을 다투다
別掣	훈수 두지 말라
趕澇本	설치(雪恥)하다, 부끄러움을 씻다
遊耍	놀다
頑兒	기롱, 실없는 말로 놀림
飛禽補	**날짐승(飛禽) 보충 어휘**
籠鷹	수진매, 사람의 손으로 길들인 매나 새매
鬔鷄	멱부리, 턱 밑에 털이 많이 난 닭
鷄鬪	닭이 싸우다
鷄嗄鴠	알겯다, 닭이 알을 낳을 무렵에 골골 소리를 내다
鴠黃	노른자위, 알의 흰자위에 둘러싸인 둥글고 노란 부분
鴠淸	흰자위, 알 속 노른자위를 둘러싼 흰 부분
硬皮	겉껍풀
軟皮	속껍풀
距	며느리발톱, 새 수컷의 다리 뒤쪽에 있는 각질의 돌기물
水鸛	가마우지

金衣公子	꾀꼬리
隨陽鳥	기러기
十姊妹	척령조(鶺鴒鳥)
布穀	뻐꾹새
蚊母鳥	바람개비, 쏙독새
簷鼠	박쥐
翅大翎	칼깃, 새의 날갯죽지를 이루는 빳빳하고 긴 깃
翅次翎	넓은 깃
毛羽	솜털 깃
翎管	깃털 장식을 모자에 다는 데 사용한 대롱
展翅	날개를 펴다
搧翅	날갯짓 하다
鬆開毛	깃털을 웅크리다
一翅	날갯짓을 한 번 하여 나는 것
抿翅飛	날개를 오므려서 날다
擦地飛	바닥을 긁으면서 날다
換毛	깃털을 갈다
啄喫	쪼아 먹다
跐榮	비금(飛禽) 흘레붙이다, 생식을 하기 위하여 동물의 암컷과 수컷이 성적(性的)인 관계를 맺게 하다
巢窩	날짐승의 집
走獸補	**길짐승(走獸) 보충 어휘**
麒麟	기린(麒麟)
老麻子	범, 山猫
虎威骨	을골(乙骨, 범의 가슴 양쪽에 있는 을(乙)자 모양의 뼈)
倀鬼	창귀(倀鬼), 범에게 물려 죽은 귀신이 범을 도와 나쁜 짓을 하다, 나쁜 사람의 앞잡이가 되어 나쁜 짓을 하다
線臉馬	간자말, 이마와 뺨이 흰 말
銀蹄馬	사족발이
驏馬	길마 없는 말
頖騘	말의 이마에 난 갈기
迎鞍頭	몬다위, 말이나 소의 어깻죽지

蹄心	굽심
馬浴土	말이 땅에 뒹굴다
孤蹄	네발짐승의 발 하나가 색다른 것
毛旋窩	뭉치
寸子毛	제비초리, 뒤통수나 앞이마의 한가운데에 골을 따라 아래로 뾰족하게 내민 머리털
耐遠	멀리 버티고 갈 말
罣蹶	절룩거리다
嘴生	재갈을 새로 물리다
單蹄撣	외알제기로 걷다, 마소 따위가 한쪽 굽을 질질 끌면서 걷다
掠人	사람의 (신경을) 돋우다
溜繮	고삐가 풀리다, 고삐가 풀려 달아나다
飢討	굽을 긁다
齦青	풀을 뜯어먹다
薦皮	소 목의 앞쪽
鼻鉤	코뚜레, 소의 코청을 꿰뚫어 끼는 나무 고리
水牛	무소, 포유류 코뿔솟과에 속한 동물
駝峯	낙타의 육봉
鹿羔	사슴의 새끼
貉子皮	산달피, 검은담비의 털가죽
膁	겨드랑이 가죽
野羊皮	산양피(山羊皮), 염소의 가죽
風毛	솜털, 軟毛
掃雪	흰담비 족제비, 북방 족제비
鼠耗	쥐로 인한 (양식이나 기타 물품의) 손실
毛倒搶	털을 거슬러 치다
脱毛	털이 빠지다, 털갈이를 하다
被咬	물리다
捲毛	굽슬굽슬한 털
燖毛	새나 짐승을 잡아 뜨거운 물에 잠깐 넣었다가 꺼내어 털을 뽑다

硝毛	털을 없애다
鍬皮	가죽 무두질하다, 가죽을 매만져서 부드럽게 만들다
鏩皮	가죽을 부드럽게 썰다
秋板	털이 짧은 가죽
昆虫補	**곤충(昆蟲) 보충 어휘**
撲燈蛾	부나방, 불나방과에 속하는 비교적 큰 나방, 鬼蛾
粉蝶	나방
窨蜂	꿀벌
馬蜂	말벌
螟蛉	나나니벌, 명령(螟蛉), 빛깔이 푸른 나방·나비의 애벌레
螫了	(침을) 쏘다
竈馬兒	귀뚜라미
糞蜋	말똥구리
蛟龍	교룡(蛟龍, 모양이 뱀과 같은 상상 속의 동물)
長虫	뱀
蟒	구렁이
蛇蛻皮	뱀이 허물을 벗다
蟠繞	휘감다
蜿蜒	꿈틀꿈틀하다
虫鈒了	좀 먹다
叮了	물다
肐蚤	벼룩
狗鱉	진디, 진딧물과의 곤충
八脚子	사면발이, 사면발닛과의 이
蒼蝇蚱	쉬, 파리의 알
水族補	**물속 생물(水族) 보충 어휘**
老魚	고래, 大魚
比目魚	가자미
細鱗魚	구굴무치, 구굴무칫과의 민물고기
小魚	소천어 또는 송사리
蚌蛤	조개

海紅	홍합
石次蛙	가재
魚躍	고기가 뛰다
魚撥泡	물이 튀겨 방울지다
魚擺子	물고기가 배란하다
奔水	물고기 지느러미
蟹鉗	게 엄지발
花草補	**꽃과 풀(花草) 보충 어휘**
指甲草	봉선화(鳳仙花)
老青莖	천엽석죽화(千葉石竹花)
花乳頭	꽃봉오리
花朶	꽃송이
花蔕	꽃꼭지
花叢	꽃다발
花綻	꽃봉오리가 벌어지다, 花裂嘴
花開	꽃이 피다
花謝	꽃이 지다
莎草	잔디
莠草	강아지풀
忘憂草	훤초(萱草, 백합과의 여러해살이풀)
青苔	이끼
浮萍	부평(浮萍, 개구리밥과의 여러해살이 수초(水草))
狗舌草	수리취(국화과의 여러해살이풀)
香芹	미나리
龍葵	까마종이(가짓과의 한해살이풀)
甘蔗	자초(蔗草), 사탕수수
地膚草	댑싸리(명아줏과의 한해살이풀)
鬼虱子	도깨비바늘(국화과의 한해살이풀)
瓜蔕	오이꼭지
瓜蔓	오이손
野藤草	넌출새풀, 덩굴이 길게 치렁치렁하게 늘어진 풀
銼草	속새(양치식물 속샛과의 상록 여러해살이풀)

樹木補	수목(樹木) 보충 어휘
楊樹	갯버들, 사시나무, 버드나뭇과의 낙엽 활엽 관목
柳絮	버들강아지
松針	솔잎, 松毛
栢塔子	잣송이, 잣나무의 열매 송이
枝條	가지
幹條	줄기
木蓈子	나무토막
結子	열매가 열리다
嫩葉兒	속잎
木癭	나무 혹, 나무 줄기에 난 크기나 모양이 일정하지 않은 혹
木心	목심(木心), 나무줄기 한가운데의 연한 심
木理	나뭇결
樹津	나뭇진, 소나무나 전나무 따위의 나무에서 분비하는 점도가 높은 액체
橡椀	깍정이, 밤나무, 떡갈나무 따위의 열매를 싸고 있는 술잔 모양의 받침
普盤果	구기자(枸杞子), 구기자나무의 열매
冬青子	겨우살이, 겨우살잇과에 속한 식물을 통칭하는 말
瑣說補	**기타(瑣說) 보충 어휘**
二字類	**두 글자 표현 모음**
看顧	돌보다, 살펴주다, 照顧
仗庇	비호함을 믿다
軆諒	용서하고 헤아리다
護庇	감싸 주다, 비호하다, 가리다, 감추다
面奬	겉으로 기리다
硬朗	늙은이가 꼿꼿하며 건장하다
脚硬	운수가 좋다
護短	잘못이나 단점을 감싸다, 두둔하다
獻勤	정성들이다, 아첨하다, 비위를 맞추다
囑托	청촉하다, 청을 들어주기를 부탁하다

誇口	말로 자랑하다, 허풍을 떨다
遵命	명령에 따르다
領教	가르침을 받다
老實	솔직하다, 정직하다
在行	묘리(묘한 이치)를 안다, 능하다, 전문가이다
乾净	깨끗하다
撇淸	깨끗한 체하다
粧俏	불쌍한 체하다, 賣俏
賣弄	뽐내다, 자랑하다, 빼기다, 으스대다
標緻	(용모가) 아름답다, 예쁘다
性格	성품, 성격, 성정
排行	항렬
粗糙	투박하다, 거칠다, 조잡하다
圖嘴	입만 열려고 하다, 말하려고만 하다
叵耐	참을 수 없다
毛病	괴이한 병, 약점, 흠, 결함
量窄	도량이 좁다, 음식이나 술을 먹는 양이 적다
辦嘴	입씨름하다, 角口
啍囉	지껄이다
霸佔	억지로 뺏다
勒齦	보채다
趕鬧	덤벙대는 틈에
攛掇	부추기다, 종용하다, 권하다, 꼬드기다
撩撥	자극하다, 부추기다
擅斷	제 마음대로 처단하다
逞强	잘난 체하다, 위세를 부리다
威喝	위엄으로 두렵게하다
惹氣	분 돋우다, 화나게 하다, 약을 올리다
發狠	매우 성내다
不倸	아는 체 하지 않다, 또는 상종하지 아니하다
挨過	견디다
改變	변하다

照舊	옛날대로, 이전대로
托辭	핑계를 대다, 구실을 붙이다
圈套	후리는 법, 함정, 술책, 음모, 올가미
拐騙	후려 속이다, 속여서 빼앗다, 가지고 달아나다
賭誓	맹세하다
搶白	핀잔을 주다, 책망하다, 타박하다, 말대꾸하다, 타박하다
沒臉	면목이 없다, 체면이 서지 않다
沒趣	재미가 없다
面羞	부끄럽다, (부끄러워) 얼굴이 빨개지다, 面紅
恠他	탓하다
曉誘	사리를 알아듣도록 잘 타이르다
笑話	비웃다, 웃긴 말
大槩	도무지
一定	반드시, 틀림없이, 必定
一套	한 질, 세트
獨自	혼자
自然	자연, 자연히, 스스로
况且	하물며
尙且	오히려
就是	곧 -이다, 바로 -이다
枉自	속절없이, 헛되이, 보람 없이, 공연히
早已	벌써, 이미
倘或	만일, 萬一
但是	다만
想是	생각건대
該當	마땅히, 응당
遭是	마침
登時	즉시, 곧, 당장
還未	아직 못하다
再三	다시
到底	마침내, 결국

恰似	마치 -같다
凑巧	공교롭다, 때마침, 마침, 공교롭게
豈敢	어찌 감히 -하겠는가?
未必	반드시 -한 것은 아니다, 꼭 그렇다고 할 수 없다
旣然	그러면, 기왕 그렇게 된 이상, 이미 이렇게 된 바에야
待要	곧, (막) -하려고 하다, -할 생각이다
彼此	서로
且住	잠깐 기다리다, 당분간 그만두다
再不	그렇지 않으면
初會	처음 보다, 처음 만나다
從來	원래, 原來
煩你	실례지만, 죄송하지만
胡亂	맘대로, 제멋대로
强如	-보다 낫다, 뛰어나다, 우수하다
快些	바삐, 빨리
成就	성취하다, 성취
緣法	인연
打發	시켜 보내다
下落	거처, 행방, 소재, 간 곳
躲開	숨어 피하다, 溜開
妥當	온당하다, 타당하다
相趂	서로 뜻이 맞다
停當	정당(停當)하다, 사리에 맞다
約定	언약하여 정하다, 약속하여 정하다
名頭	이름 있다는 말, 명성, 평판
兆胎	징조
才能	재주, 능력
守分	분분을 지키다
用力	힘쓰다
耐心	인내심이 강하다, 참을성이 있다, 끈기 있다
費心	걱정하다, 마음을 쓰다
記掛	마음에 걸리다

揪心	마음 졸이다, 걱정하다, 불안하다
安穩	편하다
受用	누리다
濫錢	실없이 쓰는 돈, 쓸데없이 쓰는 돈
壞鈔	돈을 들이다
破費	허비하다, (금품, 시간을) 쓰다, 들이다, 소비하다
熱鬧	매우 요란스럽다
營生	직업, 생업, 일
剩下	남다
彀了	족하다
橫竪	이러나저러나, 어쨌든, 어떻든, 아무튼
預備	예비(預備)하다, 미리 준비하다
預先	미리
趂早	일찍이
合叩	맞추다
叩數	셈을 맞추다
叩求	점치다, 간청하다
爲頭	으뜸이 되다
辦事	일하다
現今	지금, 현재
呈上	드리다, 올리다, 바치다
討賞	상을 달라고 하다, 상을 요청하다
掐開	쪼개다
劈開	쪼개져 갈라지다, 쪼개다, 날리다, 벌리다
張開	펼치다
攤開	헤치다, 나란히 벌여 놓다, 고르게 펴다
對扯	마주 당기다
亂扯	마구 당기다
撕扯	찢다, 째다
靠壁	벽에 의지하다
擦抹	문질러 씻다
挣扎	힘써 버티다, 지탱하다, 발버둥치다

連着	잇다
接長	이어 길게 하다
絟着	매다, 絟上
纏繞	감다
鬆寬	느슨하다
寬濶	넓다
寬綽	넉넉하다
心空	속이 비다
脱卸	벗다
活扣	고 내여매다, 매듭
緊扣	단단히 매다
綑着	동이다
扭插	틀어 꽂다, 비틀어 끼우다
掛上	걸다
貼上	붙이다, 貼着
擱着	걸리다 또는 놓아두다
挽手	손에 거는 끈
乾硬	말라 단단하다
烤曬	불 쬐어 말리다
整的	완전한 것, 모든 적
匾的	납작한 것
鈎的	굽은 것
彎的	휜 것
斜了	빗기다, 비스듬하다, 비뚤다, 기울다
偏了	치우치다
樣範	본
稜兒	모
結實	단단하다
重皮	익힌 껍질
軟爛	흐물흐물하다
起皺	때가 나다
起瘢	흉터가 지다

掏出	끄집어내다, 꺼내다
挨擠	사람이 많아 밀리다, 붐비다, 밀치락달치락하다
慌了	겁내다, 두려워하다
打動	생각하여 깨닫다
走動	다니다
你每	너희들
日逐	날마다, 매일
光降	왕림하다, 혜사(惠賜)하다
端的	진실로, 과연, 정말로, 도대체
帶挈	데리고 돌보다, 동반하다, 밀어주다, 지원하다
擡擧	천거하다
依你	네 말대로 하다, 너를 따르다, 네게 맡기다, 憑你
廝會	서로 모이다
喫過	먹었다
打覺	폐를 끼치다
禁聲	소리를 내지 말라, 소리를 금하다
不筭	세지 아니하다
綵了	논박하다, 어떤 주장이나 의견의 잘못된 점을 조리있게 공격하여 말하다
實說	실로 이르다, 사실대로(솔직히) 말하다
遞信	소식 전하다
舒服	시원하다, 편안하다, 상쾌하다, 안락하다, 暢快
透亮	스미여 밝다, 환하다, 투명하다
磨透	닳아 뚫어지다
未乳	아이를 낳지 못하다
饋我	나에게, 나를 위해, 내게 다오
照樣	그대로
壓驚	놀란 것을 가라앉히다
招子	거리에 붙이는 방
熏黑	그을어 검다
忙多	바쁜 일이 많다
揉眼	눈 비비다

三字類	세 글자 표현 모음
粧體面	체면을 차리다
下馬威	벼슬아치가 부임 초부터 위풍을 부리다, 첫 시작부터 호된 맛을 보여주다, 시작부터 본때를 보여주다
力量大	역량(力量)이 크다
大分上	큰 우의, 큰 교의(交誼)
求恩典	은혜를 베풀어주소서
說大話	허풍을 떨다, 큰소리치다
作善事	좋은 일을 베풀다, 좋은 일을 하다
喬家公	가장인 체하다
仗着誰	누구를 믿으리오
全靠你	완전히 너에게 의지하겠다
錯恠他	잘못 그를 허물하다
怎禁他	어찌 그를 말리리오
没高低	(말이나 일의) 심도, 경중을 모르다
没分曉	지각이 없다, 도리에 어긋나다
歪厮纏	막무가내로 떼를 쓰다, 생트집을 잡다, 성가시게 굴다
纏不過	트집 잡다, 치근거리다, 성가시게 하다
由不的	임의로 못하다, 마음대로 되지 않다
耐不的	견디지 못하다
忒多心	너무 의심하다, 공연한 걱정을 하다
故意兒	짐짓, 고의로, 일부러
幹壞了	일을 그르게 하다
索落人	사람을 트집 잡아 야단치다
顛倒說	뒤에서 이르다
恁地說	이리 말할 양이면
遮餙臉	겉으로 낯을 가리다
皮着臉	염치없는 줄 알면서도 이를 무릅쓰고 하다, 몰염치하다
充知道	아는 체하다
没坐性	앉을 기분이 아니다
没耐性	견딜 수 없다, 참을 수 없다
有手藝	솜씨가 좋다

沒定準	정한 것이 없다, 확실하지 않다
看不真	뚜렷하게 보이지 않다
拉不動	끌어도 움직이지 않다, 끌 수 없다
不長進	장래성이 없다, 진보가 없다, 발전성이 없다, 패기가 없다
不戒口	말조심하지 않다
好機口	물음에 빨리 대답하다
小哉相	적은 규모
沒信行	믿음직하게 행동하지 않는다
麻犯人	사람을 성가시게 하다
黑眼睛	욕심 많은 사람
小便宜	작은 이득, 조그만 이익
孩子氣	철이 없고 사리에 어둡다
做牽頭	뚜쟁이질 하다, 부적절한 관계를 이어주는 일을 하다
透信的	소문 전하는 사람, 소식을 알리는 사람
探信息	소식을 알아보다
荅應的	시중 드는 사람
走熟的	길을 잘 다니는 사람, 길눈이 밝은 사람
巡風的	일을 정탐(偵探)하는 사람, 정세를 살피는 사람
賠嫁人	시집갈 때 몸종이나 혼수품을 딸려 보내다
回頭人	재가(再嫁)한 여자
望門寡	혼인 전에 된 과부
醋話兒	시샘하는 말, 질투하는 말
影射的	넌지시 말하는 사람
兩頭睡	발을 마주하고 자다, 두 명이 서로 다른 방향으로 누워서 자다
瞞不過	속이지 못하다
沒得說	이를 것 없다, 두말할 나위 없다
合他說	그에게 이르다
不用說	말할 필요 없다
背地裡	못 보는 데, 모르는 곳, 몰래, 뒤에서
一地裡	두루

廝趕着	서로 따르다
撞不着	만나지 못하다
風裡話	뜬소문
不得空	시간이 없다, 시간이 나지 않다
絆住了	얽매이다, 방해가 되다, 장애가 되다
沒在家	집에 없다
休理他	그를 아는 체 마라, 그를 상대하지 마라
一氣跑	한숨에 달리다
動不動	걸핏하면
鎮日夜	밤낮으로
房分中	일가(한집의 가족)의 사이
好自在	아주 편하다
不消了	-할 필요가 없다, -할 나위가 없다
挨近前	차차 나아지다
往前些	지나간 얼마 동안의 가까운 때
一壁廂	일변으로 또는 한편, 다른 쪽
鬼混了	함부로 떠들어대다, 야단법석을 떨다
強壓住	억누르다
比方說	비교해 말하면, 예를 들어 말하면
猜得着	짐작하여 맞히다
叅透了	깊이 깨닫다
不怕羞	부끄럼 타지 않다
鬆快些	조금 여유가 생기다, 조금 상쾌하다
頭一日	첫날
上緊些	바쁘게 하다, 빨리 서두르다, 박차를 가하다
小遲些	조금 느리다
等住回	이따가
這回子	이즈음, 이번
可可的	꼭, 때마침
多咱来	언제 오는가
不覺的	어느덧, 어느새, 자기도 모르게
趁空兒	틈타다, 틈을 내다, 기회를 보다

錯過了	놓치다
翻過来	뒤집다
貼不着	붙지 않다
不趍手	손에 만족스럽지 않다
乾透心	속까지 모르다
不骨立	연약하다
不耐勞	고생을 견디지 못하다, 괴로움을 견디지 못하다
齊底兒	잘못 박다
没奈何	어쩔 수 없다
費日子	날을(시간을) 허비하다
没脚蟹	어쩔 수 없는 상황에 처해 있다
聞一聞	냄새를 맡다
住不牢	참고 머물지 못하다
過不去	마음에 걸리다, 미안하게 생각하다
着迷鬼	귀신 들리다
白日鬼	신통한 체하는 놈, 낮도깨비, 낮도둑
勾使鬼	사람 잡아가는 귀신
賴債的	빚에 의지하는 사람
作活的	남의 일 해주는 사람
合了氣	성내어 다투다
不要命	목숨을 걸고 하려고 하다
沒來由	부질없이
克得過	견딜 만하다
回他罷	일러 보내라
打底兒	기초를 다지다, 밑구멍을 뚫다
兆住了	씌우다
栽派人	사람을 정하여 시키다
支使人	사람을 시키다
四字類	**네 글자 표현 모음**
福至心靈	복이 오면 마음이 영(靈)하다, 운이 트이면 생각도 영민해진다
佛眼相看	호의(好意)를 갖고 대하다, 너그럽게 보아주다

自由自在	거리끼는 것이 없다, 자유자재하다, 제한이나 속박이 없다
官報私仇	공적인 것을 빙자하여 사적인 이득을 꾀하다, 사적인 원한을 공적인 일로 풀다
恩将仇報	은혜를 원수로 갚다
将曲作直	그른 것을 옳은 체하다
來歷不明	근본(내력)이 분명하지 않다
架虛鑿空	공중에 지어내다
聽籬察壁	엿듣다, 몰래 정세를 살피다
笑臉嗔拳	웃는 낯에 성낸 주먹
上門罵人	집에 와서 사람을 욕하다
坐名要人	지명하여 사람을 찾다
按人派分	사람 수대로 나누다
靠人做事	남을 믿고 일하다
做不得主	제 맘대로 하지 못하다
舊性不改	본성을 고치지 않다
叫破喉嚨	목이 터지도록 부르다
左話右說	이리 할 말을 저리하다
拿三道三	남이 할 말을 네가 하다
支支吾吾	말을 우물우물하다, 우물쭈물하다, 얼버무리다
東躲四閃	이리저리 피하다
半吞半吐	말을 하려다가 말다, 우물거리다, 우물쭈물하다
半推半就	못 이기는 체 하다
推啞粧聾	알고도 모르는 체하다
看他眼勢	다른 사람의 눈치를 보다
将言探他	말로 떠보다
手忙脚亂	허둥지둥하다
露出馬脚	본색이 드러나다, 탄로나다, 정체가 드러나다
毬子心腸	정한 마음 없다
近火先焦	불에 가까이 하면 먼저 탄다, 사고와 가장 가까이에 있는 사람이 가장 먼저 사고를 당한다
話多不甜	흔한 말이 달지 아니하다, 말이 많으면 쓸 말이 적다

慢條斯禮	느릿느릿
空喫見笑	공연히 웃음거리가 되다
越看越像	볼수록 같다
看不上眼	눈에 차지 않다
耽驚受怕	놀라서 무서워서 흠칫흠칫하다
隔壁心寬	남의 일에 대해서는 마음이 느긋하다
替人耽憂	남의 걱정을 대신하다
忙中有錯	일을 서둘러 하면 그르친다
心裡亂跳	놀라서 가슴 벌떡거리다
懷着鬼胎	꿍꿍이를 품다
到處有蹤	간 곳마다 탈나다
橫跳竪跳	가로로 뛰고 세로로 뛰다, 깡충깡충 뛰다
抛在腦後	염두에 두지 않다, 신경쓰지 않다
一步一顚	걸음을 걸을 때마다 엎어지다
人山人海	인산인해, 아주 많은 사람의 무리
小本經紀	밑천이 적은 장사
折兌還償	대신 값을 쳐주다
三零四落	흩어지다 또는 조잔(凋殘)하다, 망하여 쇠퇴하다
天生一對	하늘이 지어준 짝
一母所生	한 어미에서 나왔다, 형제이다
一宗事情	한 가지 일
有頭無尾	시작했으나 끝이 없다
漏在眼裡	눈에 드러나다
眼飽肚饑	눈만 유복하다, 눈은 호강하나 배는 굶주리다
坐喫山空	앉아 먹으면 산도 보인다
喫的净光	깨끗이 다 먹다
往飽裡喫	배부르도록 먹다
寡酒難喫	술만 먹기는 어렵다
笑得有因	웃지만 복잡한 사정이 있다
沒時運的	때를 놓친 사람
和盤托出	함께 내밀다

打草驚蛇	풀을 베어 놀라게 하다, 경솔한 행동을 하여 계획, 책략 따위가 사전에 누설되어 상대방으로 하여금 경계하게 끔 하다, 미리 다 대비하게 만들다
石头撞釘	바위에 대못 박다
鎚輕鐵跳	망치가 가벼우면 쇠가 튀는다
拳多眼花	주먹에 많이 맞아 눈이 침침하다
眼裡掃人	안하무인이다, 방자하고 교만하다
露水夫妻	정식으로 식을 올리지 않은 부부, 일시적인 부부, 뜨내기 부부
不離本行	버릇을 버리지 못하다
眼睛摳摟	눈이 푹 들어가다
你說誰强	네가 말해라 누가 나은지
将天比地	하늘을 땅에 견주다
長天老日	기나긴 날
打鐵趕熱	일에 때를 놓치지 말라
葉落歸根	무슨 일이나 결국은 근본으로 간다
豈敢有忩	어찌 잊으리오
減多增少	장점을 취하고 단점은 보완하다
雙疊起來	마주보게 접다
瘡好忘疼	지난 일은 잊는다는 말
亡羊修牢	양 잃고 외양간 고치다, 소 잃고 외양간 고치다
喬摸喬樣	짐짓 -하는 척 하다
百伶百俐	매사에 영리하다
按納不住	마음을 가라앉히지 못하다
笑裡藏刀	웃고 있지만 마음속으로 칼을 품다
咬㝎牙兒	이를 으드득 다물다
探頭舒腦	기웃거리며 보다
真材實料	진짜의 것
畵餅充饑	그림의 떡으로 허기를 채우다
滿口說好	모두 좋다고 이르다
色糸子女	아주 좋다 (色와 糸가 絶, 子와 女가 好를 이루어 絶好의 뜻)

原百九四葉作六十六板	원저는 124엽으로 66판으로 이루어져 있으며
補六十三葉作三十二板	본서 『역어유해보』는 23엽으로 32판으로 이루어져 있다.
譯語類解補終	역어유해보(譯語類解補) 끝.
物類有萬, 方言不一, 以我人而習華語者,	사물의 부류는 매우 많으나 각 지역의 말은 하나가 아니므로, 우리나라 사람으로서 화어(華語)를 배우는 사람은
苟未能周知而徧解, 宜有所齟齬而扞格.	진실로 두루 알지 못하면 잘못 이해하여 마땅히 틀어져 어긋나 서로 막아서 들지 않는 바가 있다.
此譯語類解之所由作也, 而先大父實編成之其爲書,	이 『역어유해(譯語類解)』를 지은 이유는, 먼저 할아버지께서 드디어 엮어 책으로 지으시니,
殆數千言分門彙類, 纖悉精博寔華言之莊嶽也.	거의 수천 개의 단어를 분류하고 모아, 이 화어(華語)라는 장대한 산을 섬세하게 궁구하고 널리 정밀하게 고구하셨다.
但是書行且將百年, 不無古今之殊, 時用之闕.	그러나 (이) 책이 세상에 나오고 거의 백 년 가까이 되었으니, 고금의 다름과 이를 지금 사용하는 데 있어 빠진 것이 없지 않았다.
蘇山金相國涖院時, 命不佞補其遺, 不佞非敢曰述先唯,	소산(蘇山) 김상국(金相國)께서 원에 납시었을 때 제게 『역어유해(譯語類解)』에서 놓친 것을 보충하라고 명하시었으므로, 감히 말씀드리지 못하고 우선 예하고 말하였다.
承命是圖採摭蒐輯, 按放舊例, 另爲一卷,	명을 받들어 뽑아서 가려내고 여러 가지로 모아 예전의 예를 두고 따로 한 권을 만들었으며,
又凡若干言名曰譯語類解補.	다시 무릇 조금의 말을 더하여 이름을 『역어유해보(譯語類解補)』라 지었다.
書旣成今,	지금에 이미 성서(成書)하였으니,
都提擧金相國仍命刊行噫語,套多變聞見有限.	도제거(都提擧) 김상국께서 간행을 명하며 탄식하여 말하기를 너무나 많은 변화가 있고 듣고 본 것이 한계가 있다고 하시었다.

況以, 不佞庸駑今日之補, 亦何敢謂異日之無可補也.	하물며 저의 보잘것없는 오늘날의 이 『역어유해보(譯語類解補)』가 또한 어찌 감히 나중에 다시 보충할 것이 없다고 할 수 있겠는가.
然朱夫子不云乎, 人記得十件只是十件, 記得百件只是百件,	그러나 주희(朱熹)께서도 사람이 열 가지를 기억하면 열 가지일 뿐이고, 백 가지를 기억하면 백 가지일 뿐이니
惟温故言而知新意, 所以常活.	옛 말씀을 익히고 새로운 뜻을 아는 것만이 떳떳이 살 수 있는 소이라 하지 않으셨던가.
後之業, 是書者盍亦引而伸之, 觸類而長之.	이후의 과업은 책이 어찌 또한 그것을 끌어내어 펼치고, 비슷한 사물의 부류를 마주쳤을 때 그것을 더 보충하는 것이 아니겠는가.
乙未夏岑城金弘喆謹識	을미(乙未)년 여름 잠성(岑城) 김홍철(金弘喆) 삼가 적다.

3. 『화어유초(華語類抄)』

중국어 단어	현대어 번역
華語類抄	화어류초
天文	**천문(天文)**
老天	하늘
日頭	해, 太陽
日暈	햇무리, 日圈
日紅	해가 돋다
日蝕	일식
月頭	달, 太陰
月亮	달이 밝다
天河	은하(銀河)
星	별
流星	쏘아가는 별, 유성
朗星	샛별
參星	삼형제별, 오리온자리 중앙에 나란히 있는 세 개의 큰 별
箒星	혜성, 꼬리 별, 尾把星
虹橋	무지개
虹現	무지개가 뜨다
刮風	바람이 불다
頂風	마주 부는 바람, 맞바람
背風	뒤쪽에서 불어오는 바람
旋風	회오리바람
雲彩	구름
打雷	우레 치다, 天鼓
天旱	가물다
暴雨	소나기
雨大	비가 많이 내리다
濛鬆雨	가랑비
連陰雨	장마가 지다, 霖雨

冒雨	비를 맞다
天淸	하늘이 맑다
打閃	번개 치다
水漲	홍수가 나다
水沫子	물거품
下露水	이슬 지다
下霧	안개가 내리다
霧罩	안개 끼다
下霜	서리가 내리다
打霜	서리 맞다
輕霜	무서리
苦霜	된서리
氷雹	우박
下雪	눈이 내리다
雪大	눈이 많이 내리다
雪花	눈꽃
雪住	눈이 그치다
雪化	눈이 녹다
時令	**절기(時令)**
春	봄
夏	여름
秋	가을
冬	겨울
今日	오늘, 금일, 今天
昨天	어제, 작일, 昨兒箇
明日	내일
前日	그제
大前日	그끄저께
後日	모레
大後日	글피
這箇月	이번 달
來月	다음 달, 出月

前月	지난 달
月初	월초
月半	보름
下半月	후보름
按月	달마다, 다달이
月盡	그믐, 월말, 月底
月小盡	달이 그믐에 접어들다
今年	올해
舊年	지난해, 往年
前年	지난해, 전년(前年)
開年	내년, 明年
年終	연말, 세말(歲末), 年底
頭年	첫 해
澇年	홍수 난 해
拜年	세배(歲拜)
元宵	정월 보름, 上元
打春	입춘
伏天	복날
開亮	동이 트다
清早	아침
狠早	매우 이르다
晌午	낮
晚晌	저녁
整夜	온밤
白日	대낮
打更	경점(更點, 밤에 북이나 징을 쳐 시간을 알리는 것)을 치다, 시각을 알리다
氣候	**기후(氣候)**
暖和	따뜻하다
天熱	덥다
狠熱	매우 덥다, 熱的狠
凉快	서늘하다

爽快	시원하다
天冷	춥다
陰冷	음랭하다, 음산하다
怕冷	추위를 타다
害冷	추위를 타다
冒風	바람을 쐬다
燎火	불을 쬐다
地理	**지리(地理)**
山頂	산 정상, 산꼭대기
山腰	산허리
腰嶺	산골짜기
嶺半截	고개 절반, 산등성
嶺上	고갯마루
山坡	산비탈
大甸子	큰들, 넓은 들판
大道	큰길
抄路	지름길
彎路	굽은 길
弓弦路	바른 길, 곧게 뻗은 길
弓背路	도는 길, 굽은 길
涂踏路	진 길
岔路	갈림길, 叉路
三岔路	세 갈래 길
差道	어긋난 길
路濘	길이 질다, 길이 질퍽질퍽하다
十字街	사거리
活衚衕	통한 골목
死衚衕	막다른 골목
凹子	우묵한 곳
溝子	개천, 도랑
上潮	밀물, 漲潮
落潮	썰물, 回潮

江水	강물
河水	강물
海水	바닷물
河岔	내 갈라진 곳, 지류
河灣	물굽이, 강굽이
河沿子	물가
擺渡口	나루
浪頭	물결
馬頭	부두, 선착장, 선창(舡倉)
沙灘	백사장, 사장(沙場)
氷塊子	얼음덩이, 얼음 조각
薄氷	여린얼음, 살얼음
凍到底	밑까지 얼다, 꽁꽁 얼다
跑氷	얼음을 타다, 얼음을 지치다
濕潮	축축하다
海島子	섬, 해도(海島)
塡路	길을 메우다
掃地	땅을 쓸다
灰土	먼지
宮闕	**궁궐(宮闕)**
大內	대궐(大闕)
大殿	황제가 계신 곳, 대전(大殿)
正宮	황후가 계신 곳, 정궁(正宮)
東宮	태자가 계신 곳, 동궁(東宮)
王府	제왕이 계신 곳, 왕부(王府)
正殿	공사(公事)를 보는 곳, 정전(正殿)
太和殿	조회(朝會) 받는 곳, 사신이 하례를 올리는 전, 태화전(太和殿)
正門	가운데 문, 정문(正門)
串堂	줄행랑(行廊)
寶座	어탑, 어좌(御座)
坐殿	전좌(殿座)하다, 임금이 정사를 보거나 조회를 받으려고 정전(正殿)이나 편전(便殿)에 나와 앉다

紫禁城	대궐 성, 자금성(紫禁城)
御路	어로(御路), 황제(皇帝)가 다니시는 길
擺班	반열(班列)을 늘어놓다
面聖	임금 뵙기를 청하다, 청대 하다
上朝	조회 가다
罷朝	조회를 마치다
退朝	조회에서 물러나다, 퇴조(退朝)하다
該班	번(番) 차례가 되다, 당직(當直)하다
帑庫	국고(國庫), 탕고(帑庫)
官府	**관부(官府)**
大衙門	대아문(大衙門), 큰 마을, 상급 관청, 관아
小衙門	소아문(小衙門), 작은 마을, 하급 관청, 관아
府	지방의 큰 마을, 부(府, 옛 행정 구역명)
州	버금가는 고을, 주(州, 옛 행정 구역명)
縣	작은 고을, 현(縣, 옛 행정 구역명)
內閣	중서성(中書省, 옛 중앙 관청명)
六部	육부(六部, 옛 6개 행정 부서의 총칭)
宗人府	종인부(宗人府, 옛 관리 감독 부서), 종친부(宗親府)
都察院	도찰원(都察院, 옛 政務 감찰 기관)
翰林院	한림원(翰林院, 옛 詔書 작성 및 자문 담당 기관)
理藩院	이번원(理藩院, 옛 국경 관리 및 감독 기관, 理藩部의 舊稱), 장탕장아문(掌帑藏衙門)
內務府	내무부(內務府, 옛 국고 관리 및 감독 기관), 장외이아문(掌外夷衙門)
總理衙門	총리아문(總理衙門, 옛 외교 담당 기관)
影壁	차면담(遮面墻, 집안이 보이지 않도록 집 앞에 쌓은 담)
坐堂	좌기(坐起)하다, 관청의 으뜸 벼슬에 있는 이가 출근하여 일을 시작하다
回事	일이나 상황을 아뢰다
稟報	(관청이나 윗사람에게) 보고하다, 상신하다
照案	전례(前例)를 따르다, 照例
告示	방(榜)을 붙이다

查看	상고(相考)하다, 조사하다, 서로 견주어 고찰하다
謄文書	문서를 베끼다, 등사(謄寫)하다
抄文書	문서를 베껴 쓰다
壓印	인장을 찍다, 打印
公式	**공적 의식(公式)**
上諭	선유(宣諭), 황제가 이르시는 말씀, 황제의 훈유를 백성에게 알리는 일
頒詔	조서(詔書)를 반포(頒布)하다
旨意	지의(旨意), 뜻
頒赦	사서(赦書)를 반포(頒布)하다
憲書	역서(曆書)
表章	황제에게 아뢰어 올리는 글, 상주문(上奏文)
奏本	주본(奏本, 황제에게 공사로 올리는 글)
呈文	정문(呈文)하다, 하급 관청에서 동일한 계통의 상급 관청으로 공문을 올리다 또는 그 문서
誥贈	추증(追贈), 종이품 이상 벼슬아치의 죽은 아버지, 할아버지에게 죽은 뒤 벼슬을 주다
奉旨	임금의 명(命)을 받들다, 취지를 받들다
遞呈子	소장(訴狀)을 제출하다, 告狀
報單	보단(報單)을 드리다, 사람과 말의 수를 적은 명세서를 드리다
咨文	자문(咨文), 조선 시대에 중국과 외교적인 교섭, 통보, 조회할 일이 있을 때 주고받던 공식적인 외교문서의 일종
名帖	명첩(名帖, 성명, 주소, 직업, 신분 따위를 적은 네모난 종이쪽)
稟帖	稟目(품목), (관청에 내는) 상신서(上申書), 청원서, 신고서
塘報	파발, 높은 곳에 올라서 적(敵)의 동정(動靜)·형편(形便)을 살펴 알리던 일
飛報	급히 보고하는 글, 급보(急報)
批文	제사(題辭), 회답 공문서
批下來	제사(題辭)를 내리다, 회답 공문서를 내리다
書信	서신(書信)
家信	가신(家信), 집에서 온 편지 혹은 집으로 보내는 편지
回信	답신(答信), 회신(回信)
告暇	휴가(休暇)를 얻다, 관직을 사퇴하다

官職	관직(官職)
公	공(公, 5등급 작위 중 첫 번째)
侯	후(侯, 5등급 작위 중 두 번째)
伯	백(伯, 5등급 작위 중 세 번째)
子	자(子, 5등급 작위 중 네 번째)
男	남(男, 5등급 작위 중 다섯 번째)
太師	태사(太师, 三公 중 천자를 보좌하는 가장 높은 직분의 벼슬)
太傅	태부(太傅, 三公 중 하나)
太保	태보(太保, 三公 중 하나)
太學士	태학사(太學士, 대제학)
中堂	정승, 중당(中堂, 재상), 閣老
尚書	상서(尚書, 六部 장관)
左都御史	좌도어사(左都御史, 도찰원 장관, 정이품 벼슬)
右都御史	우도어사(右都御史, 도찰원 장관, 정이품 벼슬)
總督	총독(總督, 省의 장관)
侍郎	시랑(侍郎, 六部의 차관)
學士	학사(學士)
巡撫	순무(巡撫, 지방 대신, 지방 행정장관)
布政使	포정사(布政使, 지방의 재정, 민사를 맡아보던 벼슬)
府丞	부승(府丞), 부윤(府尹)
通政使	통정사(通政使)
詹事	첨사(詹事)
太常寺卿	태상시경(太常寺卿, 종친 제사를 맡아보던 벼슬)
府尹	부승(府丞), 부윤(府尹)
副都御史	부도어사(副都御史, 都察院의 차관)
按察使	안찰사(按察使, 각 성의 사법 장관)
大理寺卿	대리시경(大理寺卿, 재판 및 형벌 등을 맡아보던 벼슬)
光祿寺卿	광록시경(光祿寺卿, 제사, 조회, 외빈 접대 등을 맡아보던 벼슬)
僕寺卿	태복시경(太僕寺卿, 왕명 전달 및 수레와 말을 관리하던 벼슬)
巡街御史	순가어사(巡街御史, 都察院 감찰어사 중 도성 내 치안과 민사를 맡아보던 관리)

巡漕御史	순초어사(巡漕御史, 都察院 감찰어사 중 배의 운송 업무를 관리 감독하던 관리)
少卿	소경(少卿)
鴻臚寺卿	홍려시경(鴻臚寺卿, 궁중 의식 및 제사 업무를 맡아보던 벼슬)
道台	도태(道台, 행정 감찰 관리를 높여 이르는 말)
祭酒	제주(祭酒, 국자학·국자감의 일을 맡아보던 벼슬)
侍讀學士	시독학사(侍讀學士)
侍講學士	시강학사(侍講學士)
知府	부지사(府知事, 府의 장관)
參議	참의(參議, 정삼품 벼슬)
給事中	급사중(給事中, 종사품 벼슬, 六科의 장관)
治中	치중종사(治中从事, 州 장관의 고위 보좌관 중 하나)
郎中	낭중(郎中, 정오품 벼슬, 승상, 상서, 시랑에 버금가는 고위 관직 중 하나)
知州	지주(知州, 州의 장관)
同知	동지사(同知事, 부지사의 보좌직, 종이품 벼슬)
監察御史	감찰어사(監察御史)
洗馬	세마(洗馬, 태자를 보좌하고 정사를 가르치던 문리 관원)
員外郎	원외랑(員外郎, 상서성에 속한 정육품 벼슬, 낭중에 버금가는 관직 중 하나)
司業	사업(司業, 국학·국자감의 교수직, 유학 강의를 맡은 정사품 벼슬)
主事	주사(主事, 여러 관아에 둔 판임 벼슬)
經歷	경력(經歷, 각 부(府)에서 실제적인 사무를 맡아보던 종사품 벼슬)
京縣	경현(京縣)
都事	도사(都事, 관리 감찰 및 규탄을 맡아보던 종오품 벼슬)
通判	통판(通判, 州府의 부장관, 정치 감독, 사법처리 및 기타 정무를 맡아보던 벼슬)
知縣	지현(知縣, 縣의 지사)
贊善	산선(贊善, 왕세자의 교육을 맡아보던 벼슬)
修撰	수찬(修撰, 국사 및 실록 편찬 업무와 王言 기록 업무를 맡아보던 벼슬)
理問	이문(理問)

州同	주동(州同, 지주의 보좌관)
寺正	시정(寺正)
編修	편수(編修, 국사 편찬 사관)
評事	평사(評事, 병영 사무 혹은 판결을 맡아보던 벼슬)
博士	박사(博士)
司庫	사고(司庫, 국고와 재정을 맡아보던 벼슬)
筆帖式	문서주관인(文書主管人), 상주서와 문서 번역을 맡아보던 하급 문관
主簿	주부(主簿, 왕명 출납 및 관문서 등을 맡아보던 벼슬)
教授	교수(教授)
縣丞	현승(縣丞)
知事	지사(知事)
檢討	검토(檢討, 국사 편찬을 맡아보던 사관)
中書	중서(中書, 기록, 번역, 필사를 맡아보던 벼슬)
州判	주판(州判)
司務	사무(司務)
大使	대사(大使)
司獄	사옥(司獄, 재판과 형벌을 맡아보던 벼슬)
學正	학정(學正, 교육기관을 맡아보던 벼슬)
訓導	훈도(訓導, 사학 교육을 맡아보던 벼슬)
司書	사서(司書)
吏目	이목(吏目)
序班	서반(序班, 조회와 연회, 궁중 예식을 맡아보던 벼슬)
檢校	검교(檢校)
照磨	조마(照磨)
巡檢	순검(巡檢, 警務를 맡아보던 벼슬)
驛丞	역승(驛丞, 역참을 관리하던 벼슬)
孔目	공목(孔目, 문서를 맡아보던 벼슬)
典使	전사(典使)
領侍衛大臣	시위대신(侍衛大臣, 호위 무관)
內大臣	내대신(內大臣)
都統	도통사(都統使, 군대 통솔 업무를 맡아보던 벼슬)

將軍	장군(將軍)
九門提督	구문제독(九門提督, 아홉 개 성의 경비와 안전을 책임지는 총사령관)
統領	통령(統領), 여단장
總兵	총병(總兵, 군대 통솔 및 지방 호위를 맡아보던 무관 벼슬)
副都統	부도통(副都統), 부사령관
鑾儀使	난의사(鑾儀使), 의관
散秩大臣	산질대신(散秩大臣, 황궁 경위부대 호위 무관)
副將	부장(副將)
冠軍使	관군사(冠軍使)
長史	장사(長史)
翼長	익장(翼長)
榮總	영총(榮總, 火器 군대를 관리하고, 火兵 훈련을 맡아보던 벼슬)
參領	참령(參領)
總管	총관(總管), 지휘관
城守尉	성수위(城守尉, 거점 지역에 주둔하며 방위를 맡아보던 벼슬)
參將	참장(參將, 장관 계급 중 하나)
協領	협령(協領)
遊擊	유격장군(遊擊將軍, 무관 계급 중 하나), 유격병(遊擊兵)
城門領	성문령(城門領, 도성 방위 부대 소속 무관 계급 중 하나, 수도 내외 성문의 방위와 출입 검사를 맡아보던 벼슬)
雲麾使	운휘사(雲麾使, 수도 주둔 무관 계급 중 하나)
佐領	좌령(佐領, 무관 계급 중 하나)
協尉	협위(協尉, 八旗步軍營 소속 관직 중 하나)
防守尉	방수위(防守尉, 무관 계급 중 하나)
司儀長	사의장(司儀長)
都司	도사(都司)
典儀	전의(典儀)
治儀正	치의정(治儀正)
軍校	군교(軍校, 하급 군관)
守備	수비(守備, 무관계급 중 하나)
副尉	부위(副尉, 무관계급 중 하나)

章京	장경(章京, 무관계급 중 하나)
防禦	방어(防禦, 무관계급 중 하나)
守禦所千總	수어소천총(守禦所千總)
整儀尉	정의위(整儀尉)
鋒校	봉교(鋒校)
驍騎	효기(驍騎, 기병)
門千總	문천총(門千總)
翎長	영장(翎長)
固山達	고산달(固山達)
把總	파총(把總, 무관계급 중 하나)
城門吏	성문리(城門吏, 도성 출입 단속 및 관리를 맡아보던 군관 계급 중 하나)
藍領長	남령장(藍領長)
堤塘	제당(堤塘), 각 성의 파발을 관리하는 관원
差官	차관(差官, 임시파견직)
前程	전정(前程), 벼슬의 통칭
世襲的官	세습하는 벼슬(世襲的官)
做官	벼슬하다, 관리가 되다
欽差	흠차(欽差)하다, 황제를 대리하는 관리를 파견하다, 혹은 황제를 대리하여 파견된 관리
現官	현직에 있는 관리, 시임(時任)
陞官	승진하다
候補	결원이 생긴 관직이 채워지기를 기다리다, 벼슬의 빈자리가 나기를 기다리다, 대궐(待闕)
前任	전임(前任), 전직(前職)
委員	특정 임무를 띠고 파견된 관리
派員	관원을 파견하다
革職	면직하다, 해직하다, 파면하다
俸祿	봉록, 녹, 관리의 급료
原職	본직(本職), 전관(前官)
祭祀	**제사(祭祀)**
祭天	하늘에 제를 지내다

祭地	땅에 제를 지내다
祭太廟	태묘(太廟, 종묘)에 제를 지내다
祭家廟	가묘(家廟, 사당)에 제를 지내다
上墳	조상의 산소를 찾아 돌보다, 성묘하다
齋戒	재계(齋戒)하다, 종교의식을 치르기 위하여 몸과 마음을 깨끗하게 하고 부정한 일을 멀리하다
奠酒	제사 술을 올리다
供獻	제물(祭物)을 올리다
讀祝	제문(祭文)을 읽다, 念祝
燒香	향을 피우다
燒紙	소지(燒紙)하다, 신령(神靈) 앞에서 비는 뜻으로 희고 얇은 종이를 불살라서 공중(空中)으로 올리는 일 또는 그 종이
跳神	굿을 하다
還愿	발원(發愿)한 일이 이루어져 감사의 예참을 하다
城廓	**성곽(城廓)**
皇城	황제가 있는 수도, 도성(都城)
城圈	성곽 주위, 성주회(成周回)
城樓	성루(城樓)
城壕	성호(城壕), 성 주위에 둘러 판 못
門樓	문루(門樓), 성문 바깥문 위의 다락
垜口	성벽이나 요새의 성가퀴에서 '凹'형으로 되어 있는 총안(銃眼)
夾道	성곽 사이의 좁은 길, 성상도(城上道)
煙臺	연대(煙臺), 봉화를 올릴 수 있도록 일정한 설비를 갖추어 놓은 곳
關門	성문을 닫다
鎖門	성문을 잠그다
鎖頭	자물쇠
鑰鎖	열쇠
開鎖	잠긴 문을 열다
橋梁	**교량(橋梁)**
橋	다리의 통칭
石橋	돌다리

板橋	널다리, 널빤지를 깔아서 놓은 다리
獨木橋	외나무다리
浮橋	부교(浮橋), 물에 띄워 놓은 다리
打橋	다리를 놓다
橋塌咧	다리가 무너지다
修橋	다리를 고치다
學校	**학교(學校)**
學堂	학당, 學房
上學	학당에 가다
師傅	스승, 사부, 坐館
徒弟	제자(弟子)
教訓	가르치다
學書	글을 배우다
念書	글을 외우다, 글 공부하다, 背念
寫字	글을 쓰다
做詩	글을 짓다, 시를 짓다
對句	대구(對句)를 짓다, 연구(聯句)를 짓다
做文章	글을 짓다
楷書	정자(正字), 해서(楷書)
抄書	글을 베끼다
裁紙	종이를 자르다, 종이 마름질하다
筆禿	붓이 닳다, 붓이 무디다
書架	책꽂이
墨稀	먹이 스며들다
放學	학당, 학교가 파하다
科擧	**과거(科擧)**
上考塲	시험장에 가다
鄉試	향시(鄉試), 각 지방에서 실시하던 과거의 초시(初試)
大考	회시(會試), 초시에 합격한 사람이 보는 시험, 복시(覆試)
貢院	과거 시험장, 시소(試所)
大主考	과거시험의 시관 중 우두머리, 상시관(上試官)
擧人	거인(擧人), 거자(擧子), 각종 과거시험에 응시하던 사람

秀才	수재(秀才), 과거 과목명
出題	글제를 내다, 출제(出題)하다
大宗師	시험관, 각 성의 교육 행정 장관, 은문선생(恩門先生)
中擧	과거에 급제(及第)하다
黃榜	과거 합격자 명단에 들다, 전시(殿試)의 성적을 게시하다
壯元	장원(壯元), 과거시험에서 1등으로 급제한 사람
榜眼	방안(榜眼), 과거시험에서 2등으로 급제한 사람
探花	탄화(探花), 과거시험에서 3등으로 급제한 사람
會元	회원(會元), 회시(會試)의 장원(壯元)
喜報	급제(及第) 소식
宇宅	**가옥과 주택(宇宅)**
房子	집의 통칭
上屋	몸채, 여러 채로 된 살림집에서 주가 되는 집채, 正房
瓦房	기와집
草房	초가집
臥房	자는 방, 침실
客廳	사랑방, 응접실, 손님이 머무는 방
樓房	다락집, (2층 이상의) 층집
亭子	정자(亭子), 경치가 좋은 곳에 놀거나 쉬기 위하여 지은 집
廚房	주방, 음식 만드는 곳, 부엌
涼棚	가개(허름하게 대강 얽어 지은 집), 여름철에 햇빛을 가리기 위해 뜰에 친 일종의 차일
廂房	익랑(翼廊), 대문의 좌우 양편에 이어 지은 행랑
盖房子	집을 짓다
窩房	초막(草幕), 농작물이나 농기구를 보관하는 데 쓰는 작은 집, 窩鋪
仰瓦	암키와, 지붕의 고랑이 되도록 젖혀 놓는 기와
瓪瓦	수키와, 암키와 사이를 엎어 잇는 기와
脊樑	마루
大柱	기둥
大樑	보, 칸과 칸 사이의 두 기둥을 건너질러 도리와는 'ㄴ'자 모양, 마룻대와는 '十'자 모양을 이루는 나무

架樑	들보, 칸과 칸 사이의 두 기둥을 건너질러 도리와는 'ㄴ'자 모양, 마룻대와는 '十'자 모양을 이루는 나무
托檁	장혀를 받치는 도리, 처마 도리
檁子	도리, 서까래를 받치기 위하여 기둥 위에 건너지르는 나무, 중방목(中房木)
窓臺	창지방
窓沿子	창문턱
窓骨子	창살
門框	문광(門框), 창문이나 문짝을 달거나 끼울 수 있도록 문의 양옆과 위아래에 이어댄 테두리
門坎	문지방
打炕	구들을 놓다
彎子炕	방구들
炕沿	구들 가장자리
糊窓	창을 바르다, 창에 문창지를 바르다, 봉창(封窓)하다
裱糊	도배하다, 벽을 바르다, 벽에 벽지를 바르다, 糊墻
打墻	담을 쌓다
院子	뜰
笆籬	바자, 대·갈대·수수깡·싸리 따위로 발처럼 엮거나 결어서 만든 물건이나 그 울타리
茅房	뒷간, 변소, 茅厮
草紙	휴지
馬房	마구간, 마사(馬舍), 馬圈
槽子	말 구유
羊圈	양우리
猪圈	돼지우리
狗窩	개집
狗食	개밥
鐵匠爐	대장간 풀무(불을 피울 때 바람을 일으키는 기구)
瓦窯	기와 굽는 굴, 기왓가마
水筧	(처마밑·밭도랑에 설치하여 물을 빼거나 대는) 대나무 홈통
教閱	**교련과 열병(教閱)**
教場	습진(習陣, 진법 연습)을 하는 곳, 훈련장

排隊	대열을 이루다, 열을 짓다
禁衛軍	금위군(禁衛軍), 금군(禁軍)
親兵	호위병, 근위병
調兵	군대(병력)를 이동시키다, 군대(병력)를 파견하다
操兵	군대(병사)를 훈련시키다, 操練
吹號	나팔을 불다
吶喊	제창하다, 함성을 지르며 돌격하다
打鼓	북을 치다
砲手	포수(砲手)
裝藥	장전(裝塡)하다, 장탄(裝彈)하다
放砲	불을 놓다, 방포(放砲)하다
埋伏	매복(埋伏), 복병(伏兵)하다, 적을 기습하기 위해 길목에 군사를 숨기다
跑馬	말을 타고 달리다
拉弓	활을 당기다
射弓	활을 쏘다
垜子	살받이, 과녁의 앞뒤와 양쪽에 화살이 날아와서 꽂히도록 쌓은 것
中了	화살이 맞다, 명중하다
不中	화살을 맞추지 못하다
撒開	흩어지다, 흩어져 가다
軍器	**무기(軍器)**
盔甲	투구
金盔	금투구
鐵甲	철갑, 쇠로 만든 갑옷
腰刀	장검(長劍), 허리에 차던 칼
短刀	단도(短刀), 단검(短劍)
弓弩	쇠뇌활, 쇠로 된 발사 장치가 달린 활
上弓絃	활 짓다, 활을 활시위에 올리다
卸弓絃	활을 부리다
箭	살의 통칭, 화살
上樺	봇(자작나무, 자작나무 껍질)을 올리다

纏筋	활을 감다
飛魚帒	활을 꽂아 넣어 등에 지도록 만든 물건, 활 동개
火箭	화전(火箭), 불화살, 화약을 장치하거나 불을 달아 쏘던 화살
令箭	군령을 전하던 화살
槍	창
刺鎗	장창(長槍), 길이가 긴 창
鋼叉	삼지창(三枝槍)
火鎗	총
大砲	대포
洪眼砲	대총(大銃)
擡鎗	천보총(千步銃), 사정거리가 긴 총, 구식 화승총
寶劒	보검(寶劒)
旗幅	깃발
鐵蒺藜	마름쇠, 끝이 송곳처럼 뾰족한 서너 개의 발을 가진 쇠못
號旗	호기(號旗), 신호로 쓰는 깃발, 표기(標旗)
打帳房	장막을 치다
佃漁	**사냥과 고기잡이(佃漁)**
捕戶	산쟁이, 사냥꾼
打圍	사냥하다, 사냥몰이하다
搜獸	짐승을 찾다, 수색하다
鷹把戲	매 잡기(鷹把戲)
放鷹	매를 놓다, 매를 풀다
袖網	통그물
撒網	그물을 치다
撈網	그물을 걷다
釣鉤	낚시
釣線	낚싯줄
釣魚	고기를 낚다
魚餌	낚싯밥
舘驛	**객관과 역참(舘驛)**
驛站	역참(驛站), 역마(驛馬)를 바꾸어 타던 곳
舘夫	사객(使客)을 맞이하는 사람

廚子	주자(廚子), 지방 관아의 소주방(燒廚房)에 속하여 음식 만드는 일을 맡아보던 사람, 요리사
馬牌	말을 관리하는 사람, 마패(馬牌)
鞴鞍	안장(鞍子)을 달다
摘鞍子	안장(鞍子)을 벗기다
摘轡子	굴레를 벗기다
上嚼子	재갈을 씌우다
扯鐙子	등자(鐙子, 말을 타고 앉아 두 발로 디디게 되어 있는 물건)를 잡다, 등자를 잡아 당기다
馬料	마료(馬料), 말먹이
壹起	한 행차, 한 차례
兩起	두 행차, 두 차례
鋪盖	이부자리, 요와 이불
鋪上	자리를 펴다, 이부자리를 피다
迷路	길을 잃다
悮路	길에 머무르다, 길에서 지체하다
收拾鋪盖	자리를 걷다, 이부자리를 개다
前站	선참(先站)하여 가는 이, 먼저 길을 떠난 이
打過站	월참(越站)하다, 역마를 갈아타는 곳에 들르지 아니하고 그냥 지나가다, 역참을 지나가다
倉庫	**창고(倉庫)**
開倉	개창(開倉)하다, 창고를 열다, 관아의 창고를 열어 공곡(公穀)을 내다
上糧	곡식을 바치다
管糧	곡식을 받다, 곡식을 거두다, 곡식을 관리하다
散糧	곡식을 대어 주다, 頷米
關米	쌀을 타다
量糧	곡식(분량)을 헤아리다
起斛	휘로 분량을 헤아리다
斗子錢	맘삯, 곡식이나 가루 등을 말로 뇌어 헤아리는 일을 한 삯
脚錢	삭갑, 삯돈
稅錢	세금
囤倉	노적(露積), 곡식 따위를 한데에 수북이 쌓는 것 또는 그런 더미

寺觀	사원과 도관(寺觀)
寺院	사원(寺院), 절
庵子	암자(庵子), 작은 절
廟堂	묘당(廟堂), 종묘, 사당, 가묘
佛殿	불전(佛殿), 법전(法殿), 법당
禪堂	선당(禪堂), 참선하는 곳, 절 안 왼쪽에 위치한 법당
鼓樓	고루(鼓樓), 북을 단 망루, 북을 단 누각
鍾樓	종루(鍾樓), 종을 단 망루, 종을 단 누각
佛堂	불당(佛堂)
塔兒	탑
泥像	이상(泥像), 소상(塑像), 찰흙으로 만든 불상
佛像	부처
拜佛	부처에게 절하여 예(禮)를 다하다, 불상 앞에서 절하다
供佛	불공을 드리다
齋僧	재승(齋僧), 승려에게 시주하다
長老	장로(長老), 학식이 풍부하고 나이 많으며 덕이 높은 중, 절의 주지(住持) 또는 화상(和尙)에 대한 높임말
和尙	중, 승려의 통칭
尼子	여승(女僧)
沙彌	사미(沙彌), 젊은 승려
念佛	염불(念佛)하다, 불경을 외는 일, 부처의 모습이나 공덕을 생각하며 부처의 이름을 외는 일
念經	염경(念經)하다, 독경(讀經)하다, 기도하는 경문(經文)을 외는 일
合掌	합장(合掌)하다
道士	도사(道士), 불도(佛道)를 닦아 깨달은 사람
得道	득도(得道)하다, 도(道)를 깨우치다
修行	도를 닦다, 불도(佛道)에 힘쓰다
吹海螺	소라를 불다, 법라(法螺)를 불다
打銅鑼	바라(哱囉)를 치다, 동라(銅鑼)를 치다
撞鐘	종을 치다
袈裟	가사(袈裟), 승려가 입는 법의(法衣)
箬笠	대껍질로 만든 삿갓, 모자 위를 둥글게 대로 만든 갓, 굴갓

圓寂	원적(圓寂), 승려의 죽음을 일컫는 말
羽化	우화(羽化), 우화등선(羽化登仙)하다, 사람의 죽음을 완곡하게 일컫는 말
木魚	목어(木魚), 나무를 잉어 모양으로 만들어 매달고 불사(佛事)를 할 때 두드리는 기구, 목탁(木鐸)
城隍廟	성황묘(城隍廟), 성황당(城隍堂), 서낭당
尊卑	**신분의 높고 낮음(尊卑)**
萬歲	황제(皇帝)
皇太子	황태자(皇太子)
皇后	황후(皇后)
殿下	전하(殿下), 제왕(諸王), 태자(太子) 및 친왕(親王)에 대한 존칭
王妃	왕비(王妃)
王子	왕자(王子)
王女	왕녀(王女)
駙馬	부마(駙馬), 왕의 사위
儀賓	의빈(儀賓), 군왕(君王)의 사위
大人	대인(大人), 대인군자(大人君子), 높은 사람
大老爺	지사 나리, 나리 마님
官人	관인(官人), 벼슬하는 사람
妳妳	각시
正娘子	아내, 大娘子
小娘子	첩
序班	서반(序班), 외국 사람을 대접하는 사람, 중국 명청시기 홍려시(鴻臚寺)의 한 벼슬
伴當	반당(伴當), 하인, 종, 따르는 사람, 頭目
跟馬的	마부
門子	문지기, 하인, 잔신부름을 하던 구실아치, 三小子
奴材	노비, 종살이를 하는 남자
丫鬟	노비, 시녀, 종살이를 하는 여자
班頭	반투(班頭), 수령, 우두머리
小厮	사동, 심부름꾼 아이, 잡일을 맡아 보는 남자아이
丫頭	여자아이, 여종, 시녀

妮子	여자아이, 여자아이를 낮춰 이르는 말, 소녀, 하녀
人品	**인품(人品)**
好人	좋은 사람, 호인(好人)
歹人	나쁜 사람, 악인(惡人)
獃子	못생긴 사람, 어리석은 사람, 바보
蠢人	어리석은 사람, 미련한 사람, 바보
賴皮	능글맞은 사람, 뻔뻔한 사람, 파렴치한
鬆漢子	부실한 사람, 무딘 사람, 게으른 사람, 송한자(鬆漢子)
飛膀子	몸놀림이 가벼운 사람, 비방자(飛膀子)
胡塗的	흐리멍덩한 사람, 흐리터분한 사람
相面	관상 보는 사람
弄戲法的	잔꾀를 부리는 사람, 잔재주를 부리는 사람, 능청맞게 변덕을 부리는 사람
算命的	음양(陰陽)을 아는 사람, 사주쟁이, 점쟁이, 복자(卜者)
觀風水的	풍수를 보는 사람, 풍수설(風水說)에 따라 집터나 묏자리의 좋고 나쁨을 가려내는 사람, 지사(地師)
太醫	의원(醫員), 태의(太醫), 大夫
獸醫	수의(獸醫)
老頭子	늙은 사람
伶俐的	영리한 사람
老實的	고지식한 사람
詭譎的	속이는 사람, 간사한 사람
懶惰的	게으른 사람
嘴碎的	잔말 많은 사람, 잔소리하는 사람, 말이 많은 사람
執拗人	고집 있는 사람
侪人	둔(鈍)한 사람, 무딘 사람
莊家	마을에서 농사 일을 하는 사람, 세상 물정을 모르는 사람, 장가(莊家)
姦猾的	간사하고 교활한 사람
撒謊的	거짓말하는 사람
蟒漢子	거칠고 경솔한 사람, 망한자(蟒漢子)
用强的	성미가 강한 사람

矮子	난쟁이
矬漢	키가 작은 사람
大漢子	키가 큰 사람
禿子	민머리인 사람, 대머리
鬍子的	수염이 많은 사람
光嘴子	수염이 없는 사람
胖子	살찐 사람
瘦子	마른 사람, 여윈 사람
斜眼的	사시(斜視)인 사람
瞎子	눈이 먼 사람, 맹인(盲人)
矇子	청맹과니, 청맹(靑盲), 겉으로 보기에는 눈이 멀쩡하나 앞을 보지 못하는 사람
啞吧	언어 장애인, 벙어리
拮吧子	말을 더듬거리는 사람
齆鼻子	코가 막힌 사람, 코가 메어 코맹맹이 소리를 하는 사람
糟鼻子	주부코
齙牙子	뻐드렁니가 난 사람
疙子	등이 굽고 큰 혹 같은 것이 불쑥 나온 사람, 척추 장애인, 곱사등이
蹶子	발을 저는 사람
歪嘴子	입이 비뚤어진 사람
歪頦子	목이 비뚤어진 사람
癭頦子	목덜미에 혹이 있는 사람
聾子	청각 장애인, 귀머거리
粧聾的	귀먹은 척하는 사람
風漢子	미친 사람, 정신이 나간 사람
酒鬼	술주정이 심한 사람, 술고래, 주망(酒妄)
癡厮	어리석은 사람
痵子	팔목 없는 사람
匠人	장인(匠人)의 통칭
樂工	악공(樂工), 풍류아치
養漢的	화냥(花娘), 기녀
耍子	광대

表子	창부(娼婦)
光棍	홀아비, 독신 남성
屠戶	백정
剃頭的	이발하는 사람, 이발사
叫化子	거지
討飯的	거지
敬重	공경과 존중(敬重)
老大人	영감님, 어르신, 대인(大人)을 높여 이르는 말
太爺	어른, 어르신, 나리, 영감
令尊	영존(令尊), 남의 아버지를 높여 이르는 말
令堂	영당(令堂), 남의 어머니를 높여 이르는 말
大哥	맏형
老孃	어머니를 높여 이르는 말, 노모(老母), 부인
老爺	노야(老爺), 어르신, 나리, 주인어른, 윗사람·관리·고용주 등에 대한 일반적인 경칭
貴姓	남의 성(姓)을 묻는 말, 성씨(姓氏)를 높여 이르는 말, 尊姓
寶眷	남의 아내를 높여 이르는 말, 남의 가족을 높여 이르는 말
令翠	남의 첩을 높여 이르는 말
貴庚	귀경(貴庚), 남의 나이를 묻는 말, 나이를 높여 이르는 말
貴府	남의 집을 높여 이르는 말, 귀댁(貴宅), 귀가(貴家), 尊府
官印	남의 관명(官名)을 묻는 말
原籍	원적(原籍), 본적(本籍), 성본(姓本)
托庇	덕분(德分), 신세를 지다, 도움을 받다, 덕을 입다
不敢	감히 하지 못하다, 상대편이 베풀어주는 대우를 받아들이기가 매우 어렵고 황송하다
頂戴不起	덕분입니다(인사를 올림)
上覆	말씀을 올리다
萬福	평안을 이르는 말, 인사하는 말, 請安
罵辱	**꾸짖음과 모욕(罵辱)**
驢養的	당나귀 새끼, 개새끼
狗娘的	개새끼
該死的	죽일 놈

嚇他	위협하다, 겁주다
惡他	미워하다, 싫어하다
喫罵	꾸지람을 듣다, 욕을 먹다, 挨罵
歹話	나쁜 말, 모진 말, 욕
胡罵人	함부로 남을 욕하다, 공연히 꾸짖다
不成器	사람 못될 것, 장래성 없는 인간, 쓸모가 없는 인간
沒良心	양심이 없다, 심술(心術)이 부정(不正)하다
業障	업장(業障), 원수 같은 놈, 귀찮은 사람, 나쁜 인연
混帳的	염치없는 놈, 뻔뻔한 놈
小看	업신여기다, 얕보다
雜種	잡종, 잡놈, 잡배
身體	**신체(身體)**
身子	몸
頭腦	두뇌
頭頂	머리꼭지, 정수리, 두정(頭頂)
顖門	숫구멍, 갓난아이의 정수리가 굳지 않아서 숨 쉴 때마다 발딱박딱 뛰는 곳, 정문(頂門)
天頂	이마
印堂	인당(印堂), 양미간
天靈盖	두정골(頭頂骨)
腦帒	머리통, 머리, 뇌, 골
頭髮	머리카락
眼	눈
眼眉	눈썹
眼睛	눈망울
眼瞳子	눈동자
眼眶	눈가, 눈언저리
密縫眼	가는 눈
眼脂兒	눈곱
耳	귀
耳朶眼	귓구멍
耳根	귀밑, 귀뿌리, 귓바퀴가 뺨에 붙은 부분

耳輪	귓바퀴
鼻子	코
鼻樑	콧마루, 콧대
鼻準	코끝
鬢照	귀밑털, 관자놀이와 귀 사이에 난 머리털, 살쩍
臉	낯, 얼굴
面皮	면피(面皮), 낯가죽
兩臉骨	광대뼈
口	입
口唇	입술
口吻	구문(口吻), 입아귀, 입의 양쪽 구석, 입 주변
牙	이, 이빨
門牙	앞니
牙根兒	잇몸
月牙	송곳니
齙牙	뻐드렁니
妳牙	젖니
牙框	이의 뿌리가 있는 곳, 치근부(齒根部)
舌頭	혀
舌尖	혀끝
鬍鬚	수염
連鬢鬍子	구레나룻
下頷	아래턱
頦子	목
嗓子	목구멍, 인후
氣嗓	목 힘줄
嗉帒	소낭(嗉囊), 볼주머니, 숨통
肩膀	어깨
肐膊	팔뚝
手腕子	손목
手背	손등
手心	손바닥

手虎口	손아귀, 범아귀, 엄지손가락과 집게손가락의 사이
手紋	손금
手指甲	손톱
拳頭	주먹
大拇指	엄지손가락, 무지(拇指)
長指	가운뎃손가락, 중지(中指)
小指	새끼손가락, 계지(季指), 오지(五指)
妳子	젖
妳膀	젖가슴
胸膛	가슴
肋條	갈비뼈
脊樑	등
身腰	허리
軟腰	잔허리, 잘록 들어간 허리의 뒷부분
心窩	명치
肚子	배
肚臍	배꼽
肝花	간
肺子	부아, 폐
腰子	콩팥
大腸子	큰창자, 대장
膽	담
卵子	불, 고환
臀子	볼기, 엉덩이
屁眼	밑구멍, 항문
大腿	넓적다리, 대퇴(大腿)
小腿	종아리
腿肚子	장딴지
曲膝	무릎
脚後跟	발꿈치, 발뒤축
脚心	발바닥
踝子骨	복숭아뼈

黑子	사마귀, 검은 점
痣子	기미, 점
大便	대변, 똥, 拉屎
撒溺	소변, 오줌, 오줌 누다
鬆水	음수(陰水), 정액
少白	조백(早白)하다, 늙기도 전에 머리가 세다(흔히 마흔 살 안팎의 나이에 머리가 세는 것을 일컬음)
嫩瞧	젊어 보이다, 어려 보이다
老蒼	늙어 보이다, 나이 들어 보이다
孕産	**임신과 출산(孕産)**
懷身	아기를 배다, 임신하다
害喜	입덧하다
轉胎	전태(轉胎), 해산하려 할 때 아이가 태반에서 떨어져 배 밖으로 나오려고 움직이다
月未成	달 못 차다, 산달을 채우지 못하다
臨月	산달, 산월(産月), 임부가 해산달을 맞이하다
生下	(아이를) 낳다
丟孩子	아이를 잃다, 아이를 지우다, 유산하다
盪血來	피가 흐르다
小哇哇	아이
喫妳	젖을 먹다
摘妳子	젖을 짜다
洋妳	젖을 토하다
月經	월경, 생리
盪紅	월경하다, 생리혈이 흐르다
月布	개짐, 생리대, 월경대
産房	산방(産房), 산실(産室), 해산(解産)하는 방
穩婆	온파(穩婆), 산파(産婆), 아이를 낳을 때, 아이를 받고 산모를 도와주는 일을 하던 여자
添孩子	아이를 낳다
氣息	**생리 현상(氣息)**
打嗄咈	트림하다

打噎嘖	재채기하다
打呵欠	하품하다
打寒噤	몸서리 치다, 몸을 부들부들 떨다
出氣	숨 쉬다
噎咧	목이 메다
欬嗽	기침
打嗝噎	딸꾹질하다, 打噎
醋心	신트림이 올라오다, 위산이 나오다
惡心	아니꼽다, 구역질이 나다
唾沫	침을 뱉다
吐痰	가래침을 뱉다
咂嘴	입을 다시다, 혀를 차다
壓嗓子	목이 쉬다
淘氣	화를 내다, 성내다, 성가시게 하다
悶得謊	몹시 답답하다, 갑갑하다, 心悶
矸歎	한숨 짓다, 한숨 쉬다
叫苦	괴로워하다, 하소연하다, 힘든 소리를 내다
嘈嚷	지껄이다, 떠들다
鬧的謊	덤벙이다, 어수선하다, 소란을 피우다
啞謎	은어(隱語), 수수께끼
咕噥	투덜거리다, 마음이 노여워 군소리를 하다
强嘴	말대꾸하다, 말대답하다
埋怨	원망하다
賭氣	삐치다, 욱하다, 토라지다
皮氣	낯을 붉히다, 성나다, 화나다, 성질
渴急	목이 마르다
害怕	무섭다, 두렵다
害羞	부끄럽다
忍住	참다, 인내하다
撒性子	성을 내다, 화내다
性急	성마르다, 참을성이 없고 성질이 조급하다
喝倸	갈채(喝倸)하다

錯認	잘못 알다
舒腕	기지개 하다, 기지개를 펴다
[目+斬]眼	눈을 깜빡이다
眼瞇	(눈에 티가 들어가서) 일시적으로 뜰 수 없게 되다, 실눈 뜨다
眼拙	눈이 무디다, 눈이 어둡다, 알아보지 못하다
耳眩	이현(耳眩), 귀가 멍멍하다
耳響	귀가 울리다
動靜	**사람의 움직임과 낌새(動靜)**
叉手	팔짱끼다
搓手	손을 비비다
撚指	바비다, 가볍게 문지르다, 가볍게 버무리다
手勢	손짓하다
轉身	몸을 돌리다, 돌아서다
跳身	뛰다, 몸이 뛰어 오르다
身虛	몸이 약하다, 허약하다
回頭	머리를 돌리다
偸看	엿보다
瞭望	요망(瞭望)하다, 멀리 바라보다
睜眼	눈을 부릅뜨다
丢眼色	눈짓하다
扭嘴	입주다, 입 맞추다, 입맞춤을 허락하다
唚嘴	입 맞추다
抿嘴	입을 약간 오므리다
流沫	침 흘리다
拍手	박수 치다, 손으로 박자를 맞추다
口吧吧	입을 벙긋거리다
捽鼻	코를 풀다
靠前	앞으로 나아가다
靠後	뒤로 물러나다
踱過來	거닐어 오다
跳過去	뛰어넘다, 건너뛰다
溜邊走	가장자리로 가다, 옆으로 비켜 가다

挾着	끼다
揣着	품다, 띠다, 가지다
捏着	메다, 지다
摟着	끌어안다
歪坐	기울여 앉다, 비스듬히 앉다
蹲坐	쪼그려 앉다
跪坐	꿇어앉다
躺者	눕다
痃了	힘에 겹다, 가쁘다
廻避	피하다
歪靠	기울여 기대다
打盹	졸다
一打裏睡	한 곳에서 자다
通脚睡	발 마주하고 자다, 두 명이 서로 다른 방향으로 누워서 자다
濃睡	깊게 자다
做夢	꿈꾸다
夢話	잠꼬대
睡醒了	잠에서 깨다
爬不起來	일어나지 못하다, 기지 못하다
禮度	**예절과 법도(禮度)**
叩頭	고두(叩頭), 머리를 조아려 절하다, 머리를 조아려 경의(敬意)를 나타내다
行禮	경례하다, 인사하다
跪着	(무릎) 꿇다
叫喚	부르다
賀喜	하례하다, 축하의 말을 하다, 경사를 축하하다
慶賀	경하(慶賀), 경사스러운 일을 축하하다
答應	대답하다
回話	대답하다
恭喜	기쁘게 치하(致賀)하는 말, 축하하다
不敢	감(敢)히 하지 못하다, 상대편이 베풀어주는 대우를 받아들이기가 어렵고 황송(惶悚)하다

回拜	답방(答訪)하다, 답례(答禮)로 방문하다, 회례(回禮)하다
婚娶	**결혼(婚娶)**
媒人	중매
主婚	주례하다, 혼인에 관한 일을 주관하다
庚帖	사주(四柱), 사주단자
定親	혼인을 정하다, 약혼하다
女兒	색시
媳婦	며느리
做親	혼인하다, 결혼하다
送禮	송채(送彩)하다, 혼인 때 신랑의 집에서 신부의 집으로 청색과 홍색의 채단을 보내다
彩禮	납채(納采)하다, 납채(納采) 예물
下紅定	혼서(婚書)를 보내다
親家	사돈
女婿	사위
嫁人	시집 가다
歸娘家	친정에 보내다, 친정에 돌아가다
媒婆錢	중매값
花紅利市	축의(祝儀), 축하 금품
喪葬	**상례와 장례(喪葬)**
丁憂	부모상(父母喪)을 당하다
去世	죽다
啼哭	울다, 통곡하다
盛棺	입관(入棺)하다
吊孝	조문하다
停尸	빈소하다, 빈소를 마련하다, 시신을 안치하다
停靈	정구(停柩)하다, 매장하기 전 영구(靈柩)를 잠시 안치하다, 행상(行喪)할 때 상여가 길에 머무르다
屍身	시신(屍身), 주검
帶孝	상복을 입다, 穿孝
做齋	재(齋)하다, 명복을 빌다
送殯	송장(送葬)하다, 영구(靈柩)를 묘지로 보내다

出殯	발인(發靷)하다, 장례를 지내러 가기 위하여 상여 따위가 집에서 떠나다
下葬	묻다
回靈	반혼(返魂), 장례 지낸 뒤에 신주(神主)를 집으로 모셔 오다
孝滿	상복 입는 기간이 끝나다
脫孝	탈상(脫喪)하다, 상복을 벗다, 종상(終喪)하다
朞服	기복(朞服), 일년 동안 입는 상복
服飾	**복식(服飾)**
暖帽	겨울 갓, 방한모
凉帽	여름 갓
紗帽	사모(紗帽)
油帽	갈모, 비에 젖지 않도록 기름종이로 만든 갓, 帽罩子
帽子	갓, 모자
草帽子	초(草)갓, 초립(草笠, 어린 나이에 관례를 한 사람이 쓰는 갓)
帽頂兒	갓대우, 갓양태 위로 우뚝 솟은 원통 모양의 부분, 모자의 꼭대기에 다는 꼭지
帽簷子	갓도래, 갓양태의 테두리
珠冠	주관(珠冠), 보석으로 장식한 모자
頂子	정자(頂子), 전립 따위의 위에 꼭지처럼 만들어 달던 꾸밈새
斗篷	삿갓, 망토
網子	망건, 머리망
圈子	관자, 망건에 달아 당줄을 꿰는 작은 단추 모양의 고리
頭面	수식(首飾), 머리 장식
包頭	머릿수건
帽套	사모이엄(紗帽耳掩)
玉簪	옥잠(玉簪), 옥비녀
金釵子	금비녀
玉釵子	옥비녀
鈿子	전자(鈿子), 부전, 부인의 머리 장식
耳墜	귀걸이
戒指	반지
耳空	귀이개

朝服	조복(朝服)
朝帶	조복(朝服)에 두르는 띠
蟒袍	망포(蟒袍), 망룡(蟒龍)옷, 망룡의(蟒龍衣)
圓領	원령(圓領), 둥근 모양의 옷깃
圍領	위령(圍領)
補子	보자(補子), 흉배, 왕이나 그 권속이 다는 용보·봉황보·수보(壽補) 따위의 흉배
汗衫	한삼(汗衫), 땀받이 적삼, 속적삼
風領	풍차(風遮), 추운 곳에서 입는 외투의 넓은 깃, 휘양, 추울 때 머리에 쓰는 방한모의 한 가지
對襟	섶이 없는 옷
大袍衫	두루마기, 도포(道袍)
馬褂子	마고자
襖子	핫옷, 솜옷, 緜襖
皮襖	갖옷, 가죽옷
油衣	유삼(油衫), 유포(油布)로 지은 비옷, 기름에 결은 옷, 비막이 옷, 비옷
簑衣	도롱이
腰帶	허리띠
香荷包	향낭
圍裙	휘건, 행주치마, 앞치마, 음식을 먹을 때 무릎 위에 두르는 수건
腿帶子	대님, 남자들이 바지를 입은 뒤에 그 가랑이의 끝 쪽을 접어서 발목을 졸라매는 끈
單袴	단고(單袴), 홑바지
甲袴	갑고(甲袴), 겹바지
緜袴	핫바지, 솜을 두어서 지은 바지
扣上	단추를 끼우다
裙子	치마
紐子	단추
襪子	버선
皮襪子	가죽 버선
旱靴	마른 신, 기름으로 결지 아니한 가죽신

朝靴	조화(朝靴), 조복(朝服)에 신는 목이 긴 신발
靴底子	신발 밑창
穿靴子	신발 신다
脫靴子	신발 벗다
韃頭	신골
綉鞋	수놓은 신
打扮	단장하다
遞衣裳	옷을 건네다
穿衣裳	옷을 입다
抖衣裳	옷을 털다
撩衣	옷을 걷어 올리다
烘衣裳	옷을 말리다
剝衣裳	옷을 벗기다
脫衣裳	옷을 벗다
反穿	뒤집어 입다
洗衣裳	옷을 빨다
糨衣裳	옷에 풀 먹이다
䵩了	옷이 더럽혀지다, 얼룩지다
扭水	비틀어서 물을 짜다
疊衣裳	옷을 개다
退垢	때를 지우다, 얼룩을 지우다
裹脚	발싸개
梳洗	**머리 빗고 세수하기(梳洗)**
梳頭	머리를 빗다
綰頭髮	머리를 땋다, 머리를 묶다, 扎頭髮
編頭髮	머리를 땋다
辮子	땋은 머리, 변발
髲頭	상투하다, 상투
雲鬢	운환(雲鬟), 쪽진 머리
戴冠	관(冠) 쓰다
戴花	꽃을 꽂다, 꽃을 달다
洗臉	얼굴을 씻다, 세수하다

剔牙	이를 닦다
扣牙	이를 쑤시다
漱口	양치질하다, 입을 가시다
搽粉	분을 바르다
描眉	눈썹을 그리다
点紅	연지를 바르다
洗澡	목욕하다
洗手	손을 씻다
修手	손톱을 다듬다
修脚	발톱을 다듬다
鑷子	족집게
粧奩	장렴(粧奩), 화장갑
鏡架	거울틀, 화장대
臉髒	얼굴이 더럽다
梳粧	단장, 단장하다
掏耳朶	귀지를 파내다, 空耳
食餌	**먹거리(食餌)**
舶米	쌀 쓿다, 거친 쌀을 찧어 속꺼풀을 벗기고 깨끗하게 하다, 쌀 찧다, 搗米
打水	물을 긷다
舀水	물을 푸다
淘米	쌀을 일다
做飯	밥을 짓다
蒸飯	찐 밥
悶飯	밥 뜸 들이다
爛飯	진밥
餿飯	쉰밥
燋飯	눌은밥
湯飯	물에 만 밥
撈飯	밥을 건지다
飯粒兒	밥풀
空飯	맨밥

晌飯	낮밥, 점심밥
熬粥	죽을 쑤다
稀粥	묽은 죽, 미음
乾酒	소주(燒酒)
麴子	누룩
釀酒	술을 빚다
酒糟	술지게미, 재강
水酒	무술(제사 때 술 대신 쓰는 맑은 물), 변변치 못한 술
五香酒	오향주(五香酒)
黃酒	황주(黃酒)
壯元紅	장원홍(壯元紅)
蓮花白	연화백(蓮花白), 소주에 흰 연꽃을 넣어 만든 연꽃술
鹿肉	사슴고기
獐子肉	노루고기
兎肉	토끼고기
牛肉	소고기
牛肚子	소의 위
牛心	소의 염통
燒肉	고기를 굽다
炒肉	고기를 볶다
硬肉	질긴 고기
軟肉	연한 고기
炒魚片	생선을 볶다
刮鱗	비늘을 긁다, 비늘을 깎다
打糕	찰떡
蒸糕	증편, 찐떡
糖糕	탕고(糖糕), 단떡, 약과
鹿茸糕	녹용고(鹿茸糕)
龍鳳糕	용봉고(龍鳳糕)
芙蓉糕	부용고(芙蓉糕)
雲片糕	운편고(雲片糕)
糟子糕	조자고(糟子糕), 계란떡, 鷄鴠糕

綠豆糕	녹두고(綠豆糕), 녹두떡
月餠	월병(月餠)
蜂糕	봉고(蜂糕), 중국 펑까우
爐糕	시루떡
核桃酥	호두과자
江米条	강정, 약과
自來紅	자래홍(自來紅), 표면을 노르스름하게 구워낸 월병의 일종
大八件	주로 경사 때나 선물에 쓰이는 여덟 가지 과자
氷蓼花	빙요화(氷蓼花), 찹쌀가루를 반죽하여 튀기고 설탕을 바른 과자
蓼花	요화(蓼花), 찹쌀가루를 반죽하여 튀기고 설탕을 바른 과자
饅頭	만두, 소가 없는 찐빵
燒餠	소병(燒餠), 구운 떡
切麵	썰은 국수, 칼국수
麵飥飳	수제비
粉條	분탕(粉湯), 당면에 가늘게 썬 돼지고기를 넣고 끓인 국, 당면
掛麵	마른 국수
麨麵	미숫가루
肉包	고기 소를 넣은 만두
糖包	설탕 소를 넣은 만두
肉餡	고기 소
菜餡	야채 소
匾食	편식(匾食), 편수(밀가루 반죽한 것을 얇게 밀어 여기에 채소로 만든 소를 넣고 네 귀를 서로 붙여 끓는 물에 익혀 장국에 넣어 먹는 음식)
醃菜	절인 요리, 김치
搾豆腐	두부를 짜다
豆粋	비지
蜂蜜	꿀
香油	참기름
蘇油	들기름
搾油	기름을 짜다
油粋	기름을 짜고 남은 찌꺼기

淸醬	간장
盤醬	된장
醬蘿葍	장에 담은 무
瘦的	기름기 없는 고기, 비계가 적은 고기
肥的	맨 기름 고기, 비계 고기
野味	들짐승 고기, 야생 고기
湯的慌	끓는 물에 데치다
薰	구수하다
甛	달다
苦	쓰다
酸	시다
腥	비리다
葷	누리다
醎	짜다
淡	싱겁다
辣	맵다
澀	떫다
嚼	씹다
齦	물다, 갉아 먹다
含着	머금다
呑下	삼키다
吐	토하다
愛喫	즐겨먹다
難喫	못먹겠다, 먹기 어렵다
胡喫	되는대로 먹다, 마음대로 먹다
嘴饞	게걸스럽다, 게걸스레 먹다
囫圇呑	통째로 삼키다
貪嘴	음식을 탐하다
偏過	(식사를) 먼저 먹었다, 먼저 실례했습니다
牙齼	이가 시리다
牙陳	돌 씹히다, 지금거리다
種火	불씨, 불씨를 붙이다

打火	불 피우다, 불 때다
劈柴	장작을 패다, 장작
煤炭	숯
烟頭子	냉과리, 잘 구워지지 않아서 불을 붙이면 연기와 냄새가 나는 숯
熬了	달이다
清了	식다
樹果	과일(과실)의 통칭
龍眼	용안(龍眼)
荔枝	여지(荔枝)
柿餅	곶감
蜜棗	꿀에 잰 대추
白果	은행
栗子	밤
核桃	호두
榛子	개암
甛梨	단 배, 참배
沙果	사과(沙果)
小紅	소홍(小紅), 능금
李子	외얏, 자두
杏子	살구
桃子	복숭아
葡萄多羅	포도송이
柑子	감자(柑子)
橘子	귤
山裏紅	아가위, 산사나무 열매
菱角	마름열매
西瓜子	수박씨
藕粉	연근가루
片薑	편강(片薑), 설탕에 조려 말린 생강
五花糖	오화당(五花糖), 오색으로 물들여 만든 둥글납작한 사탕

榛子糖	진자당(榛子糖), 개암사탕. 개암을 속에 넣고 밀가루와 설탕을 겉에 발라 만든 사탕
糖葡萄	당포도(糖葡萄), 설탕에 잰 포도, 포도 사탕
青梅	푸른 매실
門冬	문동(門冬)
菰莧	과견(菰莧)
佛手片	불수감나무 열매
杏脯	씨를 제거하여 꿀에 절인 살구, 말린 살구
橘餅	귤병, 꿀이나 설탕에 조린 귤
山査糕	산사떡, 산사나무의 열매를 넣어 젤리와 같이 굳힌 붉은빛의 달고 신 과자
檳榔	빈랑(檳榔)
紅糖	홍당(紅糖), 붉은 사탕, 흑설탕
白糖	백당(白糖), 흰 사탕, 백설탕, 엿
氷糖	빙당(米糖), 강정
親屬	**일가친척(親屬)**
大大公	고조부(高祖父)
大大婆	고조모(高祖母)
大公	증조부(曾祖父)
大婆	증조모(曾祖母)
爺爺	조부(祖父), 할아버지
婆婆	조모(祖母), 할머니
爹爹	부친(父親), 아버지
孃孃	모친(母親), 어머니
伯父	백부(伯父), 큰아버지
伯娘	백모(伯娘), 큰어머니
叔叔	숙부(叔父), 시아주버니
嬸娘	숙모(叔母)
外公	외조부(外祖父)
外婆	외조모(外祖母)
舅舅	외숙(外叔), 외숙부(外叔父)
舅母	외숙모(外叔母)

姨娘	이모(姨母)
姨夫	이모부(姨母夫)
哥哥	형
兄弟	아우
嫂子	형수
姊妹	자매
姐姐	맏누이
姐夫	자형(姊兄), 형부(兄夫)
妹子	여동생
妹夫	매부(妹夫)
姪兒	조카
姪女	질녀(姪女), 조카딸
媳婦	며느리
女兒	딸
女婿	사위
叔伯兄弟	사촌 형제
姑舅弟兄	내외종형제(內外從兄弟), 고종사촌 형제
公公	시아버지
婆婆	시어머니
大姑	손윗 시누이, 큰시누이, 맏시누이
小姑	손아래 시누이, 작은시누이
丈夫	남편, 성인 남자
丈人	처부(妻父), 장인어른
丈母	처모(妻母), 장모(丈母)
舅子	처남(妻男)
家小	가속(家屬), 처자식, 가솔, 가족
小姨子	처제(妻弟)
乾媽	의모(義母), 수양어미
私孩子	사생아, 법적으로 부부가 아닌 남녀 사이에서 태어난 아이
堂客	안손님, 여자 손님, 처, 아내
家口	식구, 가족
偏房	첩(妾)

拙婦	졸부(拙婦), 아내를 겸손하게 이르는 말
宴享	**잔치와 손님 접대(宴享)**
請客	손님을 초대하다
會客	손님을 모으다, 손님을 만나다
陪客	손님을 모시다, 손님을 대접하다
請茶	차를 청하다, 차를 권하다
遞茶	차를 드리다
擺卓兒	상을 벌이다, 상 차리다
做東道	주인 노릇을 하다, 한턱내다
化拳	화권(化拳), 술 먹을 때 내기하는 법
湯酒	술을 데우다
斟酒	술 치다, 술을 따르다
遞酒	술을 드리다
饋酒	술을 붓다, 술을 짜다
添菜	안주를 보태다, 안주를 더하다
請菜	안주를 청하다
完三不完四	주불쌍배(酒不雙盃), 짝수 잔을 피하는 술 문화
喫雙不喫單	주불단배(酒不單盃), 홀수 잔을 피하는 술 문화
量小	주량이 적다
海量	해량(海量), 주량이 많다
主不喫客不飮	주인이 먹지 않으면 손님이 먹지 못한다
清湯	탕을 청하다
遞飯	밥을 드리다
辭酒	이별주
送客	손님을 배웅하다
留步	들어가십시오, 나오지 마십시오
疾病	**질병(疾病)**
害病	병에 걸리다, 병을 앓다
不耐繁	병들다, 견디지 못하다
頭疼	머리가 아프다, 두통
害眼	눈병을 앓다
耳聾	귀가 먹다

眼昏	눈이 어둡다
眼花	눈이 침침하다
頭昡	머리가 어지럽다
啞嗓子	목이 쉬다
癩頭	대머리, 나두창(癩頭瘡)으로 머리카락이 빠진 머리
痞灪	가슴이 답답하다, 만성 위장병, 위염
身不舒坦	몸이 불편하다, 몸이 편치 않다, 몸이 아프다
感冒	감기, 감기에 걸리다
胷疼	흉통(胸痛), 가슴이 아프다
肚疼	복통(腹痛), 배가 아프다
風癱了	중풍(中風)
瘋了	미치다
脚疼	발이 아프다
腿疼	다리가 아프다
痢疾	이질(痢疾)
瘧疾	학질(瘧疾)
水痘	수두(水痘)
見苗	역질(천연두)의 싹이 보이다
痔瘡	치질, 痔漏
癩瘡	나창(癩瘡), 나병, 악성 피부병
瘡口	창구(瘡口), 부스럼·종기·상처 따위의 터진 자리
肉跳	살이 떨리다
疥瘡	옴
楊梅瘡	양매창(楊梅瘡), 매독, 당옴
瘡疙	더뎅이
濃水	고름
起泡	물집이 생기다
刺刺疼	쓰라리다
癜疾	어루러기
生癬	버즘
起痱子	땀띠
出痘	출두(出痘), 천연두에 걸리다

癎疾	간질(癎疾)
寸白虫	촌백충(寸白虫), 조충(기생충의 일종)
下蚘蛔	거위, 회충(蛔蛊)을 낳다
中風	중풍
疣疸	우달(疣疸), 혹
手顫	손을 떨다
手麻	손이 저리다
疤癩	허물
疝氣	산기(疝氣), 산증(疝症), 아랫배와 생식기에 탈이 생기어 붓고 아픈 병
痳疾	임질(淋疾)
瘡疳	감창(疳瘡), 매독(梅毒)으로 음부(陰部)에 부스럼이 생기는 병
不得命	죽다
醫藥	**의술과 약품(醫藥)**
藥材	약재(藥材)
剉藥	좌약(剉藥), 약을 썰다
磨藥	약을 갈다
挫藥	약을 짓다
湯藥	약을 달이다
丸藥	환약, 알약
服藥	복약(服藥), 약을 먹다
搽藥	약 바르다
膏藥	고약(膏藥)
一服	약 한 복(服), 약 한 봉지
一貼	약 한 첩(貼)
引子	부약(副藥), 주약(主藥)에 배합하여 효과를 더욱 크게 하는 보조약
把脉	맥을 보다
下針	침을 놓다
艾灸	뜸을 뜨다
出汗	땀이 나다
拔火鑵	뜸 단지, 부항

甦醒	되살아나다, 의식을 회복하다
香臍子	사향(麝香, 사향노루의 사향샘을 건조하여 얻은 향료)
好些兒	병이 낫다
卜筮	**점(卜筮)**
算命	팔자 헤아리다, 점을 치다, 운세를 보다
算卦	(팔괘로) 점을 치다
破卦	점괘를 말하다
賣卦	점을 팔다, 돈을 받고 점을 쳐 주다 또는 그런 사람
揀日子	택일하다, 날을 고르다
算數	**산술(算數)**
數數兒	수를 세다
打算	타산(打算), 산(算)하다
算盤	주판
算帳	(장부상의 숫자를) 계산하다, 결산하다
臂量	두 팔 편 길이를 단위로 하여 재다
量量	되다, 분량을 헤아리다
赶帳算	모조리 계산하다
一粒	한 알(粒)
一撮	한 움큼(撮)
一抄	한 줌(抄)
一札	한 뼘(札), 한 통(札)
十甔	열 섬(甔)
一總多少	모두 합쳐 얼마인가
爭訟	**분쟁과 송사(爭訟)**
喫虧	손해를 보다, 불리하게 되다
喫打	맞다
搶奪	빼앗다
挨罵	욕먹다, 야단맞다
冤家	원수
告官	고관(告官)하다, 관청에 고발하다
遞呈子	소장을 제출하다
喊冤	발괄하다

搶去	앗아가다, 빼앗다
招供	다딤, 죄상을 기록한 문서, (범인이) 자백하다
打官司	소송을 걸다
原告	원고(原告)
被告	피고(被告)
正犯	정범(正犯), 주범(主犯)
連累人	연루된 사람
保人	보증인, 보방하다
交手	싸우다
弄壞	희짓다, (일을) 그르치다
勸開	말리다, 달래다, 무마하다, 중재하여 화해시키다
抵賴	(잘못을)부인하다, 잡아떼다
暗算	음모를 꾸미다, 마음속으로 헤아리다, 암산(暗算)하다
講和	강화(講和)하다, 싸우던 두 편이 싸움을 그치고 평화로운 상태가 되다
追賠	물리다, 배상하다
饒他	용서하다
刑獄	**형벌과 감옥(刑獄)**
强盜	강도
正賊	도적
犯罪的	범죄자
監牢	가두다, 감옥
動刑	형벌하다, 형벌을 가하다
掐領來	붙잡아 오다
綁他來	포박하여 오다
鎖來	족쇄를 채워 오다
扛枷	칼을 채우다
手杻	수갑, 수갑을 채우다
帶鐐	족새
儹指	찬지(儹指), 손가락에 껴 매는 것
夾棍	주리트는 나무, 주릿대
皮鞭子	가죽 채찍

竹板子	대나무 곤장, 대나무 채찍
鞭打背	등을 채찍질 하다
拷問	고문하다
盤問	심문하다
起贓	장물을 찾아내다, 압수하다
拷打	고문하여 때리다
抄家	가산(家産)을 차압하다, 재산을 몰수하다
惹事	일을 저지르다, 일을 내다
取招	취초(取招)하다, 죄를 저지른 사람을 문초하여 범죄 사실을 말하게 하다
斷罪	단죄(斷罪)하다
囚車	죄인 수레, 죄인 호송차
決案	결안(決案)
赶出去	쫓아내다, 몰아내다
充軍	충군(充軍), 범죄자를 먼 곳으로 보내 군인으로 충당하거나 노역(勞役)에 종사케 하다
死囚	사형수
絞死	교사(絞死)하다, 교살(絞殺)하다
劊子手	회자수(劊子手), 망나니
枷號	죄인에게 칼을 씌워 대중에게 보이다
脫放	놓아 주다
買賣	**사고 팔기(買賣)**
買主	사는 사람
賣主	파는 사람
夥計	동료, 동무, 동업자, 점원
牙子	중매인, 거간꾼
大市	큰 시장
街上	저잣거리
集上	집상(集上), 외방각처에 돌아가며 열리는 시장
赶集	장을 보러 가다
鋪子	가게, 상점, 거래하는 곳
雜貨鋪	잡화점

店房	가게, 상점, 여관방
飯店	식당
酒舘	주점, 술집
油房	기름집
糖房	제당집, 엿 파는 곳
屠鋪	고기를 도축하여 파는 집, 정육점
當鋪	전당포
錢店	환전상
燒鍋	소주(燒酒) 양조장
糧店	양곡점(糧穀店), 곡식 파는 곳
洋貨鋪	양품점(洋品店)
紬緞鋪	비단 상점
估衣鋪	옷가게, 헌옷가게
會銀店	회은점(會銀店)
首飾樓	장식품 가게
書鋪	서점
烟帒鋪	담뱃대 파는 가게
銅鋪	철물점, 쇠 파는 곳
烟鋪	담배 가게
南紙鋪	지전(紙廛), 종이 가게
乾菓鋪	간과점(乾菓店), 과일 가게
茶葉鋪	찻잎 가게, 차 파는 곳
油塩店	식료품점
香蠟鋪	향납점(香蠟鋪), 향·초·비누·화장품 따위를 파는 가게
爐房	노방(爐房), 마제은(馬蹄銀)을 만든 곳
弓箭鋪	활 가게
眼鏡鋪	안경점
皮貨鋪	가죽 가게
帽子鋪	갓 가게, 모자 가게
鞋鋪	신발 가게
花兒鋪	꽃가게
碓房	정미소, 방앗간

藥鋪	약방(藥房), 약재 파는 곳
荷包店	주머니 파는 곳
裱褙鋪	도배집
扮指店	반지 파는 곳
開市	개시(開市)하다
幌子	간판
老杭家	흥정바치, 장사꾼
搖貨郎	행상, 방물장수
開帳	값을 정하다, 계산서를 작성하다
倡價	호가(呼價)하다, 팔거나 사려는 물건의 값을 부르다
講價	값을 흥정하다
照行市	시세대로 하다
交成	거래하다, 흥정을 마치다
一倒兩斷	한 번에 (흥정을) 마치다, 한 번에 거래하다
上用的	나라에서 쓸 것
平常的	좀것(물건이나 사람을 얕잡아 부르는 말), 평상시 쓸 것, 일상적인 것
討價	팔 사람이 부르는 값
喚價	값을 깎다
添價	(흥정 과정에서 구매자가 처음 에누리하여 부른 값보다) 돈을 더 주다
小賣	(돈을) 적게 받다, 영세 사업을 하다
補秤	저울 축을 채우다
賒帳	외상으로 팔다
打倒	거래를 무르다
當當	전당 잡히다
贖當	저당물을 되찾다
轉錢	돈을 보내다
稀罕的	귀한 것, 진품(珍品), 아주 특출한 것
拖欠	값을 갚지 않다, 체납하다
將就	(불만족스러우나) 그대로 하다
牙錢	거간꾼에게 주던 구전(口錢), 중매값

合通	계약서를 쓰다
立契	계약을 맺다
畫押	화압(畫押)하다, 서명하다, 수결(手決)하다
寶	**진귀한 보배(珍寶)**
金子	금
赤葉	엽자금(葉子金), 품질이 제일 좋은 금
銀子	은
足銀	세사은(細絲銀), 순은
錠子	금은덩이
白玉	백옥(白玉)
老山玉	노산옥(老山玉)
眞珠	진주(眞珠)
珊瑚	산호(珊瑚)
琥珀	호박(琥珀)
瑪瑙	마노(瑪瑙)
金貝	금패(金貝)
水晶	수정(水晶)
玻璃	파리(玻璃)
珐琅	법랑(珐琅), 에나멜
硼砂	붕사(硼砂)
硫黃	유황(硫黃)
紫膠	자교(紫膠)
蜜蠟珠	밀랍주(蜜蠟珠), 밀화주(蜜花珠)
海蚆	자개
玳瑁	대모(玳瑁), 공예품과 장식품 따위에 쓰이던 바다 거북 껍데기
犀角	서각(犀角)
寶石	보석(寶石)
金剛鑽	옥 뚫는 것, 금강찬(金剛鑽, 유리나 쇠붙이를 가공하는 데 쓰이는 석류석 가루)
金箔	금박(金箔)
磁石	자석(磁石), 지남석(指南石)
象牙	상아(象牙)

琉璃	유리(琉璃)
銀硃	은주(銀硃), 수은(水銀)으로 된 주사(硃砂)
鍮鑞	유랍(鍮鑞), 주석(朱錫), 땜납
黑鉛	흑연(黑鉛)
紅銅	홍동(紅銅), 구리
蠶桑	**누에와 뽕나무(蠶桑)**
蠶子	누에알
養蠶	양잠(養蠶)하다, 누에를 기르다
頭眠	두면(頭眠), 누에의 첫잠을 이르는 말
上樹	상수(上樹), (누에를) 섶(누에가 고치를 짓도록 차려주는 것)에 올리다
結繭	결견(結繭), 누에가 고치를 짓다
摘繭	고치를 따다
扯絲	실켜다, 에고치에서 실을 뽑아내다
絡絲	실을 내리다, 실을 감다
下子	누에알 낳다
織造	**옷감 짜기(織造)**
絲料	사료(絲料)
理絲	실 다듬다
紇縎	실 매듭
筬筐	바디집, 베틀, 가마니틀, 방직기 따위에 딸린 기구의 하나, 베틀
掙線	비단 짜는 잉아, 베틀의 굵은 실
梭	북, 베틀에서 날실의 틈으로 왔다 갔다 하면서 씨실을 푸는 기구
捲布棍	말속, 말대, 물레질할 때 솜을 둥글고 길게 말아 내는 막대기
機身	베틀
緞子	비단의 통칭
金黃	금황(金黃), 황금색
粉紅	분홍(粉紅)
桃紅	도홍(桃紅)
木紅	목홍(木紅), 차나무를 끓여 우려낸 물과 같이 붉은 색
眞紅	진홍(眞紅)
硃紅	주홍(朱紅)

雪白	설백(雪白), 눈처럼 하얀색
葱白	총백(葱白), 아주 연한 남색, 옥색
洋綠	양록(洋綠), 짙은 초록색
鸚哥綠	앵가록(鸚哥綠), 짙은 연두색, 湖綠
草綠	초록(草綠)
柳綠	유록(柳綠), 버들잎의 빛깔과 같이 노란빛을 띤 연한 초록색
天青	천청(天青)
柳黃	유황(柳黃), 푸른빛을 띤 황색
鴉青	아청(鴉青), 검은빛을 띤 푸른색
鵝黃	아황(鵝黃), 담황(淡黃), 옅은 다갈색
杏黃	행황(杏黃), 살구색, 옅은 주황색
淺湖	천호(淺湖), 옅은 푸른색, 옅은 옥색
靠白	고백(靠白), 옅은 분홍색, 분홍 빛이 도는 흰색
月白	월백(月白), 옅은 남색, 푸른 빛이 도는 흰색
洋藍	양남(洋藍), 짙은 푸른색, 파리청색
二藍	이남(二藍), 옅은 남색
秋葵	추규(秋葵), 짙은 보라색
藕荷	우하(藕荷), 옅은 보라색, 자련색, 연꽃색
銀灰	은회(銀灰)
京醬	경장(京醬), 자주색
火駝	화타(火駝), 갈색, 카멜색
八雲	팔운(八雲) 무늬
七寶	칠보(七寶) 무늬, 전보(錢寶)·서각보(犀角寶)·방승보(方勝寶)·화보(畫寶)·애엽보(艾葉寶)·경보(鏡寶)·특경보(特磬寶) 일곱 가지 보배를 새긴 무늬
鱗楪	인접(鱗楪) 무늬
純鱗	순린(純鱗) 무늬, 비늘 무늬
梅蘭	매란(梅蘭) 무늬
碎花	쇄화(碎花) 무늬, 자잘하면서도 오밀조밀한 화훼 무늬
界地雲	계지운(界地雲), 벽돌 무늬, 벽돌에 구름 새긴 무늬
膝欄	스란(膝欄) 무늬, 무릎 둘레로 놓인 무늬
寶相花	보상화(寶相花) 무늬, 월계꽃 무늬

蜂赶梅	벌이 매화에 달린 무늬
骨朶雲	골타운(骨朶雲) 무늬, 골타(몽둥이 한쪽 끝이 마늘 대가리 같은 모양을 한 고대 무기) 모양을 한 구름무늬
牧丹	목단(牧丹) 무늬, 모란 무늬
海馬	해마(海馬) 무늬
暗花	암화(暗花) 무늬, 잿물 밑에 잠겨 있는 꽃무늬, 드러나지 않게 옅게 놓인 꽃무늬
漢緞	한단(漢緞), 중국에서 나는 비단
粧緞	장단(粧緞), 곱고 아름답게 짠 비단
蟒緞	망단(蟒緞), 용 무늬를 넣어 짠 비단
閃緞	섬단(閃緞), 빛깔이 서로 다른 날실과 씨실을 써서 짠 번쩍번쩍 빛이 나는 비단
貢緞	공단(貢緞), 두껍고 무늬가 없으며 윤기 있는 고급 비단
庫緞	고단(庫緞), 가는 실로 촘촘히 짠 윤기 나는 중국 비단
累緞	누단(累緞), 날실과 씨실을 서로 얽혀 짜지 않고 일정하게 몇 올을 떼어서 짠 무늬 없는 중국 비단
金線緞	금선단(金線緞), 금사를 넣어 짠 수자직의 문직 비단
百鳥朝鳳緞	백조조봉단(百鳥朝鳳緞)
鴛鴦緞	원앙단(鴛鴦緞)
如意緞	여의단(如意緞)
通海緞	통해단(通海緞)
亮花緞	양화단(亮花緞)
蘇州緞	소주단(蘇州緞), 중국 소주(蘇州)에서 나는 비단
羅緞	나단(羅緞), 무명실과 광택을 내기 위해 표면의 솜털을 제거한 주란사 실을 섞어서 짠 비단
宮綃	궁초(宮綃), 엷고 무늬가 둥근 비단의 한 가지
毛綃	모초(毛綃), 날은 가는 올로 짜고 씨는 굵은 올로 짜는 중국 비단의 하나
十兩紬	십량주(十兩紬), 한 필에 무게가 열 냥쭝 나가는 질 좋은 중국 명주
八兩紬	팔량주(八兩紬), 한 필에 무게가 여덟 냥쭝 나가는 중국 명주
壯元紬	장원주(壯元紬)
老紡紬	노방주(老紡紬)

生金光紬	생금광주(生金光紬), 생경주(生輕紬)
花紡紬	화방주(花紡紬)
貴州紬	귀주주(貴州紬)
絹紬	견주(絹紬), 야생 누에에서 나온 실로 짠 얇고 무늬가 없는 황색 견사
大綾	대능(大綾)
中綾	중능(中綾)
小綾	소능(小綾)
白絲絹	백사견(白絲絹), 흰 깁
甲紗	갑사(甲紗), 얇고 성겨서 여름 옷감으로 많이 쓰이는 품질이 좋은 비단
漢京紗	한경사(漢京紗)
吉祥紗	길상사(吉祥紗), 중국에서 나는 생사로 짠 깁의 한 가지
八吉紗	팔길사(八吉紗)
匀條紗	균조사(匀條紗), 은조사(銀條紗), 여름 옷감으로 쓰이는 중국 사(紗)의 한 가지
縐紗	주사(縐紗), 강연사(强撚絲)를 씨실로 짠 오글쪼글한 직물
羽緞	우단(羽緞), 거죽에 곱고 짧은 털이 촘촘히 돋게 짠 비단
大布	대포(大布), 평직으로 짠 두껍고 질이 거친 천
夏布	하포(夏布), 여름 옷감으로 사용되는 모시나 삼으로 짠 천
漂白布	표백포(漂白布), 잿물에 삶아 희고 부드럽게 만든 베
零布	자투리
緜子	풀솜, 실을 켤 수 없는 허드레 고치를 삶아서 늘여 만든 하얗고 광택 나는 솜
壓緜花	압면화(壓緜花), 거핵면화(去核緜花), 목화씨를 뽑아 만든 솜
線花	선화(線花), 실면화, 실밥
繐子	술, 꾸리, 둥글게 감아 놓은 실타래
絨線	융선(絨線), 융사, 융을 짠 실, 털실, 수실
交擰	비틀다
粗疏	성기다, 성기게 짜다
織密	촘촘하다, 촘촘하게 짜다, 승새(피륙의 올)가 가늘다
打染	물들이다, 彈染
洋靛	양정(洋靛), 양물의 통칭, 염료

直地	직지(直地), 생사(生絲)로 짠 사(紗)
寔地	식지(寔地), 숙사(熟絲)로 짠 사(紗)
裁縫	**옷 짓기(裁縫)**
裁衣裳	옷 마르다, 옷감이나 재목 따위의 재료를 치수에 맞게 자르다, 재단하다, 裁料
上身	상의, 윗저고리
下身	하의, 아랫도리
前襟	앞자락, 상의(上衣)·두루마기 등의 앞섶
底襟	안자락, 두루마기·저고리·치마 등의 안자락
後襟	뒷자락, 뒤 섶
大領	깃
護領	동정
護肩	등바대, 깃바대, 홑옷의 깃고대 안쪽으로 길고 넓게 덧붙여서 등까지 대는 헝겊
袖子	소매
袖口	소맷부리
袖根	소매 밑동
吊裏	옷 안에 천이나 모피를 대다
吊面	옷 겉에 천이나 모피를 대다
斜緞條	사단조(斜緞條), 공단선
緞邊子	식서(飾緖), 올이 풀리지 않게 짠 천의 가장자리 부분, 비단의 가장자리 부분
活縫	활봉(活縫), 호다, 호아 짓다, 헝겊을 겹쳐 바늘땀을 성기게 꿰매다
死縫	사봉(死縫), 박아 짓다
鑲邊	단을 두르다, 테를 두르다
樹緜花	솜 두다, 솜 넣다
行的	드문 누비, 천과 천 사이에 솜을 넣고 간격을 두어 줄이 지게 박는 바느질
衲的	잔누비, 잘게 누빈 누비
袴襠	고당(袴襠), 바짓가랑이
因線	바늘 꿰다
綉針	수침(綉針), 수놓는 바늘, 자수 바늘

田農	농사짓기(田農)
壯田	장전(壯田), 비옥한 밭
薄田	박전(薄田), 척박한 밭, 메마른 밭
水田	논
旱田	밭
庄地	장지(庄地), 농소(農所), 농지
開荒地	개척지
一天地	하루갈이, 하루 동안에 갈 수 있는 밭의 넓이
一晌地	한나절 갈이, 한낮 갈이
犂兒	보, 쟁기
鏵子	보습날, 쟁기·극젱이·가래 따위 농기구의 술바닥에 끼우는 넓적한 삽 모양의 쇳조각
犂槳	부출
鋤頭	호미
鏟子	삽, 서서 김매는 호미
木把子	나무 쇠스랑, 땅을 파헤쳐 고르거나 두엄·풀 무덤 따위를 쳐내는 데 쓰는 갈퀴 모양의 농기구
鐵把子	쇠 쇠스랑, 땅을 파헤쳐 고르거나 두엄·풀 무덤 따위를 쳐내는 데 쓰는 갈퀴 모양의 농기구
鐵鍬	가래, 땅을 파헤치거나 떠서 던지는 농기구
鎌刀	낫
耕田	밭을 갈다
種田	농사짓다, 밭에 모종을 심다
撒穀	씨뿌리다
出苗	싹이 나다, 發芽
發穗	이삭 패다, (벼·보리 따위의) 이삭이 나오다
鏟地	김매다, 薀地
割穀子	곡식을 베다, 割了
收成	곡식을 거두다, 수확하다
庄戶	농인(農人)
打場	(보리·콩·수수 따위의 농작물을 거둬들인 뒤) 마당질하다, 타작하다
喫租子	병작(竝作)하다

禾穀	벼와 곡식(禾穀)
稻子	벼
粳子	경자(粳子), 메벼
大麥	보리
小麥	밀
蕎麥	메밀
穈子	기장
大黃米	기장쌀
小米	좁쌀
小黃米	차조쌀
穀子	겉조, 껍질을 벗기지 않은 조
稗子	피(稗)
高粱	수수
黃豆	황두(黃豆), 노란 콩
小豆	팥
菉豆	녹두(菉豆)
莞豆	완두(莞豆), 광저기, 동부
芝麻	참깨
蘇子	들깨
麩子	밀기울(밀을 빻아 체로 쳐서 남은 찌꺼기)
穀草	조짚, 조나 피 따위의 낟알을 떨어낸 짚, 곡초(穀草), 갖가지 곡식 풀의 이삭을 떨고 남은 줄기
稻草	볏짚
豆楷	콩깍지
薥楷	수수대
麻楷	참깨대
玉米	강냉이, 옥수수, 包米
結實	결실(結實), 열매를 맺다
曬穀子	곡식을 볕에 말리다
粘的	찰진 곡식의 통칭
菜蔬	채소(菜蔬)
菉豆芽菜	숙주나물

葵菜	아욱
白菜	배추
蘿菖	무
芥菜	개채(芥菜), 갓
芹菜	미나리
韭菜	부추
同蒿	쑥갓
小根菜	달래
䓞葱	파
蒜頭	마늘
芋頭	토란
蔓菁	순무
萵苣菜	상추
紫蘇	자소(紫蘇), 차조기
葫蘆絲	박고지, 박
莧菜	비름
薺菜	냉이
薄荷	박하(薄荷)
冬苽	동과(冬苽), 동아
黃瓜	오이
瓜瓤	오이 속
倭瓜	호박
甛瓜	참외
西瓜	수박
葫蘆	박
茄子	가지
酸蔣	승아
黃花菜	넘나물, 원추리
木耳	목이버섯
苦筻	도라지
沙蔘	더덕
山藥	마

蓮根	연근, 藕菜
竹筍	죽순
黑木耳	흑목이버섯, 참나무버섯
馬蹄	마제(馬蹄), 올방개
蒼术菜	삽주나물
拳頭菜	고사리
山芹菜	참나물, 미나리
搖頭菜	두릅
莙薘菜	근대
青角菜	청각
香蕈	향심(香蕈), 표고버섯
松蘑果	송이(松耳), 송이버섯
蔞蒿	물쑥
葱筆頭	팟종, 다 자란 파의 꽃줄기
挑菜	산나물을 캐다
摘菜	나물을 다듬다, 齊菜
器具	**기구(器具)**
大鍋兒	가마솥
茶鑵	차관(茶鑵), 차를 달이는 그릇, 차 탕관
銅碗	놋그릇
銅盆	놋소래, 놋대야
洗臉盆	세수대야
磁器	사기(砂器)의 통칭
大海	큰 대접, 큰 사발
二海	큰 대접, 중간 그릇
大碗	대접
中碗	중대접, 중발
磁楪子	사기접시
茶碗	찻잔, 찻종
酒壺	술병, 酒瓶
酒鍾	술잔
羹匙	숟가락

銅匙	놋숟가락
快子	젓가락
鍾子	종자(鍾子), 종지
湯鍋	냄비, 국솥
盤子	소반, 쟁반
茶托	차반, 다기를 담는 쟁반
卓子	탁자
八仙卓	팔선교자, 여덟 사람이 둘러앉을 만한 크기로 네모반듯하게 만든 큰 상
火盆	화로
榪杓	나무 주걱
銅杓	놋주걱
水桶	물통
柳罐	유관(柳罐), 버드나무 잔가지로 엮은 두레박
轆轤	자애, 고패, 도르래
瓢子	표주박, 바가지
酒鏇子	술 쟁반, 술을 데우는 데 쓰는 그릇
簸箕	키
刷子	쇄자(刷子), 솔
苕箒	잇비, 벼의 짚으로 만든 비
蠅拂子	파리채
箱籠	상자
筐子	광주리
破落	고리
匣子	필갑(筆匣), 갑, 작은 상자
鏡臺	경대(鏡臺), 화장대
口俗	자루
包袱	보, 보자기
碾子	매, 연자매, 맷돌, 돌방아
熨頭	울두(熨頭), 다리미
蒸替	시루
手爐	수로(手爐), 주머니 난로, 손을 쬐게 만든 조그마한 화로

鐵簾子	철염자(鐵簾子), 설쇠
榜槌	방망이
砑石	방춧돌, 다듬이돌
被褥	이불
枕頭	베개
靠墩	안석, 벽에 세워 놓고 앉을 때 몸을 기대는 방석
毯子	담요, 모포, 깔개
席子	돗자리
雨傘	우산
天平	천평칭(天平稱), 천평저울
法馬	천평추(天平錘)
秤子	큰 저울
等子	작은 저울
秤錘	저울추
毫星	저울눈
等盤星	저울 다림보다, 저울 수평을 헤아려 보다
碓子	방아
爉臺	촛대
燈臺	등대(燈臺), 등잔
剔燈	체등(剔燈), 불똥티다, 불 붙이다
燈草	심지
添油	기름 붓다, 기름 채우다
松香	송향(松香), 송진
菜刀	식칼
鋼刀	강도(鋼刀), 강철 칼
薄刀	박도(薄刀), 얇은 칼
剃刀	체도(剃刀), 머리 깎는 칼, 면도칼
刀鞘	칼집
刀把	칼자루
鍘刀	작도
推鉋	대패
斧子	도끼

鉅子	톱
錐子	송곳
鐵鎚	쇠망치
鐵鉋	철포(鐵鉋), 쇠대패
火鐮	부시, 부싯돌을 쳐서 불이 일어나게 하는 쇳조각
火石	부싯돌
火絨	부싯깃
帽架	모자걸이
紡車子	물레
椅子	의자
板凳	판등(板凳), 길고 등받이가 없는 나무 걸상
竹簾子	죽렴(竹簾), 대발
梳子	얼레빗
篦子	참빗
糞斗	삼태기
鍋撑子	아리쇠, 삼발이
酒漏子	깔때기
春櫈	큰 탁자
柴把子	갈퀴
鍋刷子	가마솔, 주로 솥을 씻는 데 쓰는 솔
圍屛	병풍(屛風)
夜壼	요강
開披	행담(行擔), 길 가는 데 가지고 다니는 싸리나 버들 따위로 만든 작은 상자
抽替	서랍
火鑵	화관(火鑵), 쇠녹이는 도관
木銼	목좌(木銼), 목차(木磋), 뿔이나 뼈 따위를 가는 데 쓰는 나무로 만든 줄, 대패
羅輕	대윤도(大輪圖), 나침반
彈線	먹줄 치다
剜刀	완도(剜刀), 구멍을 넓히거나 뚫는 기구
透鑽	꿰뚫다

活鑽	활비비, 활같이 굽은 나무에 시위를 메우고 그 시위에 송곳 자루를 건 다음 당기고 밀고 하여 구멍을 뚫는 송곳
拉風廂	골풀무, 불을 피우기 위하여 바람을 일으키는 기구
鍍金	도금하다
炸白	쇠를 달구다
鍊鐵	쇠를 녹이다
磨光	마광(磨光), 갈아서 광을 내다
鑽弓	비비활, 비비송곳 따위를 돌리는 데 쓰는 활
鞍轡	**안장과 고삐(鞍轡)**
鞍子	안장
鞍橋子	길맛가지
軟替子	언치, 안장이나 길마 밑에 까는 물건
韂	말다래, 말을 탄 사람의 옷에 흙이 튀지 아니하도록 가죽 같은 것을 말의 안장 양쪽에 늘어뜨려 놓은 기구
肚帶	(말의) 뱃대끈
䪊頭	굴레, 말이나 소 따위를 부리기 위하여 머리와 목에서 고삐에 걸쳐 얽어매는 줄
嚼子	마함, 재갈
繮繩	후릿고삐, 말이나 소를 후려 몰기 위하여 길게 단 고삐
鞍塔	안갑(鞍匣)
鐙子	등자(鐙子), 말을 타고 앉아 두 발로 디디게 되어 있는 물건
緹胥	주락(朱駱), 임금이나 벼슬아치가 타는 말에 붉은 줄과 붉은 털로 꾸민 치레
搭腦	의자 윗부분의 대들보
打馬鏘	타마장(打馬鏘), 대갈박다
馱鞍	짐 안장, 짐 싣는 안장
扯手	혁, 고삐, 挫襟
鞭子	채찍
鞭竿	채찍대
鞭稍	채끝
舟舡	**선박(舟舡)**
海舡	큰 배
火輪舡	화륜선(火輪舡)

夾板舡	협판선(夾板舡)
筏子	뗏목
槽子	마상이, 거룻배처럼 노를 젓는 작은 배
鐵猫	닻
猫繩	닻줄
柁	키, 방향타
撑舡	배를 젓다
竪桅	돛대를 세우다
遭風	바람을 맞다
擺渡	나루터
櫓	(배의) 노, 배 젓는 나무
刻子	배 젓는 가래, 마상이, (노를 젓게 되어 있는) 작은 배
掛篷	배에 돛을 달다
卸篷	배에서 돛을 내리다
水手	사공, 舵工
裝舡	배에 (짐을) 싣다
開舡	배가 뜨다, 출항하다
停泊	정박하다, (배가 부두에) 머물다
抛猫	닻을 주다, 줄을 풀어 닻을 물속에 넣다
拔猫	닻을 걷다
攏岸	배가 육지에 다다르다
卸舡	배에서 짐을 내리다
車輛	**수레(車輛)**
大車	큰 수레, 큰 차
小車	작은 수레, 작은 차
車轅	거원(車轅), 끌채, 수레의 채
車鐺子	차당자(車鐺子), 가림대
車轂轤	차 바퀴, 수레바퀴
推車	밀차, 밀이서 움직이는 작은 짐수레
翻車	수레 뒤치다, 수레가 뒤집히다, 수레를 전복시키다
輻條	바퀴살
套車	(마소에) 수레를 메우다

車篷子	수레 위의 천장을 꾸민 것, 수레 휘장, 수레 차일
車圍子	수레 휘장(揮帳)
技戲	**재주와 놀이(技戲)**
捽挍	씨름하다
雜戲	잡희(雜戲), 노릇, 놀이, 잡극
打毬	타구(打毬), 장치기하다, 두 패로 갈라서 말을 타고 하던 옛 운동 경기
踢毬	척구(踢毬), 장치기 공이나 제기를 차다
放風箏	연 날리다
賭錢	돈 내기 하다
唱大戲	창희(唱戲), 창극(唱劇)
耍頑意兒	잡놀이 하다, 여러 가지 놀이를 하다, 놀이하다, 장난하다
戲本	극본, 대본
點戲	점희(點戲), 극 따위의 공연 작품을 지정하여 배우로 하여금 연출하게 하다
走軟索	줄타기
撇石	팔매(작고 단단한 돌 따위를 손에 쥐로 힘껏 흔들어 멀리 내던지다)
緣竿	솟대(솟대쟁이가 탈을 쓰고 올라가 재주를 부리는 장대)타다, 上竿
行頭	(공연)의상과 소도구, 연극의 무대 장치나 분장에 쓰이는 작은 도구류, 머리띠나 두건
抹骨牌	골패(骨牌)하다, 납작하고 네모진 작은 나뭇조각으로 하는 노름
把戲	놀음하다, 잡기(雜技)를 부리다
弄棒	나무 막대기로 놀음하다, 나무 막대기를 휘두르다, 무예를 익히다
鞦韆	그네 놀이
打雙六	쌍륙(雙六)치다, 주사위놀이
打象棊	장기 두다
別挐	훈수 두지 마십시오
下棊	바둑 두다
說書	설서(說書), 강담(講談)하다
飛禽	**날짐승(飛禽)**
鳳凰	봉황(鳳凰)

孔雀	공작(孔雀)
仙鶴	학(鶴)
鴛鴦	원앙(鴛鴦)
鸚哥	앵무(鸚鵡)
公鷄	수탉
母鷄	암탉
鷄躧	닭 흘레하다, 닭이 흘레하게 하다
鷄抱窩兒	닭 둥우리, 닭이 알을 낳거나 품을 수 있도록 짚이나 댑싸리 따위로 만든 그릇 모양의 물건
下鴠	알을 낳다
鬚鷄	멱부리, 턱 밑에 털이 많이 난 닭
展翅	날개를 펴다
鷄嘎鴠	알겯다, 암탉이 알을 낳을 무렵에 골골 소리를 내다
鵝	거위
搧翅	날개 붓다, 날갯짓하다
鴿子	비둘기
鴨子	오리
黃鷹	갈지개, 사냥용으로 기르는 한 살 된 매
簷鼠	박쥐
架鷹	매를 받다, 매를 받치다
鷹打潮	매똥누다
鷂子	새매
放鷹	매를 놓아주다
老鴚	까마귀, 寒鴉
喜鵲	까치
野鷄	꿩
黃鸝	꾀꼬리, 黃鳥
鷰子	제비
麻雀	참새
鵪鶉	메추라기
鷂鷹	솔개
夜猫	올빼미

跐榮	비금(飛禽) 흘레하다, 비금(飛禽)이 흘레하게 하다, 생식을 하기 위하여 동물의 암컷과 수컷이 성적(性的)인 관계를 맺게 하다
巢窩子	(새나 짐승의) 집
走獸	**길짐승(走獸)**
麒麟	기린
老虎	범, 호랑이
四明馬	사명마(四明馬), 네 굽이 흰 말
棗騮馬	조류마(棗騮馬), 배는 흰색이고 갈기와 꼬리가 검은색인 말
花馬	얼룩말
灰馬	추마말(騅馬), 흰 바탕에 흑색, 짙은 갈색, 짙은 적색 따위의 털이 섞여 난 말
青驄馬	청총마(青驄馬), 철청총이, 푸른색의 털에 흰 털이 조금 섞인 말, 갈기와 꼬리가 파르스름한 백마
白臉馬	백검마(白臉馬), 잠불마(暫佛馬), 빰에 흰 줄이 있고 눈에 누런빛을 띤 말
兒馬	숫말
騍馬	암말
馬駒子	망아지
癩馬	나병(癩病)든 말, 피부병 있는 말
瘸馬	다리를 저는 말
前失馬	앞으로 고꾸라지는 말
光當馬	덜렁이는 말, 덜거덕 거리는 말
騲馬	길마(짐을 싣거나 수레를 끌기 위하여 소나 말 따위의 등에 얹는 기구) 없는 말
耐遠	말이 멀리 가다
抛糞	말똥누다
打滾	말 따위를 식후 또는 부린 후에 가볍게 걸리다
馬表	말 흘레하다, 말이 흘레하게 하다
騲驢子	암나귀
驢駒子	새끼나귀
懶驢	굼뜬 나귀
騾子	노새
叫騾	수노새

騍騾	암노새
牙猪	수퇘지
母猪	암퇘지
猪走䙛	돼지 흘레하다, 돼지가 흘레하게 하다
猪豬	새끼 돼지
戱狗	사냥개
公狗	수캐
母狗	암캐
風狗	미친개
狗吽	개가 짖다
狗連	개가 흘레하다, 개가 흘레하게 하다
羝羊	숫양
母羊	암양
緜羊	백양(白羊)
山羊	염소
懷駒子	새끼를 배다
馬吽	말이 울다
馬鬭	말이 싸우다
大漢步	대한보(大漢步), 말걸음 하다
署蹶	절룩 거리다
風毛	솜털
捲毛	굽슬굽슬한 털
攔馬	놓친 말을 앞질러 가로막다
馬走	마주(馬走), 말을 놓아 가다
溜繮	(말·노새 따위가) 고삐가 풀려 달아나다
�牛	황소
乳牛	암소, 젖소
犢兒	송아지
花牛	얼룩소
牛吼	소가 울다
倒嚼	소가 여물을 되새김질하다, 반추(反芻)하다
牛走	소 흘레하다, 소가 흘레하게 하다

飲牛	소 물 먹이다
驢子	나귀
叫驢	숫나귀
羊羔	새끼 양
郎猫	수코양이
女猫	암고양이
猫走	고양이 흘레하다, 고양이가 흘레하게 하다
耗子	쥐
鼢鼠	두더쥐
鼠齩	쥐가 물다
獅子	사자
象	코끼리
山獺	너구리
人熊	곰
駱駝	낙타
貂鼠	담비
狼	이리
鹿	사슴
麅子	고라니
獐子	노루
狐狸	여우
野猫	삵
兎子	토끼
胡猻	원숭이
黃鼠	족제비
山鼠	다람쥐
灰鼠皮	서피(鼠皮)
看窩	짐승 머물 자리를 보다, 짐승 머물 자리를 들이다
放草	짐승을 풀에 놓아주다, 방목(放牧)하다
入草	(풀에) 작두를 먹이다, 풀을 작두로 자르다
昆蟲	**곤충(昆蟲)**
蝴蝶	나비

蜻蜓子	잠자리
秋蟬	매미
班猫	가뢰
明火蟲	반딧불이
草螺子	달팽이
蜘蛛	거미
蛆蟲	구더기
蜈蚣	지네
蜈臊	노래기
蛐蟮	지렁이
饞蟲	거위, 해충, 식충(饞蟲), 蛔蚘
土狗	땅강아지
虱子	이
跳蚤	벼룩
狗蚤	개벼룩
臭蟲	빈대
壁魚	빈대좀
虫蛀了	좀먹다
螬蠐	굼벵이
蒼蠅	파리
蚊子	모기
蜣蜋	바퀴벌레
蜂子	벌
濕蟲	쥐며느리
螞蚱	메뚜기
螞蟻	개미
馬蝗	거머리
黑蟆	두꺼비
癩蝦蟆	~~옴두~~끼비
白蜡	백랍(白蜡) 벌레의 분비물, 쉬
蝮蛇	독사
蠍子	전갈

馬蛇子	도마뱀
撲燈蛾	부나비(불나방과의 하나), 불나방
馬蜂	말벌
螟蛉	명령(螟蛉), 빛깔이 푸른 나방과 나비의 어린 벌레
螫了	(침을) 쏘다
竈馬子	귀뚜라미
糞蜋	말똥구리
蛟龍	교룡(蛟龍), 모양이 뱀과 같은 상상 속의 동물
長蟲	뱀
八脚子	사면발이
蛇蛻皮	사퇴(蛇退), 뱀이 허물을 벗다
水族	**물속 생물(水族)**
鯉魚	이어(鯉魚), 잉어
鯽魚	즉어(鯽魚), 붕어
鰱魚	연어(鰱魚)
黑魚	흑어(黑魚), 가물치
八梢魚	문어(文魚)
魴魚	방어(魴魚)
鯊魚	사어(鯊魚), 상어
鰒魚	전복
比目魚	넙치, 가자미
老魚	방어, 고래
蛤蝲	조개
石次蛙	가재
海紅	홍합
河豚魚	복어
麵條魚	면조어(麵條魚), 뱅엇과의 민물고기
民魚	민어(民魚)
蘇魚	밴댕이
鱸魚	노어(鱸魚), 농어
秋生魚	은구어(銀口魚), 바다빙엇과의 민물고기
黃鱔	뱀장어

王八	자라
烏龜	거북
螃蟹	게
鰕米	말려서 껍질과 머리를 제거한 새우
沙骨落	모래무지, 잉엇과의 민물고기
海蔘	해삼(海蔘)
青魚	청어(青魚)
魚白	어백(魚白), 이리
魚子	알
魚鰾	부레
花草	**꽃과 풀(花草)**
牧丹	목단(牧丹), 모란
牧丹	작약(芍藥)
海棠	해당(海棠), 해당화(海棠花)
薔薇	장미(薔薇)
蓮花	연화(蓮花), 연꽃
蓮房	연방(蓮房), 연송이, 연꽃의 열매가 들어 있는 송이
菊花	국화(菊花)
梅花	매화(梅花)
巖子花	진달래
鳳仙花	봉선화
四季花	사계화(四季花), 장미과의 상록 관목
石榴花	석류화(石榴花), 석류꽃
三稜草	삼릉초(三稜草), 매자기, 사초과의 여러해살이풀
葦子草	갈대
茅草	모초(茅草), 띠, 볏과의 여러해살이풀
蒿草	다북쑥
花朶	꽃송이
花綻	꽃봉오리가 벌어지다
花開	꽃이 피다
花謝	꽃이 지다
莎草	사초(莎草), 잔디

莠草	강아지풀
銼草	속새, 양치식물 속샛과의 상록 여러해살이풀
青苔	이끼
蒲草	부들
青蒿	청호(青蒿), 제비쑥
艾草	쑥
水蒿草	물쑥
冬青子	겨우살이
紅姑娘	홍고랑(紅姑娘), 꽈리, 가짓과의 여러해살이풀
蒲梆	부들 주지(원줄기에 붙어 있는 굵은 가지)
石竹花	석죽화(石竹花), 패랭이꽃
樹木	**수목(樹木)**
茶條樹	신나무, 단풍나뭇과의 낙엽 소교목
撥欏樹	떡갈나무
柞木	작목(柞木), 신갈나무, 참나뭇과의 낙엽 활엽 교목
果松樹	잣나무
松樹	소나무
松塔子	솔방울
栢松	측백나무
檜松	젓나무
楡理木	오리나무
椵木	피나무
桑樹	뽕나무
槐樹	회화나무
梧桐	머귀나무, 오동나무
楊樹	갯버들, 사시나무, 버드나뭇과의 낙엽 활엽 교목
白楊樹	백양(白楊)나무, 버드나뭇과의 낙엽 활엽 교목
刺楡樹	시무나무, 느릅나뭇과의 낙엽 교목
柳絮	버들개지, 버들강아지
栢塔子	잣송이, 잣나무의 열매 송이
桂樹	계수나무
蘇木	소목(蘇木), 다목, 콩과의 작은 상록 교목

荊條	싸리
白楡樹	느릅나무
花梨木	화리목(花梨木), 강향, 장미목 콩과 교목
柳樹	버드나무
樺皮木	벚나무
木心	목심(木心), 풀이나 나무의 줄기 속에 있는 연한 심
木癭	나무 혹, 나무의 줄기에 난 크기나 모양이 일정하지 않은 혹
木節子	나무 옹이
十八省	**십팔성(十八省), 열여덟 개의 성(省)**
直隸	직례(直隸), 즈리, 허베이성(河北省)의 옛 이름
山東	산동(山東), 산둥
山西	산서(山西), 산시
河南	하남(河南), 허난
湖南	호남(湖南), 후난
湖北	호북(湖北), 후베이
安徽	안휘(安徽), 안후이
浙江	절강(浙江), 저장
江蘇	강소(江蘇), 장쑤
江西	강서(江西), 장시
廣東	광동(廣東), 광둥
廣西	광서(廣西), 광시
陝西	섬서(陝西), 산시
福建	복건(福建), 푸지엔
甘肅	감숙(甘肅), 간쑤
泗川	사천(泗川), 쓰촨
雲南	운남(雲南), 윈난
貴州	귀주(貴州), 구이저우
東三省	동삼성(東三省)
盛京	성경(盛京), 성징, 랴오닝성(遼寧省) 신양(瀋陽)의 옛 이름
吉林	길림(吉林), 지린
黑龍江	흑룡강(黑龍江), 헤이룽장

참고문헌

1. 단행본

김현·임영상·김바로, 『디지털 인문학 입문』, Huebooks, 2016.
김철준, 『「화어류초」의 어휘 연구』, 역락, 2004.
丘濬 著; 高時彦等 譯註, 『오륜전비언해』, 학고방, 1995.
朴在淵 校點, 『중간노걸대언해』, 鮮文大學校 中韓飜譯文獻研究所, 2003.
박성훈, 『노걸대언해사전』, 태학사, 2009.
______, 『번역박통사사전』, 태학사, 2010.
______, 『박통사언해사전』, 태학사, 2012.
______, 『박통사신석사전』, 태학사, 2015.
신용권, 『(「老乞大」와 「朴通事」언해서의) 중국어음 연구』, 서울대학교 출판문화원, 2019.
양오진, 『老乞大 朴通事 研究: 漢語文에 보이는 語彙와 文法의 特徵을 中心으로』, 태학사, 1998.
______, 『(漢學書), 老乞大 朴通事 研究』, 제이앤씨, 2008.
______, 『漢學書研究』, 박문사, 2010.
汪維輝 校點, 『노걸대언해』, 鮮文大學校 中韓飜譯文獻研究所, 2003.
유창돈, 『이조어사전』, 연세대학교 출판부, 1990.
李應憲 著, 李在弘, 金瑛 [共]校注, 『화음계몽언해』, 鮮文大學校 中韓飜譯文獻研究所, 2002.
전기정, 『華語類抄: 部 天字文, 百家姓』, 鮮文大學校 中韓飜譯文獻研究所, 2004.
정광, 『사역원 역학서 책판 연구』, 고려대학교 출판부, 1998.
____, 『(原本) 노걸대』, 김영사, 2004.
____, 『역학서와 국어사 연구』, 태학사, 2006.
____, 『역주 번역노걸대와 노걸대언해』, 신구문화사, 2006.
____, 『조선 시대의 외국어 교육』, 김영사, 2014.

____, 『역학서의 세계』, 박문사, 2017.
정승혜, 『박통사, 원나라 대도를 거닐다』, 박문사, 2011.
장숙영, 『박통사 언해류(상)』, 한국문화사, 2008.
한글학회, 『우리말큰사전』, 어문각, 1994.
白維國, 江藍生, 汪維輝, 『近代漢語詞典』, 上海教育出版社, 2015.
金基石, 『朝鮮韻書與明清音系』, 黑龍江朝鮮民族出版社, 2003.
康寔鎭, 『「老乞大」,「朴通事」研究: 諸書之著成及其書中漢語語音語法之析論』, 臺北: 臺灣學生書局, 2015.
李泰洙, 『老乞大四種版本語言研究』, 語文出版社, 2003.
馬思周, 姜光輝, 『東北方言詞典』, 吉林文史出版社, 2005.
錢曾怡, 『漢語官話方言研究』, 齊魯書社, 2010.
唐聿文, 『東北方言大詞典』, 長春出版社, 2012.
許宝華, [日]宮田一郎主編, 『漢語方言大詞典』, 中華書局, 2020.
尹世超, 『東北方言概念詞典』, 黑龍江大學出版社, 2010.
鄒德文, 『清代東北方言語音研究』, 中國社會科學出版社, 2016.
朱煒, 『「飜譯老乞大」, 「飜譯朴通事」反映的近代漢語聲母系統研究』, 武漢大學出版社, 2018.

2. 논문

강용중, 「『譯語類解·補』 상업어휘 연구」, 『중국문학연구』 No.45, 2011.
김미형, 「언해문의 문체 특징 연구」, 『어문학연구』 제6호, 1997.
김영수, 「『화음계몽언해』의 언어적특징과 번역에 대하여」, 『중국조선어문』 제119호, 2002.
김완진, 「번역박통사와 박통사언해의 비교연구」, 『동양학』 제5권, 1975.
김철준·고완린, 「대역어휘집 『漢語抄』와 『方言類釋』의 어휘 분류체계에 대하여」, 『어문론총』 제85호, 2020.
맹주억, 「老乞大諺解類 諸板本 중 '就'의 번역에 관한 연구」, 『중국문화연구』 제9호, 2006.
______, 「『老乞大』 諸諺解本所反映的對"又","再","還"語法功能的掌握情況」, 『중국연구』 42권, 2008.
박철민, 「戊申字本 『老乞大諺解』의 善本과 교정 고찰」, 『규장각』 vol.54, 2019.

성광수, 「언해류에 나타난 '이'(是)의 강조 용법과 해석」, 『어문논집』 27호, 1987.
여찬영, 「경서류 언해의 번역학적 연구」, 『한국전통문화연구』 제3집, 1987.
______, 「조선조 구결문과 언해문의 성격 연구」, 『국문학연구』 제11집, 1988.
______, 「조선조 언해서의 번역비평적연구」, 『배달말』 제33권, 2003.
연규동, 「활자본 『화어류초』의 서지학적 연구」, 『국어사연구』 제20호, 2015.
______, 「유해류 역학서의 종합적 검토」, 『국어사연구』 No.22, 2016.
이순미, 「『노걸대(老乞大)』에 보이는 긍정응답어 "가지(可知)" 고찰」, 『중국어문논총』 61호, 2014.
이준환, 「19세기, 20세기 초 漢語 학습서의 구성과 華音에 대하여」, 『한국문화』 제87호, 2019.
홍순혁, 「華語類抄 小考」, 『한글학회』 11(4), 1976.
홍윤표·정광, 「사역원 한학서의 판본 연구(1)」, 『한국어학』 14집, 한국어학회, 2001.
鄒德文, 金茗竹, 「朝鮮四種文獻所見漢語聲母的淸代東北方音特徵」, 『北方論叢』 第2期, 2015.

3. 기타자료

"국회전자도서관" https://dl.nanet.go.kr/
"규장각한국학연구원" https://kyu.snu.ac.kr/
"국립중앙도서관" https://www.nl.go.kr/
"네이버 국어사전" https://ko.dict.naver.com/
"네이버 한자사전" https://hanja.dict.naver.com/
"네이버 중국어사전" https://zh.dict.naver.com/
"위키백과" ko.wikipedia.org/
"윅셔너리" www.wiktionary.org/
"조선 시대 외국어 학습서 DB" http://waks.aks.ac.kr/rsh/?rshID=AKS-2011-AAA-2101
"어디메" https://akorn.bab2min.pe.kr/
"한국어 역사자료 말뭉치" https://kohico.kr/국어사
"한국학중앙연구원 한국학 디지털 아카이브" http://yoksa.aks.ac.kr/
"Baidu(百度)" http://www.baidu.com/

"Baidu Hanyu(百度漢語)" https://hanyu.baidu.com/
"Chinese Text Project" https://ctext.org/
"復旦大學東亞語言數據中心" http://ccdc.fudan.edu.cn/
"小學堂" https://xiaoxue.iis.sinica.edu.tw/
"漢典" https://www.zdic.net/
"教育部異體字字典" https://dict.variants.moe.edu.tw/
"萌典" https://www.moedict.tw/
"缺字系統" https://char.iis.sinica.edu.tw/
"中國文字數據庫" http://www.wenzizhongxin.com/

구현아

중국어 역사음운론
용인대학교 용오름대학 부교수
復旦大學 中國語言文學系 박사
대표 논문으로 「清末 民初 北京話 入聲字의 演變 연구」, 「清末 民初 北京官話 교재에 나타난 웨이드식 표기의 특징 연구」, 「일본의 중국어 학습서의 일제강점기 중국어 학습서에 대한 영향 고찰-「평측편(平仄編)」을 중심으로」, 「고서 한자 인식 OCR의 데이터 수집과 활용 방안 고찰」 등이 있다.

신수영

중국어 의미론, 형태론
가천대학교 동양어문학과 부교수
復旦大學 中國語言文學系 박사
대표 논문으로 「형태소 빈도를 기반으로 한 초급중국어 교재 어휘 선정의 특성 분석 및 교육적 제안」, 「한국 어린이를 대상으로 한 중국어 교수에 있어 한자 읽기 교육의 문제-중국 어린이의 한자 읽기 연구 결과가 보여주는 시사점을 중심으로」 등이 있으며, 대표 저역서로는 『대조분석과 중국어교육』, 『언어유형론: 중국어 연구를 위한 언어유형론 전문서』 등이 있다.

엄지

중국어 음운론, 언어접촉
부경대학교 인문사회과학연구소 연구교수
北京大學 中國語言文學系 박사
대표 논문으로 「중국어 데이터베이스 구축현황 분석과 프로그래밍 설계를 통한 데이터베이스 응용과 언어연구」, 「汉泰 언어 접촉과 성조 수용 연구-태국 북부 방언을 중심으로」, 「非自然語言接觸與聲調制約研究-以漢韓語言接觸爲例」 등이 있다.

디지털로 되살린 근대 중국어의 세계
조선 시대 중국어 유해류 역학서의 현대어 번역과 시맨틱 데이터 구축

초판 1쇄 인쇄 2023년 7월 10일
초판 1쇄 발행 2023년 7월 24일

지은이 구현아·신수영·엄지

펴낸이 이대현

편집 이태곤 권분옥 임애정 강윤경

디자인 안혜진 최선주 이경진 | **마케팅** 박태훈

펴낸곳 도서출판 역락 | **등록** 1999년 4월 19일 제303-2002-000014호

주소 서울시 서초구 동광로46길 6-6 문창빌딩 2층(우06589)

전화 02-3409-2060(편집부), 2058(영업부) | **팩스** 02-3409-2059

전자우편 youkrack@hanmail.net | **홈페이지** www.youkrackbooks.com

ISBN 979-11-6742-523-2 93720